경인교육대학교 특성화사업단

T-멘토링 총서 1

통합교육과정의 효과적 운영

이경민 · 최일선 공저

MENTORING

학지사

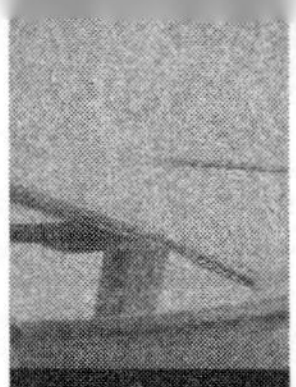

머리말

우리나라 통합교육은 1982년부터 시행된 제4차 교육과정에서 처음으로 초등학교 1, 2학년에 한해 통합교과를 도입한 이래 2007년 개정 통합교육과정까지 발전해 왔다. 통합은 지식의 분절화를 막을 수 있으며, 특히 분화가 특징인 현대사회에서 지식의 각 부분이 점증하는 복잡성의 상호 관련성을 이해해야만 의미가 있고 쓸모가 있다는 생각이 증가하고 있다. 통합교육에 대한 이러한 관점을 인정하고 있기 때문에 아동의 심리적 발달을 고려하여 초등학교에서부터 통합교육을 실시하고 있다. 초등학교 교육활동은 학습자의 지적 · 정서적 · 신체적 발달 측면과 교수의 효과 측면, 실제적인 유용성 측면에서 교육과정의 통합이 무엇보다 필요하다.

그러나 현장에서 정상적인 통합교육이 실현되기 위해서는 다양한 선결과제가 있다. 우선 사회 규범과 정책의 변화, 통합교육에 대한 행정기관의 지도력, 학교장의 관심과 학교 관리자의 인식, 학교의 풍토를 포함한 심리적 환경, 교사들 간의 협력적 교수문화, 현장교사의 통합교육에 대한 인식 · 태도 · 가치관의 조성 등이다. 아울러 현장교사들이 통합교육을 실시하는 데 전문적 지식의 부족과 통합교육에 대한 지도기술의 부족으로 수업 운영 등의 어려움을 갖고 있다는 점에서 이에 대한 적극적인 지원방안이 모색될 필요가 있다.

사실 교사들이 통합교과의 지도에서 교과서와 지도서만으로 교수 · 학습을 전개해 나간다는 것은 학습효과의 증대라는 측면에서 한계가 있다. 따라서 교사들이 통합교육을 실시하는 데 필요한 전문적인 지식과 지도기술, 교수 · 학습 자료를 다양하게 제공하는 것은 통합교육의 효율적인 실천이라는 측면에서 반드시 선행되어야 한다. 이러한 현장의 요구를 고려하여 저자들은 교사들이 통합교육을 시행할 때 통합교과에 대한 이론과 실제에 대한 이해를 형성할 수 있는 교재를 개발하게 되었다. 그러므로 이 책이 초등학교 교사들에게 저학년 통합교과를 지도하는 데 유익한 자료로 활용되기를 기대한다. 아울러 이 책은 2008년 수도권 대학 특성화 지원사업의 재원으로 출판되었음을 밝히며, 이 책이 출판될 수 있도록 도와주신 경인교육대학교 특성화사업단과 학지사 출판사 관계자 여러분께 감사의 말씀을 전한다.

2009년 2월

저자 일동

차 례

제 1 장

통합교육과정의 성격

1. 통합교육과정의 개념
2. 통합교육과정의 교육적 기능
3. 저학년 학생의 발달과 통합교육과정

제 1 장

통합교육과정의 성격

우리나라에서 통합교과는 4차 교육과정에 처음 등장하였다. 통합교과는 전인교육이라는 교육의 궁극적 목적 달성, 학생들의 학습 부담 축소, 그리고 세계적인 통합 지향성 등에 기초를 두고 교육과정에 등장하게 되었다(이영만, 홍영기, 2006). 1980년대 이후 지속적으로 통합교과에 대한 연구와 논의가 이루어져 왔으며 2007년 개정 교육과정에 이르기까지 교육과정 안에서도 지속적으로 발전되고 있다. 통합교육과정과 통합교과는 혼용되어 사용된다. '교육과정'이라는 단어가 쓰이면 통합의 수준이 교과가 아니라 교육과정 전체를 대상으로 삼는 것을 의미하는 반면 '교과'라는 용어는 교육과정상의 교과를 통합의 대상으로 삼는 것이다. 그러나 교육과정이 교과로 구성되어 있고, 학교교육의 목적을 달성하기 위해 구체적인 수단이 되는 것이 교과이기 때문에 이러한 구분 자체가 현실적으로 그리 큰 문제는 아니며, 일반적으로는 두 용어를 섞어서 사용하고 있다(이영만, 홍영기, 2006). 따라서 통합교과와 통합교육과정을 같은 맥락에서 보고 이 장에서는 통합교육과정의 개념, 필요성, 역사적 변천, 통합의 접근 방법을 알아보도록 하겠다.

1. 통합교육과정의 개념

통합교육과정에 대한 대표적인 정의들을 중심으로 개념을 이해해 보고자 한다.

곽병선 등(1981)은 통합교육과정이란 교육과정의 구성에서 종전에 전통적으로 각 학문 또는 지식의 체계에 따라서 분화, 분절되고 교과 중심으로 학습 경험을 선정, 조직하던 것에서 탈피하여, 교과 간의 엄격한 울타리를 고려하지 않고 각 교과의 지식이나 경험을 필요한 대로 가져다가 학생의 흥미, 문제, 제재 중심으로 재구성하는 것이라고 하였다.

이영덕(1983)은 교육과정 통합(curriculum integration)과 통합교육과정(integrated curriculum)의 두 용어를 같은 개념 체계에서 발견되는 것으로 보고 있다. 교육과정 통합이란 시간적 · 공간적으로, 그리고 내용 영역에서 각기 다른 학습 경험들이 상호 관련되고 의미 있게 모여서 하나의 전체로서 학습이 완성되고 나아가 인격 성숙을 낳는 과정 또는 결과로 정의하면서 전자는 교육과정 요소가 어떤 기준에 의해서 분리 독립되어 있는 것들을 상호 관련짓고 통합함으로써 하나의 의미 있는 체계로 발전시키는 과정 또는 시도라면, 후자는 그러한 시도로 산출된 결과를 의미한다고 하였다.

김재복(1993, 2000)은 통합교육과정이란 교과목들을 분리시키는 경계가 없어지고, 개별적으로 구분되는 교과목들이 사라지는 교육과정 조직을 위한 하나의 접근법으로 학생들이 학교의 주도적인 지도하에 시간적 · 공간적으로, 그리고 내용 영역에서 각각 다른 학습 경험들이 상호 관련되고 의미 있게 모여서 전체로서의 학습이 이루어지고 나아가 인간의 성향 변화가 가치를 갖는 과정이라고 정의하였다. 통합교육과정은 적절한 맥락 내에서 독립적으로 다양한 계획과 관찰을 중심으로 하는 개념적 또는 생활문제 중심적 접근 방법을 활용한다. 이 접근 방법에서는 여러 기술이 상황에 따라 적절히 사용되고, 이러한 기술은 학습자의 요구가 생길 때마다 가르치며, 학생들에게는 모든 학습영역에서 다양한 프로젝트와 조사 연구를 선택하거나 개발할 기회가 주어진다. 그리고 통합교육과정을 배우는 학생들은 학습 경험을 선정하는 아주 중요한 인적 자원이 된다. 학습 경험에는 학생들이 직접 수행할 프로젝트나 활동뿐 아니라 발전시켜야 할 개념도 포함된다.

이와 같이 통합교육과정에 대한 관점은 학교교육과 교육과정의 의미에 대한 기본 입장의 차이, 경험의 조직에서 그 방법의 다양성, 통합의 개념과 의미에 대한 각기 다른 인식, 학교교육에서 통합이 적용될 수 있는 제도의 차이나 그 실천 방법의 다양함 등으로 다양하다. 통합교육과정의 개념은 학자에 따라 다양하게 정의되고 있지만, 여러 정의가 포함하는 공통 요소를 추출해 보면 학습 경험의 통합, 지식의 통합, 학생 중심, 전인적 발달 등을 들 수 있다. 따라서 통합교육과정이란 학습자의 전인적 발달을 도모하기 위해 학생 중심으로 경험이나 지식을 의미 있는 형태로 조직 · 구성하여 탈교과적, 통합적으로 운영하는 것을 의미한다고 할 수 있다.

2. 통합교육과정의 교육적 기능

통합교육과정의 교육적 기능은 통합교육과정을 적용하여 교육을 실시했을 때 얻을 수 있는 이점으로, 통합교과를 운영해야 하는 당위성이기도 하다.

통합교육과정의 기능은 크게 인식론적 기능, 심리적 기능, 사회적 기능 세 가지로 구분되며 각각의 내용은 다음과 같다(Ingram, 1979; 김재복 편저, 2000).

1) 인식론적 기능

통합교육과정의 필요성을 인식론적 측면에서 살펴보면 이는 지식을 다루는 방식과 관련된다. 통합교육과정은 학습자가 자신에게 주어지는 지식을 있는 그대로 받아들이는 것이 아니라 주관적이고 능동적인 입장에서 자신의 인지구조에 맞추어 재구성하여 습득하는 것이다.

인식론적 기능 측면에서 통합교육과정이 필요한 이유는 첫 번째로, 통합교육과정은 지식의 변화에 대처할 수 있게 한다. 변화는 인간의 생활에서 불가피하게 나타나는 현상이다. 더욱이 급속한 사회의 발달과 과학의 발달은 지식의 변화를 촉진시키고 있다. 특히 지식의 급격한 변화와 함께 나타나는 현상은 지식의 진부화 문제다. 이 문제를 교육과정에서 해결하기 위해 지식의 통합적 접근이 시도되고 있는 것이다. 각 학문의 지식 중에서 다른 영역의 지식과 광범위하게 관련을 맺을 수 있는 지식이 그렇지 못한 지식에 비하여 변화에 잘 견딘다고 할 수 있다. 이러한 주장에 따르면 여러 학문 영역으로부터 도출된 아이디어를 종합한 기본 개념이나 원리를 중심으로 교육과정을 통합하여 구성하면 급격한 지식의 변화에도 불구하고 그 지식이 생명력을 가진다고 말할 수 있다.

두 번째로, 통합교육과정은 다른 지식의 영역을 서로 밀접하게 관련시킨다. 점진적인 전문화가 이루어 낸 오늘날의 지식은 점점 분화되어 가면서 지식들 간의 응집성도 약화되었다. 이는 학문의 각 영역에서 지식의 양은 많아졌지만, 학생 개인에게는 전체로서의 지식이 가지는 의미성이 줄어든 것으로 인식되는 것이다. 지식은 각 부분 간의 상호 관련성을 이해해야만 의미가 있다는 인식이 증대되면서 서로 다른 지식 영역이 주제나 개념 및 원리 중심으로 관련되는 통합적 접근이 시도되고 있다. 즉, 통합은 구분된 지식 영역들을 보다 큰 이해의 맥락 속에서 결합시킴으로써 학문 자체의 구분성을 치유하는 데 기여한다고 볼 수 있다.

세 번째로, 통합교육과정은 지식의 유용성과 의미를 더욱 높여 준다.

지금까지의 학교교육은 지식의 전달에 관심을 두어 왔다. 지식의 종류를 명제적 지식(propositioanl knowledge: knowing that), 방법적 지식(procedural knowledge: knowing how), 직접적 지식(knowledge by acquaintance)으로 구분(한명희, 1983)할 때, 학교에서는 주로 명제적 지식만을 강조해 왔다. 명제적 지식은 간접적 지식이 되기 쉽고, 실제적인 활용을 어렵게 하며, 분절의 영향을 띤다. 따라서 현대사회의 변화 속에서 보다 중요시 되는 지식은 지식을 생산해 내는 방법과 관련된 것이다. 왜냐하면 학생들이 지식을 문제 해결의 방법으로 볼 때, 이론적 지식보다는 방법적 지식이 보다 유용하기 때문이다. 지식과 정보를 통한 문제 해결 학습을 강조하는 통합교육과정은 학습자 스스로 개별 지식과 정보를 서로 관련시키고 다른 분야에 적용하는 인지－구성적 학습이라는 점에서 학습자 스스로 지식과 정보의 활용 정도와 범위를 넓히고 지식의 의미를 더욱 깊게 한다고 할 수 있다.

2) 심리적 기능

교육과정의 통합은 심리적 기능면에서 볼 때 학습이 이루어지는 과정에서 학습자와 학습 내용과의 상호작용이다. 즉, 교육과정을 학습자에게 보다 친근하고 학습하기 쉬운 것으로 제시하기 위해 교육과정의 통합이 필요하다는 것이다.

심리적 기능 측면에서 통합교육과정이 필요한 이유는 첫 번째로, 통합교육과정은 학습자의 학습과정에 일치하는 교육을 실시할 수 있게 한다. Ausubel에 따르면 새로운 자료의 학습은 학생의 현재 지식과 관련되고 학생의 학습양식에 일치될 때 의미 있게 학습될 수 있다. 즉, 새로 배우는 학습에 중요한 것은 학습자의 선개념(preconception)이다. 학습자의 학습은 새로운 정보와 선개념이 관련되어 인지구조 속으로 합쳐질 때 유의미한 학습이 된다.

통합교육과정에서는 개념이나 원리 또는 문제 중심의 탐구 활동을 위주로 하는 통합적 지도와 인지-구성적 학습을 강조한다. 통합적 지도 및 구성주의적 학습에서는 학습자에게 사실적·명제적 지식보다는 방법적 지식을 중점적으로 가르친다. 이러한 과정 속에서 학습자는 Dewey의 반성적 사고에 의한 문제 해결 학습, Bruner의 발견 학습 등을 체험하게 되며, 이를 통해 여러 가지 학습 내용이 자연스럽게 상호 연결됨으로써 통합이 달성된다.

두 번째로, 통합교육과정은 학습자의 발달 수준과 요구에 적합한 교육의 실시를 용이하게 한다. 김재복(1980)은 국민학교 1, 2학년의 통합교과용 도서를 개발하는 데 그 이점을 아동의 발달심리와 관련하여 아동의 심신 발달에 부합하는 교육의 실시, 다양한 학습 경험의 제공, 저학년에서 즐거운 학교생활의 가능, 기초학습 기능과 관련된 내용을 강조하여 지도할 수 있다는 점들을 들고 있다.

초등학교 저학년은 피아제의 발달 단계로 볼 때 주로 전조작기와 구체적 조작기에 속한다. 따라서 이 시기 아동의 인지 발달 수준에 적합한 교육과정이 되려면 물체의 직접적 조작을 통해 논리적 조작이 이루어지게 하고 경험이 이론적으로 분석되기보다는 전체적인 직관 중심으로 이해될 수 있도록 학습 과제와 학습 활동을 통합적으로 제시해야 한다.

세 번째로, 통합교육과정은 학습자의 전인적인 인격 발달을 돕는다. 인격 발달의 촉진은 자아나 인격의 통합을 지향하는 전인교육의 측면에서 다루어진다. 전인교육의 이상을 실현하기 위해서는 학습자에게 어느 특정한 부분이나 분야의 지식 및 기능만을 강조하여 가르치는 데서 탈피하여 한 개인 내에서의 인성적 조화와 개인 및 개인을 둘러싼 환경 사이의 조화를 강조하여 통합적인 교육적 경험을 통해 가르쳐야 한다.

이를 위해서는 교육 내용에서 인지적·정의적·신체적 영역의 학습 경험을 고르게 제공하는 통합적 구성이 필요하다. 이와 같은 학습 경험의 통합적 구성에서는 개인의 흥미나 필요 또는 사회의 기능이나 문제를 주제로 하여 표현 및 사고 활동을 지도하는 기능적 통합, 다학문적 통합, 탈학문적 통합을 모색한다. 따라서 학생의 필요와 흥미, 구성원들의 사회적 · 정서적 · 도덕적 발달, 행동양식 등이 효율적으로 상호 관련되어 통합되어야 한다(우시정, 2007).

3) 사회적 기능

사회적 기능은 교육과정의 통합이 학생들이 사회생활에서 겪는 문제 상황에 어떠한 도움을 줄 수 있는지와 관련된다. 즉, 변화를 특징으로 하는 현대사회가 안고 있는 문제들을 어느 한 분야만의 지식으로는 해결하기 어렵기 때문에 교육과정의 통합이 필요한 것이다.

사회적 기능 측면에서 통합교육과정이 필요한 이유는 첫 번째로, 통합교육과정은 학습자가 사회 문제에 대처할 수 있게 한다. 현대사회에서 개인이나 사회가 공동으로 당면하는 문제를 해결하기 위해서 필요한 지식은 어느 전문 분야만의 분절된 지식이 아니라 여러 분야의 것을 종합하여 응용할 수 있는 통합된 지식, 즉 지식의 통합화가 요구된다. 따라서 문제 해결이나 새로운 이해를 위해서 요구되는 통합적 안목의 성숙은 종래의 분과 중심의 교과교육 방법으로는 적당하지 않고, 지식을 조직하는 새로운 접근 방법이 필요하다고 본다.

두 번째로, 통합교육과정은 교수 · 학습과정에서 협동성을 기른다. 전통적인 학교수업은 학생들, 교사들 상호 간의 경쟁을 강조하는 분위기로 이러한 경쟁적 구조의 수업에서는 학생들이 학습과정에서 협동성과 사회성을 적절하게 기르기 어렵다. 이에 반해 통합교육과정에서의 수업은 협동 학습이 바탕이 된 교사들 간의 협동적 팀 티칭, 교사-학생 간 협동적 탐구 활동, 학생들 상호 간의 협동적 탐구 활동을 기본 원리로 강조한다. 통합교육과정의 이러한 교수 · 학습 활동 속에서 학습자들은 협동성과 사회성을 자연스럽게 습득하게 된다.

세 번째로, 통합교육과정은 학교와 사회를 연결시킨다. 학교와 지역사회는 모두 학생 생활의 장(場)이라고 할 수 있다. 학생들은 학교에서는 교과 내용에 관하여 공식적인 학습을 하고, 지역사회 혹은 사회에서는 배운 교과 내용을 생활에 적용하거나 교과 이외의 생활에 한하여 여러 가지 비공식적인 학습을 한다. 즉, 학교와 지역사회는 모두 학생의 교육적 장이다. 이것은 학교와 지역사회 간의 교육적 관계성의 문제라고 할 수 있다. 통합교육과정은 이러한 학교와 지역사회 간의 교육적 관계성을 높일 수 있는 교육과정체제다. 제반 사회 문제를 주제로 하는 통합적 접근은 학습자에게 실용주의적이며 실체적인 생활과 직업의 세계에 접하는 학습 경험을 제공한다(우시정, 2007).

3. 저학년 학생의 발달과 통합교육과정

일반적으로 학생들은 자신의 연령과 개인차를 고려한 발달에 적합한 방법으로 학습할 때 보다 효과적이다. 이미 많은 발달심리학자 및 교육자들은 학생들의 흥미와 구체적인 경험을 고려할 때 가장 바람직한 학습이 이루어질 수 있다는 견해를 제시하였다. 이러한 견해에 따른 교육 방법이 바로 통합교육으로, 특히 신체적으로 활동적이며 미분화 단계의 자기 중심적인 사고를 하고 논리적인 분석이 어려운 시기에 있는 초등학교 1, 2학년 학생들에게 매우 바람직한 교육방식이다(박찬옥, 1994). 저학년인 1, 2학년 학생들은 중, 고학년과는 다른 발달적 특성을 가지므로 수업 지도나 생활 지도에서 관심을 기울일 필요가 있다. 초등학교 저학년은 학교 학습을 처음 경험하는 시기로 학교와 학습에 대한 기본적인 태도가 형성되는데, 이때의 심신 발달의 특성을 각 발달 영역별로 개괄해 보면 다음과 같다(교육인적자원부, 2003; 교육과학기술부, 2009).

1) 신체 발달

기본적인 신체 운동 기능이 어느 정도 갖추어진다. 이 시기의 학생들은 별 어려움 없이 몸을 움직일 수 있고, 전체적인 균형 감각과 기본적인 운동 능력이 갖추어진다. 대근육이 소근육보다 발달되어 있으므로, 섬세한 동작보다 몸 전체를 움직이는 활동에 더 익숙하다.

신체적 성장 속도가 그 이전에 비하여 완만하게 되지만, 내장 기관의 발달과 뇌의 성장이 현저하며 유치를 갈기 시작한다. 운동 기능의 발달로 장난이 심해지며, 끊임없이 몸을 움직이며 강한 활동성을 보인다. 책을 보거나 이야기를 들을 때에도 몸을 움직이면서 보고 듣는다. 따라서 교사는 정상적인 발달을 촉진시키기 위한 자유로운 놀이 기회를 부여하는 데 노력해야 한다. 계속 뛰어다니거나 손장난을 하며, 때로는 위험한 활동도 하므로 안전에 유의해야 한다. 아직 근육과 운동 발달 기능이 불완전하며 피로를 빨리 느끼기 때문에 생리적인 특성을 고려하여 수업을 진행하는 것이 바람직하다.

2) 정서 발달

이 시기의 학생은 특정 정서 상태가 지속적이지 못하고 강렬하며 자주 변한다. 그래서 동일한 활동에 오랫동안 열중하지 못하며, 조금 전까지 깊은 관심을 보이다가도 어느 사이 싫증을 느끼곤 한다. 따라서 40분의 학습 시간 중에도 다양한 학습 활동이 되도록 학습 형태를 바꿔주는 것이 바람직하다.

새로운 환경에 불안을 느끼고 남에게 의지하려는 경향이 있으며 자기 중심적이고 감정 위주로 행동한다. 학생들의 정서를 건전하게 발달시키는 데 가장 중요한 것은 부모와 교사의 일관된 사랑을 받는 일이다. 특히, 학교생활의 첫 단계에서 교사에게 받는 사랑과 관심은 학교생활에 대한 어떤 '관념'을 형성하는 데 결정적인 영향을 준다.

학생들은 항상 교사의 관심이 자기에게 향하기를 원하고, 다른 사람에게 자기가 중요한 존재임을 확인받고 싶어 한다. 따라서 모든 학생들에게 관심을 보이고 하나하나의 장점을 발견하여 적절한 보상과 격려를 해주는 일에 특히 신경을 써야 한다.

3) 사회성 발달

사회성은 유아기에 비해 더욱 발달하지만 아직은 개인 위주의 생각과 행동을 한다. 놀이 집단의 규모가 3~6명으로 확대되며 혼자만의 놀이에서 벗어나 차츰 협동적, 조직적인 놀이를 즐기게 되지만, 아직은 타인에 대한 배려와 집단 의식이 부족하다.

학생들의 교우관계는 주로 옆자리 혹은 이웃집 아이들과의 사이에서 이루어지며 남녀 구분 없이 잘 어울린다. 구체적인 물건을 가지고 놀기 좋아하며, 놀이의 과정에서 경쟁 의식이 강하게 나타나 잘 싸우지만 곧 풀어진다.

점차적으로 독립심과 자신감을 가지게 되며, 관심의 대상이 가족에서 또래로 바뀌면서 또래 집단을 형성한다. 또래 집단은 관심거리를 공유하며 그 안에서 다른 아이들을 모방하면서 새로운 기능을 발달시키고 자율성의 증가를 보여 준다. 처음에 또래 집단은 일반적으로 상호 관심거리에 기초하며 흥미와 관심이 변하면서 또래 집단도 변화하는데, 2학년쯤 되면 또래 집단은 안정되고, 흥미나 관심보다는 성에 기초하여 이루어진다(Wolfinger & Stockard, 1997). 이 시기의 학생들은 교사의 행동을 통해 사회적 태도와 가치관을 인식한다. 그리고 남학생과 여학생이 각각의 성에 부합하는 성역할을 인식하기 시작한다. 이 시기는 학생들이 성취감과 자신감을 경험할 기회를 주어야 하며, 열등감의 발달을 차단하기 위해서 실패의 경험을 최소화하도록 지도해야 한다. 따라서 자신감을 심어 줄 수 있는 칭찬을 많이 하고 비난은 하지 않는 편이 좋다.

4) 인지 발달

인지 수준은 자기 나름의 정신 활동을 통해 독자적인 인지 세계를 형성해 나갔지만, 논리적인 면이나 체계적인 면에서는 미성숙한 단계에 있다. 기본적인 논리, 수학적 개념이 부족하여 양이나 수의 보존 개념 등을 잘 이해하지 못한다.

호기심과 질문이 많으며 무엇이건 알려고 한다. 즉, 지적인 호기심과 정신 작용이 활발하게 나타나 주위의 사물이나 일부 추상적인 문제에 깊은 관심과 호기심을 보이며, 지각하는 힘도 예리하고 정확해진다. 그러나 아직은 생활 범위가 좁고 시간 관념도 부족하며 현재 중심으로 생각하고 생활한다. 상상력과 창조력, 표현 능력이 발달하며 자기 나름대로 색다른 방법을 쓰기도 하지만 모방을 많이 한다.

Piaget의 인지 발달 이론에 따르면 이 시기 학생들의 인지 발달 수준은 일반적으로 '전조작기' 또는 '전조작기에서 구체적 조작기로 이행하는 단계'에 있다. 교사들은 두 단계의 사고 특성을 이해하여 적절한 학습 경험을 제공해야 한다.

특히, 초등학교 1학년 학생은 논리적 사고가 가능하지 않고 사물을 보는 시각이 자기중심적이며, 실제로 보는 것에 모든 사고의 근원을 두는 전조작기 아동의 특성이 나타난다. 그리고 저학년의 학생들은 가역성과 전환성을 이용한 추론이 쉽지 않고, 다른 사람의 관점에서 사물을 보기 어렵다. 그러므로 교사는 수업 지도에서 이 점을 유의하여 학생에게 다른 사람의 관점이나 위치에서 무엇이 어떻게 보이겠는지를 질문하기보다는 자신이 무엇을 보았는지를 질문해야 한다. 아울러 이 시기 학생들의 인지적 특성 중의 하나가 구체성인데, 실물과 상황 또는 직접 경험한 일들은 이해할 수 있으나 추상적인 개념이나 개인이 알고 있는 이상의 것과 단지 말로 설명되는 것을 듣는 것만으로는 어려움을 느낀다(Gestwicki, 2007). 따라서 구체적인 실물 중심의 경험을 제공하는 교수 · 학습 방법을 사용하는 것이 적절하다. 구체적인 대상은 연습장, 학습지, 교과서 또는 다른 지질형태의 학습 자료가 아닌 실제 대상을 나타낸 현실적인 대상 자체다(Wolfinger & Stockard, 1997).

그렇지만 초등학교 2학년에 해당하는 만 7세 정도에는 '구체적 조작기'가 시작된다. 이 시기에는 서서히 다른 사람의 생각을 이해하고 한 상황을 여러 관점에서 고려할 수 있으며, 사고를 가역적으로 할 수 있게 되고 보존 개념이 형성된다. 또한 사물을 유목으로 분류하고 사물 간의 상호관계를 고려하는 능력을 발달시키면서 전체와 부분, 유목 포함관계를 이해할 수 있다. 이처럼 이 시기 학생들은 직접적으로 관찰이 가능한 실재적이고 구체적인 사물을 다루는 데에는 논리적 사고가 가능하다. 하지만 여전히 상징적이거나 추상적인 개념을 생각하는 능력에는 한계가 있어서 사고하기 위해서는 구체적 사물이나 현상의 관찰이 뒷받침되어야 한다(Gestwicki, 2007). 아울러 교사들은 이 시기의 학생들이 사물을 직접 경험하고 조사하고 조작해 볼 수 있도록 기회를 주어야 한다.

주의 집중 시간이 차츰 길어지고 구체적인 것에 대한 기억이 발달하며 판단이나 결정과정에 보다 신중해진다. 따라서 학생들은 구체적인 경험으로부터 일반화함으로써 문제를 해결할 수 있는 능력을 습득해 간다.

5) 언어 발달

언어 발달은 4, 5세경에 급속하게 이루어져서 초등학교 입학 연령이 되면 어느 정도 완성 단계에 이른다. 이 시기는 어휘 수가 더욱 늘어나 좀 더 복잡한 문장을 만들 수 있다.

6~8개의 단어를 조합한 문장을 사용할 수 있으며, 어휘의 발달도 1만 단어 정도를 이해할 수 있다. 문법적인 면에서도 거의 완벽한 수준에 이른다. 또 글자의 의미에 관심을 보이기 시작하고 모호한 대명사를 사용하는 대신에 명확한 지칭을 하기 시작한다. 이 시기 학생들은 문제가 있는 정보를 처음부터 감지하기는 어려우나 일단 문제라고 지적되면 수정할 수는 있다.

어휘와 문장구조 관점에서 언어를 능숙하게 사용하며 다양한 질문과 언어적인 표현이 많아진다. 과거와 현재를 연결시키고 구체적 단어를 사용하며 유사한 말을 구사하고 비유도 한다. 이 시기 학생들의 언어 활용의 특징으로, 상호 간에 말을 하고 다른 사람이 자신을 이미 이해하고 있다고 가정하기보다는 자기 자신을 이해시키려고 시도한다. 또한 사실을 이해하지 못하면서도 마치 이해하는 것처럼 가장하기 위해 다양한 방법을 사용한다(Wolfinger & Stockard, 1997). 타인의 입장을 고려하지 않고 자기주장이나 말만 하는 자기중심적 언어에서 점차적으로 벗어나 사회화된 언어의 사용이 가능해진다.

6) 도덕성 발달

이 시기는 강제적으로 도덕성이 발달되며 규칙의 권위를 존중한다. Piaget(1965)에 따르면 저학년 학생은 규칙이란 권위적 인물이 일방적으로 부과하여 결코 변경될 수 없고 절대적이라고 여기는 도덕적 실재론 단계에 있다. 그래서 규칙에 대해 유연하게 대처하기보다는 규칙 자체를 그대로 지키려는 경향이 있으며, 외적인 결과를 중시하므로 규칙에 다르면 그만큼의 보상을 바란다. 한편, Kohlberg(1976)는 이와 같은 도덕성 단계를 복종과 처벌, 그리고 개인적인 요구 만족과 관련하여 도덕적 추론이 영향을 받는 전 인습적 단계라고 하였다. 이 시기에는 서서히 도덕적 추론의 인습 단계에 도달하게 되는데, 이때는 '착하게' '정당하게' 보이는 것을 중요하게 생각하며, 자신의 도덕적 행동을 다른 사람들에게 인정받으려는 경향을 보인다. 따라서 사회적 책임이 따른 행동의 토대를 생각할 기회가 필요하며, 그들이 올바른 도덕적 행동을 하고자 할 때 성인의 지도가 요구된다(Gestwicki, 2007).

7) 음악성 및 조형성 발달

청각이 급속도로 발달하여 리듬이나 가락에 민감하게 반응한다. 소리의 셈여림, 음높이, 음 길이, 빠르기 등에 관심을 가지며 어느 정도 정확하게 구분할 수 있다. 보존 개념의 발달과 더불어 점차 음악적 개념이 형성된다.

대상을 객관적으로 지각하지 않고 주관적으로 지각하여 공간 개념에서 원근관계, 대소관계 등이 무시된 표현이 이루어지며, 기억에 의한 관념적인 표현이 중심을 이룬다. 2학년 학생은 1학년보다 조형적 표현방식에서 대담성이나 모험성은 줄어들지만 고정된 범위에서 벗어나 자신만의 자유로운 표현을 시도하기도 한다. 이 시기의 학생들은 조형에 대한 사실적이고 객관적인 것에 접근하려고 노력한다.

저학년 학생의 발달을 종합해 볼 때 이 시기에는 아직 인지 발달 수준이 미분화 상태에 있으므로 교과 내용을 세부적으로 구분하여 제시하는 것보다 제재 단위로 관련되는 활동을 묶어 총괄적 입장에서 통합적으로 구성, 운영하는 것이 바람직하다.

제 2 장

통합교과 교육과정의 변천

1. 제4차 교육과정
2. 제5차 교육과정
3. 제6차 교육과정
4. 제7차 교육과정
5. 2007년 개정 교육과정

제 2 장

통합교과 교육과정의 변천

우리나라의 초등학교 교육에서는 저학년의 경우 분과적인 지도보다는 교과 간의 관련성을 고려하여 통합 지도를 할 것을 강조하여 왔다. 1954년의 제1차 초등학교 교육과정에 '1, 2학년의 학습 지도에서 교과 간 관련성을 고려하여 종합적인 지도에 힘쓰고, 다른 학년에서도 교과 상호 간의 관련에 유의하여 지도한다'고 명시하고 있고, 이러한 지침은 제2차 교육과정에도 제시되었으며, 특히 학문 중심 교육과정으로서의 성격을 분명히 한 제3차 교육과정에서도 1, 2학년의 학습 활동은 '가급적 관련 있는 교과를 통합하여 종합적으로 지도' 하도록 명시하였다.

그러나 제3차 교육과정까지의 통합적 접근은 선언적인 측면이 강하였고, 통합적 접근에 대한 연구는 산발적으로 이루어졌다. 통합적 접근에 대한 논의가 활발하게 전개되고, 본격적으로 초등학교 저학년의 학교교육에서 교과 간의 통합이 시행된 것은 제4차 교육과정부터다.

따라서 여기에서는 교과 간의 통합이 본격적으로 시행된 제4차 교육과정부터 2007년 개정 교육과정까지의 변천과정을 시기별로 구분하여 제시한다.

1. 제4차 교육과정

1981년 12월 31일에 고시된 제4차 교육과정은 제3차 교육과정이 지닌 학습 내용의 과다, 학습하기 어려운 교육 내용, 교과목 위주의 분과교육, 기초 및 일반 교육의 소홀, 전인교육 및 인간교육의 미흡 등의 문제점을 보완하고자 하였다. 특히 인간 중심의 전인교육을 개정의 중점으로 하고 1980년의 7 · 30 교육개혁조치를 반영하여 초 · 중등학교 공히 교과 수를 축소하고자 하는 의지를 가지고 있었다. 이에 초등학교 교육과정의 편제에서 교과 활동은 교과 간 연관성과 학생의 발달 단계를 고려하여 1, 2학년에서는 교과 간 통합을, 3학년 이후에는 분과를 원칙으로 하였다.

이처럼 초등학교 1, 2학년에서 교과 간의 통합적 운영을 주장한 이유는 크게 다섯 가지로 제시되었다.

첫째, 아직 미분화된 학생들의 심신 발달에 맞는 교육을 실시한다.

둘째, 활동 중심의 다양한 학습 경험을 제공한다.

셋째, 흥미를 유발시켜 즐거운 학교생활을 가능하게 한다.

넷째, 생활 속 지식을 제공하여 창의성과 독립성을 키워 준다.

다섯째, 기초 학습 기능과 관련된 내용을 강조하여 지도할 수 있다.

이와 같은 당위성을 바탕으로 하여 1, 2학년에서의 통합교육과정은 네 가지 방식으로 구성하기로 합의하였다. 첫째는 언어를 중심으로 사회적인 현상과 도덕적인 규범을 함께 지도하고, 둘째는 수 개념을 중심으로 하되 구체적인 조작을 위한 구체물을 자연으로부터 가져오며, 셋째는 즐거운 놀이와 표현 활동을 중심으로 신체적 · 음악적 · 조형적 활동을 서로 연계하여 지도한다는 것이다. 그리고 1학년 입학 초 3월 한 달 동안은 학교생활 적응 프로그램을 적용한다는 것이다. 그러나 논의와 협의과정에서 실제적인 통합교육과정 구성은 이루어지지 않았고 교과서만 통합하게 되었다.

따라서 제4차 교육과정은 기존의 교과방식을 그대로 두고 1, 2학년의 교과서만 통합하여 구성하였다. 제4차 교육과정의 편제는 교과 활동과 특별 활동으로 크게 나누어진다. 교과 활동 속에는 통합교육과정이 존재하지 않고 다만 도덕 · 국어 · 사회를 묶어 '바른 생활', 산수와 자연을 묶어 '슬기로운 생활', 체육 · 음악 · 미술을 묶어 '즐거운 생활'의 교과서를 마련하였다. '슬기로운 생활'은 1학년에서만 지도했으며 2학년에서는 배제되었다. 그리고 1학년 1개월간의 적응 프로그램은 '우리들은 1학년'으로 하여 통합교과서가 편찬되었다. 이에 따라 교육과정은 교과별로 제시되고 교과서만 통합되어, 지도는 통합으로 하되 평가 기록은 교과별로 해야 하는 문제가 대두되었다.

2. 제5차 교육과정

1987년 6월 30일 고시된 제5차 교육과정은 제4차 교육과정의 내용 중 개선이 필요한 부분만 개정하는 것을 원칙으로 하고, 기초 교육의 충실, 통합교육과정의 구성, 미래사회 대비 교육의 강조, 교육과정 운영의 효율성 제고에 중점을 두고 개정되었다.

제5차 교육과정에 들어와서 비로소 통합교육과가 등장하게 되는데, 이 즈음에야 통합교육과정의 토대가 마련되어 '우리들은 1학년' '바른 생활' '슬기로운 생활' '즐거운 생활'의 통합교육과정이 성립되었다.

제5차 교육과정에서의 통합은 제4차 교육과정과 상당한 차이를 가지고 있었다. 당시 미국을 비롯한 선진 외국은 기본 학습 능력의 신장에 강조점을 두고 교육 개혁을 추진하면서 언어와 수학을 강화하였다. 우리나라도 이와 같은 경향에 맞추어 1, 2학년의 경우 국어와 산수를 독립 교과로 하고 다른 교과를 통합하기로 합의하였다.

통합방식에서는 독일을 비롯한 유럽의 통합방식을 모델로 하여 사회 · 자연 · 도덕과를 통합하고자 하였으나, 과학교육 약화를 우려하여 사회적 현상과 도덕적 규범을 관련시키는 방식으로 사회과와 도덕과를 통합하여 '바른 생활'과로 하고, 산수과를 독립적으로 두었으며, 자연현상을 대상으로 하되 탐구적인 놀이와 과정을 연결하는 방식으로 내용을 구성하여 '슬기로운 생활'과로 하였다. 또한 '즐거운 생활'과는 체육 · 음악 · 미술과의 통합을 그대로 유지하였다. 한편 1학년 초 1개월간 입학한 학생들로 하여금 학교생활을 쉽게 익히고 재미있는 활동거리를 제공해 주며 기본적인 학습 기능과 태도를 길러 주기 위해 '우리들은 1학년'을 두었다.

이로써 초등학교 1, 2학년에서는 통합교육과정 자체를 편성하여 총론의 교과 편제에 '우리들은 1학년' '바른 생활' '슬기로운 생활' '즐거운 생활'과의 통합교과를 명시하여 시간을 배당하고, 각론에서도 이들 통합교과 각각의 목표, 내용, 지도 및 평가 지침을 제시하였다. 비로소 진정한 통합교과가 설정되고 처음으로 통합교과 교육과정이 탄생된 것이다.

3. 제6차 교육과정

1992년 9월 30일 고시된 제6차 교육과정은 '교육과정의 지역화'로 전환하면서, 시 · 도 교육청과 학교의 자율 · 재량 권한을 확대하여 교육의 질 관리를 강화하고자 하였다. 특히 초등학교 교육과정은 학생의 학습과 일상생활에 필요한 기초적 능력과 태도의 육성에 중점을 두고 개정되었다.

제6차 교육과정의 편제는 교과 활동, 특별 활동, 학교 재량시간으로 이루어져 있으며, 1, 2학년 교과는 '바른 생활' '국어' '수학' '슬기로운 생활' '즐거운 생활'로 구분되어 3월 입학 초기 학교 적응 활동을 제시하고 있다. 특히 제6차 교육과정에서는 '우리들은 1학년'을 입학 초기 '학교 적응 활동'으로 명칭을 바꾸면서 시 · 도 교육청 수준에서 지역사회와 학교 실정에 맞는 내용을 자율적으로 구성하여 가르칠 수 있도록 하였다. 이를 바탕으로 1, 2학년의 통합교과 교육과정은 유치원 교육과정과의 연계를 중시하면서 3학년에서의 교과교육을 위한 기초 교육으로서의 특징이 나타나도록 개정되었다.

제5차 교육과정에서 '바른 생활'과에 통합되어 있던 사회 요소가 '슬기로운 생활'과로 편입되었고, '바른 생활'과는 저학년 학생들에게 일상생활에서 요구되는 기본 예절, 기본 생활 습관, 공중도덕, 안전교육, 환경교육 등을 각 영역에 통합적으로 반영하면서 독립된 교과로 남겨 두었다.

'슬기로운 생활'과는 주변의 여러 현상에 관심을 가지고 구체적인 활동과 경험을 통해 자신과 사회 및 자연과의 관계를 이해하고, 여러 가지 상황 속에서 슬기롭게 행동할 수 있는 능력과 태도를 길러 주는 새로운 교과로 구성되었다. 이는 사회와 자연 분야 중 초등학교 1, 2학년 수준에서 다루어질 수 있는 주요 개념과 탐구과정, 생활 규범, 노작, 공작 등과 관련된 요소를 통합적으로 다루며, 3학년의 자연 · 사회 · 실과 등의 교과와 연계되도록 하였다. '즐거운 생활'과는 제5차 교육과정의 기본 입장은 고수한 채 교육과정의 체제와 내용면에서 변화가 있었는데, 특히 활동 내용에서는 즐거운 활동을 더욱 강화하기 위해 놀이적 성격을 띤 신체 활동과 확산적 사고를 확장시키는 표현 활동을 강화하였다.

'우리들은 1학년'의 경우 제5차 교육과정에서는 국가 수준에서 그 목표와 내용을 획일적으로 제시하였으나 제6차 교육과정에서는 지역별로 신입생들의 생활 경험, 성장 배경, 능력 수준, 학교 실정, 지역 실정 등을 고려하여 생활 중심의 교육 내용으로 알맞게 구성할 수 있도록 내용 구성 및 운영권을 시 · 도 교육청으로 이관하였다.

제6차 교육과정에서는 교육과정 체제에도 많은 변화가 있었다. 종전과는 달리 교과의 성격을 제시하고 목표를 밝힌 후 체계와 내용을 제시했으며, 지도 방법과 평가가 상세화되었다.

4. 제7차 교육과정

1997년 12월 30일에 고시된 제7차 교육과정은 '21세기 세계화 · 정보화 시대를 주도할 자율적이고 창의적인 한국인을 육성한다.'는 기본 방향 아래 학생의 학습 및 일상생활에 필요한 기초 능력과 태도 육성에 개정의 중점을 두었고, 통합교과와 관련해서는 통합교과 교육과정의 개념 재정립을 주요 내용으로 하였다.

제7차 초등학교 1, 2학년 통합교과 교육과정에서는 교과와 교과 간의 통합 개념에서 벗어나 활동 중심 주제에 의한 통합적 운영이 가능하도록 통합교과 교육과정의 개념을 재정립하였다. 따라서 초등학교 1, 2학년 통합교과 교육과정의 성격을 규정하고 목표를 처음으로 제시하였으며, 각각의 통합교과는 학습자 중심 교육을 위해 활동 중심 주제에 의한 통합방식으로 재조정되었다.

이에 따라 제7차 교육과정은 교과 활동, 재량 활동, 특별 활동으로 이루어졌으며, 1, 2학년 교과는 '국어' '수학' '바른 생활' '슬기로운 생활' '즐거운 생활' '우리들은 1학년'으로 구분되었다.

'바른 생활'과는 인성교육과 민주시민교육을 바탕으로 하여 환경교육, 교통 · 안전 교육, 경제교육, 진로교육, 통일안보교육, 세계이해교육 등의 내용을 다루는 통합교과로 규정하고 학습자 중심의 성취 기준으로 목표를 제시하였으며, 내용 체계는 생활 영역 중심에서 활동 중심 영역으로 변경하였다.

'슬기로운 생활'과는 제6차 교육과정의 내용이 개념에 바탕을 두어 선정 · 조직됨으로써 학교 현장에서 실제적인 통합 지도를 하는 데 어려움이 있었다는 지적에 따라 개념과 지식 중심의 학습을 지양하고 학습에 대한 흥미를 증진시키고 주변 환경의 이해를 도울 수 있도록 활동 중심으로 내용을 선정 · 조직하고, 탐구 능력 배양을 위한 관찰, 분류, 측정 등 기초 행동을 경험할 수 있도록 하였다.

'즐거운 생활'과의 경우, 놀이와 표현을 중심으로 신체적 · 음악적 · 조형적 활동을 활동 제재와 관련시켜 통합한다는 입장에서는 제6차 교육과정과 큰 차이가 없었다. 그러나 교육과정 편제의 시간 배당이 축소되고, 내용 영역이 신체 활동, 표현 활동, 감상 활동에서 놀이와 표현, 감상, 이해의 영역으로 바뀌었다.

'우리들은 1학년'은 학생들이 기초 · 기본 교육을 제대로 받아 새로운 환경에 잘 적응하고, 앞으로의 학교생활에 도움이 되도록 하는 데 중점을 두고 개정되었다. 특히 제6차 교육과정에서 시 · 도에 위임하였던 교육과정 편성권을 회수하여 국가 수준에서 교과의 성격, 목표, 내용, 방법, 평가에 관한 기준을 제시하고 교과서와 교사용 지도서 등의 교과용 도서를 시 · 도에서 개발, 보급하도록 개정하였다. 또한 제7차 교육과정에서 교수 · 학습 방법에 학교교육과정 운영과 평가 지침뿐 아니라, 자료 개발 지침을 상세하게 제시하여 교과용 도서 개발이나 교수 · 학습 자료 개발에 도움을 주도록 한 것도 변화된 특징 중의 하나다.

5. 2007년 개정 교육과정

제7차 교육과정 고시('97. 12. 30.) 이후 급격한 사회 · 문화의 변화와 국가 · 사회적 요구가 증대되면서 다음과 같은 교육과정 개정의 필요성이 대두되었다. 즉, 사회 · 문화적 변화를 반영한 교육 내용 개선, 국가 · 사회적 요구사항 반영, 현행 교육과정 적용상의 문제점 및 교과교육 내용의 개선, 주 5일 수업제 월 2회 실시에 따른 수업 시수 일부 조정 등을 교육과정에 반영해야 했다. 이에 따라, 교육인적자원부는 제7차 교육과정의 기본 철학과 체제를 유지하면서 부분적으로 보완하는 방향으로 교육과정을 개정하게 되었다.

통합교과 교육과정도 같은 맥락에서 개정이 이루어졌다. 우선 통합교육과정의 기본 정신은 유지하면서 제7차 초등학교 1, 2학년 통합교과 교육과정 시행과정에서 제기된 문제점을 중심으로 개선하되, 새롭게 요구되는 시대적, 국가 · 사회적 요구의 수용을 전제로 개정하였다.

개정에 앞서 문제점 진단을 위한 기초 연구를 수행한 결과는 다음과 같다.

첫째, 진정한 통합교육과정 구현이 어렵다.

둘째, 교과 내 및 교과 간에 중복된 내용이 있다.

셋째, 유치원 및 3학년과의 연계성이 부족하다.

넷째, 학습자의 발달 수준이 충분히 고려되지 않고 있다.

다섯째, 통합교육과정 운영에 적절한 교수 · 학습 방법의 적용 및 평가가 이루어지지 않고 있다.

여섯째, 국가교육과정이 지역 및 학교 특성에 따라 다양하고 융통성 있게 운영되지 못하고 있다.

이와 같은 문제점 외에도, 사회 · 문화가 급변함에 따라 이전에 없었거나 미미했던 시대적, 국가 · 사회적 요구가 개정 연구과정에서 확인되었다. 제7차 교육과정이 고시되고 적용된 이후, 가정과 사회의 기능이 다양해지고 이에 따른 새로운 요구가 증대되면서 학생들에게 타인 존중과 배려, 의사소통 능력, 시민 의식, 인권 존중 의식, 경로사상 등의 교육이 절실히 필요했다. 나아가 오염이나 물 부족 등으로 환경과 수자원 보호 교육도 초등학교 저학년부터 시작되어야 할 필요성이 제기되었다. 무엇보다 현대인들의 생활이 날로 복잡해지면서 어렸을 때부터 자신의 안전을 지킬 수 있도록 철저한 안전교육의 강화가 요구되었다.

이상과 같은 통합교과 교육과정의 개정 배경에 따라, 다음 몇 가지의 개정 방향을 설정하고 통합교과 교육과정을 개정하였다.

우선, 초등학교 1, 2학년 학생들의 발달적 특성과 교육적 필요를 고려하여 생활 경험 중심으로 통합이 이루어지도록 함으로써 통합교육과정의 근본정신을 구현하고자 하였다. 이에 따라 교과 간의 통합적 접근에서 벗어나 주제 중심의 통합적 운영이 가능하도록 통합교과별 내용 체계표를 대주제와 활동 주제 중심으로 구성하였다.

둘째, 내용 중복을 피하기 위해 교과별 교육과정 개발과정에서 유사 혹은 동일 내용 유무를 확인하고 검토하여 중복을 배제하였다. 그러나 같은 내용일지라도 활동이 다른 경우에는 연계하여 지도하거나 내용을 재구성할 수 있도록 교육과정 해설서나 교과용 도서에 설명하도록 하였다.

셋째, 대주제 및 활동 주제 등 주제 중심으로 내용을 구성함으로써 유치원 교육과의 연계성을 확보하고자 하였다. 또한 특정 교과와의 수직적 계열을 고려하기보다는 학생들의 통합적 학습 능력 신장에 중점을 둠으로써 3학년 이후의 교과교육과 연계될 수 있도록 하였다.

넷째, 학습자의 발달 특성과 수준을 고려하여 학습 내용의 난이도와 학습 분량을 조절하고 내용을 적정화하였다.

다섯째, 교수 · 학습 방법을 계획, 방법, 자료의 세 영역으로 구분하여 통합교육과정에서 적용할 수 있는 방법 중심으로 제시하였다. 평가 역시 평가 계획, 평가 목표와 내용, 평가 방법, 평가 결과의 활용으로 구분하여 제시하고 초등학교에 입문한 학생들의 특성을 감안하여 평가하되, 평가 결과를 피드백하여 학습을 촉진할 수 있도록 하였다.

여섯째, 학생들의 발달 수준 및 흥미, 학교와 학급, 그리고 지역사회의 특성을 고려하여 국가 수준 및 시 · 도 교육청 수준의 통합교과 교육과정을 교사들이 재구성하고 운영할 수 있는 자율권을 강조하였다.

끝으로, 사회 변화에 따른 국가 · 사회적 요구를 적극 수렴하여 내용에 반영하였다. 사회의 각계각층으로부터 요구된 의견들을 각각의 통합교과 특성을 고려하여 반영하였으며, 이 요구사항들이 학습자의 발달 수준에서 적합하게 학습될 수 있는 가장 적절한 활동이나 놀이를 선정하여 내용에 포함시켰다.

이상에서 제시한 교육과정 변천에 따른 통합교과별 변천과정을 표로 제시하면 다음과 같다. '우리들은 1학년' 변천과정은 〈표 2－1〉과 같다.

〈표 2－1〉 '우리들은 1학년' 변천과정

구분	제4차 교육과정	제5차 교육과정	제6차 교육과정	제7차 교육과정	2007년 개정 교육과정
개정 방향		• 국가에서 교육과정 고시 및 교과서 편찬 보급	• 교육과정의 지역화 및 분권화로 편성 권한을 시·도 교육청에 위임	• 국가 수준에서 교육과정을 편성하고 시·도 교육청이 교과용도서 개발활용	• 개정 교육과정에서는 교수·학습 방법에서 계획, 방법, 자료로 구분하고, 평가에서 계획, 목표와 내용, 방법, 결과의 활용으로 구분하여 제시
구성 체재	• 교육과정이 마련되지 않은 상태에서 1학년의 학교생활 입문 지도를 위해 교과서만 마련	가. 교과 목표 나. 내용 다. 지도 및 평가상의 유의점		1. 성격 2. 목표 3. 내용 4. 교수·학습방법 5. 평가	1. 성격 2. 목표 3. 내용 4. 교수·학습 방법 5. 평가
성격				• 학교생활의 효율적 적응을 돕기 위한 입문과정	• 학교생활의 원만한 시작과 적응을 돕기 위한 교과
목표		• 총괄 목표와 3개 하위 목표 제시 • 교사중심 목표 진술		• 총괄 목표와 3개 하위 목표 제시 • 학습자 중심 목표 진술	• 교과 목표를 총괄 목표와 4개 하위 목표로 제시 • 학습자 중심 목표 진술

내용		• 내용 영역(3개)에 따른 주제별 내용 제시 (1) 우리 학교 (2) 착한 어린이 (3) 즐거운 어린이		• 4개 영역과 15개의 내용 제시 • 영역 (1) 기본생활 규범 (2) 학교생활 환경 (3) 사회적 관계 (4) 기초 학습 기능	• 4개의 대주제와 17개의 활동 주제 제시 • 대주제 －친숙한 학교생활 －바른 학교생활 －즐거운 학교생활 －슬기로운 학교생활
방법 및 평가		• 지도 및 평가상의 유의점 1. 지도 2. 평가		• 교수·학습 방법 가. 학교교육과정의 운영: 열두 가지 유의점 제시 나. 교수·학습자료 개발: 열네 가지 방향 제시 • 평가: 세 가지 유의점 제시	• 교수·학습 방법을 계획, 방법, 자료로 구분하여 각각 5개항, 8개항, 2개항으로 제시 • 학생 개인의 학교생활 적응을 돕기 위해 학생에 대한 이해에 초점을 두는 계획 수립을 강조

교육과정 변천에 따른 '바른 생활' 변천과정은 〈표 2－2〉와 같다.

〈표 2－2〉 **'바른 생활' 변천과정**

구분	제4차 교육과정	제5차 교육과정	제6차 교육과정	제7차 교육과정	2007년 개정 교육과정
개정 방향	• 교육과정이 마련되지 않은 상태에서 국어과, 도덕과, 사회과의 내용을 관련시켜 교과서를 편찬 활용	• 도덕과와 사회과의 통합	• 분리되어 도덕과 중심의 통합	• 민주시민 육성을 위한 범교과적인 통합	• 교수·학습 방법에서 계획, 방법, 자료로 구분하고, 평가에서 계획, 목표와 내용, 방법, 결과의 활용으로 구분하여 제시
구성 체재		가. 교과 목표 나. 학년 목표 및 내용 다. 지도 및 평가상의 유의점	1. 성격 2. 목표 3. 내용 4. 방법 5. 평가	1. 성격 2. 목표 3. 내용 4. 교수·학습 방법 5. 평가	1. 성격 2. 목표 3. 내용 4. 교수·학습 방법 5. 평가

성격			• 사회에서 요구하는 기본적인 예절과 도덕 규범을 습득함으로써 건전한 도덕성의 기초를 형성하도록 지도하기 위한 교과	• 건전한 인성을 지닌 민주시민으로서의 자질을 갖추도록 인성교육과 민주시민교육을 바탕으로 하는 통합교과 • 범교과적인 통합교과로서의 특성 제시	• 기본적인 생활 습관, 예절, 규범을 익혀 민주시민의 자질을 갖추도록 하기 위해 체험과 실천을 중심으로 구성된 통합교과 • 범교과적인 통합교과로서의 특성 제시
목표		• 교과 목표를 제시하고, 학년별 목표를 별도로 제시	• 총괄 목표와 2개 하위 목표 제시	• 총괄 목표와 2개 하위 목표 제시	• 기본적인 생활 습관, 예절, 규범을 알고, 꾸준히 실천하여 민주시민의 자질 형성
내용		• 내용 영역(4개)에 따른 학년별 내용 제시 (1) 학교생활 (2) 가정생활 (3) 고장 생활 (4) 국가 생활	• 내용 체계 제시 • 내용 영역(5개)에 따른 학년별 내용 제시 (1) 개인 생활 (2) 가정 · 이웃생활 (3) 학교생활 (4) 사회생활 (5) 국가 · 민족생활	• 내용 체계 제시 • 내용 영역(5개)에 따른 학년별 내용 제시 (1) 내 일 스스로 하기 (2) 예절 지키기 (3) 다른 사람 생각하기 (4) 질서 지키기 (5) 나라 사랑하기	• 5개의 대주제와 1, 2학년별 각각 11, 12개의 활동 주제 제시 • 5개의 영역 –내 일 스스로 하기 –예절 지키기 –다른 사람 생각하기 –질서 지키기 –나라 사랑하기
방법 및 평가		• 지도 및 평가상의 유의점 1. 지도 2. 평가	• 방법: 교수 · 학습 지도상의 유의점 여섯 가지 제시 • 평가: 평가의 방향 세 가지 제시	• 교수 · 학습 방법 가. 학교교육과정의 운영: 열 가지 유의점 제시 나. 교수 · 학습 자료 개발: 아홉 가지 방향 제시 • 평가: 다섯 가지 유의점 제시	• 교수 · 학습 방법을 계획, 방법, 자료로 구분하여 각각 5개항, 8개항, 2개항으로 제시 • 평가 계획, 평가 목표와 내용, 평가 방법, 평가 결과의 활용을 구분하여 제시

한편, 교육과정 변천에 따른 '슬기로운 생활' 변천과정은 다음 〈표 2-3〉에 제시하였다.

〈표 2-3〉 '슬기로운 생활' 변천과정

구분	제4차 교육과정	제5차 교육과정	제6차 교육과정	제7차 교육과정	2007년 개정 교육과정
개정 방향	• 교육과정이 마련되지 않은 상태에서 1학년에 한하여 산수과와 자연과의 내용을 통합하여 슬기로운 생활 교과서를 마련하여 지도하고, 2학년의 경우에는 산수과와 자연과를 지도	• 산수과의 분리로 자연과 중심의 통합	• 나와 자연현상 및 사회현상과의 관계를 이해하도록 하는 기초 탐구 능력 중심의 통합	• 나와 자연현상 및 사회현상과의 관계를 이해하고 기초 탐구 능력 중심의 통합	• 교수·학습 방법에서 계획, 방법, 자료로 구분하고, 평가에서 계획, 목표와 내용, 방법, 결과의 활용으로 구분하여 제시
구성 체재		가. 교과 목표 나. 학년 목표 및 내용 다. 지도 및 평가상의 유의점	1. 성격 2. 목표 3. 내용 4. 방법 5. 평가	1. 성격 2. 목표 3. 내용 4. 교수·학습 방법 5. 평가	1. 성격 2. 목표 3. 내용 4. 교수·학습 방법 5. 평가
성격			• 주위의 현상에 대하여 관심을 가지고 자신과 사회 및 자연과의 관계를 생각해 보게 함으로써 여러 가지 상황 속에서 궁리하는 가운데 슬기롭게 살아갈 수 있는 생활의 기초를 마련해 주는 통합교과	• 주위의 현상에 대하여 관심을 가지고 자신과 사회 및 자연과의 관계를 생각해 보게 함으로써 여러 가지 상황 속에서 궁리하는 가운데 슬기롭게 살아갈 수 있는 생활의 기초를 마련해 주는 통합교과	• 자신과 자신을 둘러싸고 있는 사회 현상 및 자연 현상의 관계를 통합적으로 학습 • 대주제 및 활동 주제 중심의 내용 구성 -여섯 가지 기초 탐구 활동 강조
목표		• 교과 목표 제시, 학년별 목표 별도 제시	• 총괄 목표와 4개 하위 목표 제시	• 총괄 목표와 5개 하위 목표 제시	• 교과 목표를 총괄 목표와 4개항의 하위 목표로 제시

내용		• 학년별로 주위의 자연현상을 대상으로 하는 주제를 설정하고, 과학 지식보다는 탐구 능력 및 과학적 태도 함양 강조 • 내용에 따른 학년별, 주제별 내용 제시	• 내용 체계 제시 • 내용 영역(4개)에 따른 학년별 내용 제시 (1) 자신의 이해와 성장 (2) 사회와의 관계 (3) 자연과의 관계 (4) 편리한 생활과 궁리	• 내용 체계 제시 • 내용 영역(13개)에 따른 학년별 내용 제시 • 기초 탐구 활동 제시(6개) (1) 살펴보기 (2) 무리지기 (3) 재어보기 (4) 조사/발표하기 (5) 만들기 (6) 놀이하기	• 학년별 6개의 대주제 및 활동 주제 제시 –6개의 대주제 〈1학년〉 ‣ 나의 몸 ‣ 봄나들이 ‣ 즐거운 여름 ‣ 우리 가족 ‣ 가을 마당 ‣ 신나는 겨울 〈2학년〉 ‣ 자라는 우리들 ‣ 살기 좋은 집 ‣ 우리 마을 ‣ 알찬 하루 ‣ 가게놀이 ‣ 우리들의 한 해
방법 및 평가		• 지도 및 평가상의 유의점 1. 지도: 유의점 일곱 가지 제시 2. 평가: 평가의 방향 두 가지 제시	• 방법: 교수·학습 지도상의 유의점 열네 가지 제시 • 평가: 평가의 방향 네 가지 제시	• 교수·학습 방법 가. 학교교육과정의 운영: 일곱 가지 유의 점 제시 나. 교수·학습 자료 개발: 새롭게 제시된 것으로 자료 개발 시 고려 사항 제시 • 평가: 네 가지 유의점 제시	• 교수·학습 방법을 계획, 방법, 자료로 구분하여 각각 6개항, 7개항, 3개항으로 제시 • 평가 계획, 평가 목표와 내용, 평가 방법, 평가 결과의 활용으로 구분하여 지침 제시

마지막으로 '슬기로운 생활'과의 교육과정 변화에 따른 변천과정은 〈표 2-4〉와 같다.

〈표 2-4〉 '즐거운 생활' 변천과정

구분	제4차 교육과정	제5차 교육과정	제6차 교육과정	제7차 교육과정	2007년 개정 교육과정
개정 방향		• 체육, 음악, 미술 교과의 통합	• 놀이와 표현 중심의 신체적·음악적·조형적 활동의 통합	• 놀이와 표현 중심의 신체적·음악적·조형적 활동의 통합	• 교수·학습 방법에서 계획, 방법, 자료로 구분하고, 평가에서 계획, 목표와 내용, 방법, 결과의 활용으로 구분하여 제시
구성 체재	• 교육과정이 마련되지 않은 상태에서 체육, 음악, 미술 교과의 내용을 한 권의 책으로 공부할 수 있도록 엮은 즐거운 생활 교과서를 편찬 활용	가. 교과 목표 나. 학년 목표 및 내용 다. 지도 및 평가상의 유의점	1. 성격 2. 목표 3. 내용 4. 방법 5. 평가	1. 성격 2. 목표 3. 내용 4. 교수·학습 방법 5. 평가	1. 성격 2. 목표 3. 내용 4. 교수·학습 방법 5. 평가
성격			• 여러 가지 놀이와 표현 활동을 통해 즐거운 학교생활이 되게 하고, 건강하면서도 명랑하며 창의적인 생활을 영위하게 하는 통합교과	• 즐거운 활동을 통해 창의적인 놀이, 표현, 감상 활동을 할 수 있는 능력과 태도를 함양하도록 구성된 통합교과	• 창의적인 표현 능력과 감상 능력, 심미적인 태도를 함양하기 위해 놀이와 활동을 중심으로 구성된 통합교과
목표		• 교과 목표를 제시하고, 학년별 목표를 별도로 제시	• 총괄 목표와 3개 하위 목표 제시	• 총괄 목표와 3개 하위 목표 제시	• 교과 목표를 총괄 목표와 하위 목표로 제시 • 학년 목표는 제시하지 않음

내용		• 내용(3개)에 따른 학년별, 주제별 내용 제시 (1) 신체 활동 (2) 표현 활동 (3) 감상 활동	• 내용 체계 제시 • 내용 영역(3개)에 따른 학년별 내용 제시 (1) 신체 활동 (2) 표현 활동 (3) 감상 활동	• 내용 체계 제시 • 내용 영역(3개)에 따른 학년별 내용 제시 (1) 놀이와 표현 (2) 감상 (3) 이해	• 학년별로 대주제, 활동 주제, 성취기준, 하위 요소로 구분하여 제시 – 대주제 〈1학년〉 ‣ 가족과 친구 ‣ 동물과 식물 ‣ 산과 들 ‣ 하늘과 바다 〈2학년〉 ‣ 봄 ‣ 여름 ‣ 가을 ‣ 겨울 • 활동 주제를 1학년 14개, 2학년 16개 제시
방법 및 평가		• 지도 및 평가상의 유의점 1. 지도: 유의점 네 가지 제시 2. 평가: 평가의 방법 두 가지 제시	• 방법: 교수·학습 지도상의 유의점 열한 가지 제시 • 평가: 평가의 방향 네 가지 제시	• 교수·학습 방법 가. 학교교육과정의 운영: 열두 가지 유의점 제시 나. 교수·학습 자료 개발: 열네 가지 방향 제시 • 평가: 다섯 가지 유의점 제시	• 교수·학습 방법을 계획, 방법, 자료로 구분하여 각각 4개항, 7개항, 3개항으로 제시 • 평가 계획, 평가 목표와 내용, 평가 방법, 평가 결과의 활용으로 구분하여 지침 제시

교육과정 변천에 따른 통합교과별 시간배당의 변천은 〈표 2-5〉와 같다.

〈표 2-5〉 **통합교과의 시간 배당**

교과	제4차 교육과정	제5차 교육과정	제6차 교육과정	제7차 교육과정	2007년 개정 교육과정
우리들은 1학년 (학교 적응 활동***)	59	70	70	80	80
바른 생활 (도덕, 국어, 사회**)	374 (374*)	120 (136*)	60 (68*)	60 (68*)	60 (68*)
슬기로운 생활 (산수, 자연**)	204	60(68*)	120 (136*)	90 (120*)	90 (102*)
즐거운 생활 (체육, 음악, 미술**)	204 (238*)	180 (238*)	180 (238*)	180 (204*)	180 (204*)

* 2학년 시간, ** 4차 교육과정, *** 6차 교육과정

제 3 장

통합교과 교육과정

1. 통합교과 교육과정의 접근
2. 우리들은 1학년
3. 바른 생활
4. 슬기로운 생활
5. 즐거운 생활

제 3 장

통합교과 교육과정

1. 통합교과 교육과정의 접근

1) 통합교과 교육과정의 특징

지금까지의 초등학교 통합교과 교육과정은 학생의 생활 경험을 중심으로 통합적으로 운영되어 왔다. 국가 수준에서 초등학교 1, 2학년 통합교과 교육과정을 '우리들은 1학년' '바른 생활' '슬기로운 생활' '즐거운 생활'의 네 교과로 구성하고, 각 교과를 구성하는 학습 목표와 내용을 병행적이고 순차적인 방식으로 제시하였으나 학교교육과정을 운영하는 데에는 통합교과 교육과정의 근본 취지에 부합되지 못한 점이 있었다. 사실 2007년 개정 초등학교 1, 2학년 통합교과 교육과정은 이를 보완하기 위해 네 가지 통합교과 체제는 그대로 유지하되 심리적 · 사회적 접근을 추구하는 절충 형태를 취하였다. 즉, 기존의 교과 체제를 유지하면서 교사들이 지역사회의 특수성과 학생들의 흥미와 요구 등 심리적 경험 세계를 반영하여 재구성한 후 지도하도록 하였다. 따라서 2007년 개정 통합교과 교육과정은 이전 통합교과의 형식적 구분은 그대로 두고 교육과정이 구현될 때에는 학생의 생활 경험을 주제로 한 접근이 가능하도록 대주제, 활동 주제의 주제 중심으로 구성되었다.

2) 통합교과 교육과정의 구현 방법

2007년 개정 통합교과 교육과정은 학생들이 생활 속에서 느끼는 흥미와 요구를 반영할 수 있는 심리적 · 사회적 접근을 강조함에 따라 교육과정 운영을 위한 대표적인 교수 모델의 하나인 '주제 중심 교수 모델'을 소개하고자 한다.

학자들은 심리적 · 사회적 접근을 구현하는 주제 중심 교수 모델을 여러 가지 단계로 제시하고 있다. 계획과 실행의 2단계 모형(Wortham, 1996)부터 주제 선정, 주제 조직, 자료 수집, 활동과 프로젝트 설계, 주제 단원 실행의 5단계 모형(Meinbach, Rothlein, & Fredericks, 1995), 주제 선정, 자료 수집, 목표 설정, 학습 집단 구성, 주제 탐구, 평가의 6단계 모형(Lapp & Flood, 1994), 요구 조사, 주제 선정, 토픽 연구, 정당화 논리 작성, 연계 증진을 위한 브레인스토밍, 단원의 목표 설정, 프로젝트 선정, 활동 계획 수립, 시간 조정, 평가의 10단계 모형(Frazee & Rudnitski, 1995) 등이 있다.

이러한 주제 중심 교수 모델의 공통점은 다음 몇 가지로 요약할 수 있다.

첫째, 학생들의 흥미와 요구, 실생활의 문제를 중심으로 학습 내용이 선정되고 계획된다.

둘째, 시간 단위가 아니라 학습에 필요한 총 시간을 블록(block)화하여 학습이 운영된다.

셋째, 학생들이 자기 주도적으로 만들고 표현하고 조사하고 탐구하고 체험하는 활동을 한다.

넷째, 학습 조직을 학생들의 능력과 흥미 및 요구에 따라 개인에서부터 소집단, 또는 학급 전체 집단까지 다양하게 조직 · 운영한다.

다섯째, 발달적 평가관에 기초하여 학생들 간의 상대적 평가보다는 학생 개개인의 학습의 발달 정도를 평가하는 데 초점을 맞춘다.

학자들의 다양한 심리적 · 사회적 교수 모델과 그 공통 특징을 살리는 동시에, 우리나라 현장 교사들이 친숙해 있는 '계획(도입) – 실행(전개) – 정리'라는 수업 형태에 맞추어 재조직해 보면 다음과 같은 7단계의 주제 중심 교수 모델이 될 수 있다. 다만, 이러한 모델은 예시적 성격을 띠므로 교사는 학생의 특성이나 학교 및 지역사회의 여건에 따라 융통성 있게 활용해야 한다.

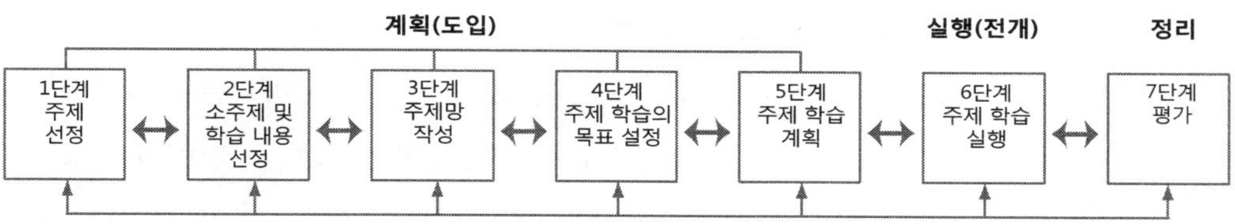

[그림 3-1] 주제 중심 교수 모델의 예시

계획(도입)

- 1단계: 주제 선정

  주제는 원래 추상적이고 광범위한 개념이지만 초등학교 1, 2학년 학생들에게 주제는 하나의 구체적이고 제한적인 화제가 될 수도 있고, 어떤 문제나 이슈 또는 활동이 될 수도 있다. 이상적인 수준의 심리적 · 사회적 접근에서는 주제가 학생으로부터 유도되어 선정되며 대개 단원명이 된다.

- 2단계: 소주제 및 학습 내용 선정

  학생들과 함께 선정된 주제를 학습하기에 알맞은 소주제와 관련 학습 내용을 선정한다. 교사는 국가에서 제시하는 네 가지 통합교과의 대주제와 활동 주제들을 기본적으로 염두에 두고, 학생들로부터 소주제 및 학습 내용을 유도한다.

- 3단계: 주제망 작성

주제망은 선정된 소주제와 관련 학습 내용을 의미 있게 조직하는 것으로서 주제를 중심에 놓고 그 주변에 소주제를, 그리고 소주제별로 학습 내용을 배열하고 관계되는 것끼리 선으로 연결하는 방식을 취한다. 교사는 국가교육과정에서 제시하는 대주제와 활동 주제들을 미리 주제망에 위치시키고, 이것을 기본으로 하여 학생들이 학습하고자 하는 내용을 관련되는 곳에 추가로 연계하거나, 새로이 선정하여 재조직한다.

- 4단계: 주제 학습의 목표 설정

주제 학습을 한 후에 학생들이 보여야 할 학습 결과를 골고루 설정한다. 이것이 심리적 통합과 교과교육이 크게 다른 점이다. 교과교육에서는 교과의 목표로부터 학습 내용이 유도되지만 심리적 통합에서는 그 반대다. 즉, 학습할 내용을 학생에게서 유도하고 그것을 통해 성취할 목표를 학생들의 흥미, 요구, 능력 수준에 맞게 조정함으로써, 각 학생들이 나름대로 의미 있는 경험의 성장을 이루어가도록 하는 과정에 초점을 맞추기 때문이다.

교사는 국가교육과정에서 제시하는 교과의 목표를 염두에 두되, 학생들이 학습 목표를 설정하는 일에 참여하여 목표를 추가적으로 설정할 수도 있고, 학생들로 하여금 교과 목표를 인식하도록 함으로써 학습에 대한 흥미와 관심을 높일 수 있다. 또한 설정한 목표는 평가의 준거로 활용된다는 것을 알게 한다.

- 5단계: 주제 학습 계획

선정 · 조직된 내용을 학습하기 위해 시간, 인적 · 물적 자원, 학습 조직, 교수 · 학습 방법을 설계한다. 주제를 운영하는 데 필요한 전체 시간을 하나의 단위로 블록(block)화하여 시간을 운영하는데, 이런 계획은 주간 계획, 일일 계획, 단위 시간 계획으로 다시 구체화된다. 계획은 동료, 학부모, 교사, 지역사회 인사들을 대상으로 전시회를 열거나 프로젝트의 결과를 점검할 수 있도록 한다.

실행(전개)

• 6단계: 주제 학습 실행

이전 단계에서 계획한 대로 교수 · 학습을 실행한다. 교사가 학생 전체를 대상으로 직접적인 교수를 할 수도 있으며, 학생들이 자기 주도적으로 개인별, 소집단별 프로젝트를 진행할 수도 있다. 예를 들면, 주제 학습을 실행할 때 주제망과 학습 계획표에 따라 학습과 프로젝트의 진행 상황을 교사와 학생들이 함께 누가 기록하면 학습 활동을 촉진하는 데 도움이 된다.

정리

• 7단계: 평가

평가는 학생 평가와 프로그램 평가를 포함하며, 학생 평가는 총괄 평가와 형성 평가를 포함한다. 총괄 평가에서는 지필 평가 · 실기 평가 · 관찰 평가 등을, 형성 평가에서는 개인 또는 소집단별로 포트폴리오나 학습 일지 등을 사용한다. 수행의 결과는 전시회를 통해 평가를 받고, 자문을 얻도록 한다. 평가 시에는 상대적 평가가 아니라 개인의 전인적 성장을 돕는 교수 · 학습의 한 과정으로서의 발달적 평가관을 일관되게 유지한다. 프로그램 평가는 주제 학습의 전 과정에 대해 평가하여 차기 주제 학습 구성에 도움이 되도록 한다.

3) 통합교과 교육과정 구현 시 유의사항

2007년 개정 통합교과 교육과정은 국가교육과정을 교사가 학생들의 흥미와 요구에 따라서 재구성하여 지도할 수 있도록 구성되어 있기 때문에, 이론 및 실제적으로 만들어 가는 교육과정 정신을 가장 활발히 전개할 수 있는 체제라고 볼 수 있다. 따라서 국가, 지역, 학교 수준에서 나름대로의 고유한 역할을 규정하여 이를 수행하고 함께 협력하여 교육과정의 효과성을 극대화해야 할 것이다. 특히, 교육과정 운영에서 교사의 역할은 매우 중요해졌다. 다음은 교육과정 운영을 책임질 교사를 위한 몇 가지 제안이다.

첫째, 단원마다 학생들의 흥미와 요구를 반영하여 학습 내용에 포함시키되, 국가교육과정과의 일관성을 유지한다.

둘째, 국어 및 수학과의 기초 기능이 통합교과의 내용을 학습할 때 적극 활용되도록 한다.

셋째, 통합교과가 공통 주제를 가지는 경우, 단원을 재구성하여 전체 시간을 하나의 단위로 블록화(block)하여 시간을 융통성 있게 운영할 수 있다. 통합되어 실제로 운영되는 각 교과의 시간은 통합 단원 학습 내용에 따라 국가에서 배정한 시간에서 가감할 수 있으나, 수업이 끝난 후에는 각 통합교과별 수업 시수를 원래 교과별로 배정된 시간으로 처리하여 기록한다.

넷째, 학습 내용의 성격을 고려하여 개별, 소집단, 전체 학급, 전체 학년별 조직 등 다양한 학습 집단을 적용한다. 우수한 능력을 가진 학생들에게는 개별 프로젝트를 부여하고, 협동이 요구되는 조사, 발견, 탐구, 또는 창작 활동은 소집단 조직을 활용한다. 전체 학급 조직은 기본 지식 및 기능과 같이 학생 모두가 필수적으로 습득해야 하는 내용인 경우와 프로젝트의 수행과정과 결과를 전체 학생을 대상으로 발표하도록 하여 경험을 공유하고자 할 때 적용한다. 전체 학년의 조직을 활용하는 것은 대개 팀 티칭의 경우로서, 여러 교사가 특정 시간을 맡아 지도하거나 여러 교사가 동시에 일부 학생들을 분담하여 지도한다.

다섯째, 평가는 주제 학습의 목표를 얼마나 달성했는지에 대한 총괄 평가와 개별 또는 소집단별 프로젝트를 수행하는 과정에서의 형성 평가를 포함하되, 통합교과 교육과정에서의 평가는 학생을 등급화하기 위한 것이 아니라 학생 개인의 전인적 성장을 돕는 교수 · 학습의 한 과정이라는 발달적 평가관을 일관되게 유지한다.

끝으로, 단원 학습의 마무리는 전시회나 발표회 등의 활동으로 학생들이 반성적 사고를 충분히 할 수 있도록 하고, 교사는 교육과정 개발자의 입장에서 단원에 대한 수정 및 보완이 필요한지를 점검하는 기회로 삼는다.

학자들이 심리적 · 사회적 접근을 구현하는 교수 모델로서 다양한 과정의 모델을 제시하지만, 궁극적으로는 교사가 단원의 성격과 학급의 상황에 맞게 교수 모델을 선정하거나 조정하여 사용할 수 있어야 하며, 어느 경우든 교사는 심리적 · 사회적 접근의 주요 특징들을 유념해야 한다.

2. 우리들은 1학년

1) '우리들은 1학년' 교육과정 개정의 중점

'우리들은 1학년'은 초등학교에 입학한 학생들이 새로운 학교 환경에 원만하게 적응하는 것을 돕고, 이후의 학교생활에 보다 의미 있게 연계될 수 있는 통합적 활동을 경험하게 하는 데 초점을 두고 개정하였다.

'우리들은 1학년' 개정의 중점을 구체적으로 살펴보면 다음과 같다.

(1) 입학 초기 학교생활 적응 활동의 강조

오늘날 초등학교에 입학하는 학생들 중 대다수는 유치원이나 유아원 등의 교육기관에 다닌 경험이 있다. 그러나 유치원과 초등학교는 여러 측면에서 다르기 때문에 입학 초기의 1학년 학생들이 환경의 변화에 적응하는 데 어려움을 겪는다. 예를 들어, 질서정연하게 배열되어 있는 책상과 의자, 공부 시간과 쉬는 시간이 명확히 구분되는 생활, 교실에서 멀리 떨어져 있는 화장실 등 물리적 환경 변화에서 비롯될 수 있는 긴장이나 부적응 때문에 학습 활동에 집중하지 못하고 학교생활에 호기심과 흥미를 느끼지 못한 채 초등학교 생활을 시작할 수 있다. 이러한 측면에서 초등학교에 입학한 학생들이 한 달 동안 학습하는 '우리들은 1학년'에서는 다음과 같은 점을 중시하였다.

첫째, 초등학교 생활을 시작한 1학년 학생들이 학교생활에 흥미를 느끼도록 도와야 한다. 공식적인 학교생활을 처음으로 시작하는 1학년 학생들은 학교에서 이루어지는 학습에 대해 기대와 함께 긴장이나 두려움을 갖기 쉽다. 학생들이 흥미를 갖지 못한 채 긴장감으로 학교생활을 시작하게 되면 학교생활에 원만히 적응하기가 어려우며, 특히 처음으로 학교에 입학한 학생들이 학교에 대해 갖는 느낌과 정서는 이후의 학교생활에 큰 영향을 미친다. 그래서 학교는 즐겁고 재미있는 곳이며 공부는 재미있는 활동이라는 생각과 느낌을 가질 수 있도록 필요한 통합적 경험을 제공하는 것이 중요하다.

둘째, 입학 초기 학교생활에서부터 자율적인 생활 습관 형성에 주력해야 한다. 이전까지 가정과 유치원에서는 자신의 일을 스스로 해결할 수 있는 기회가 적다. 따라서 입학 초기인 3월 한 달간은 자신이 해야 할 일을 스스로 할 수 있도록 함으로써 학생들의 자율적 생활 습관 형성을 돕는 것이 중요하다.

셋째, 초등학교에 입학한 학생들이 새로운 환경에서 만난 선생님, 친구들과의 관계에서 사회성을 발달시키면서 원만하고 즐거운 학교생활을 시작하도록 도와야 한다. 예컨대, 학교에서 선생님과 친구들에게 인사하기, 남에게 피해 주지 않기 등은 원만한 사회적 관계 형성을 위한 기본적인 사항으로 중요하게 다루어질 필요가 있다.

2007년 개정 교육과정의 '우리들은 1학년'은 학생들이 새로운 학교 환경에 원만하게 적응할 수 있도록 하기 위한 교과다. 그래서 초등학교 교과 학습의 기초 능력을 강조하기보다는 학생들이 학교라는 환경에 적응하는 과정에서 오는 긴장이나 불안을 자연스럽게 해소시켜 주면서 학교에서 이루어지는 학습과 생활 전반에 대해 즐거움과 기대감을 가질 수 있도록 하는 내용이 중심이 되도록 하였다.

(2) 생활 경험 중심, 활동 중심의 통합 강조

'우리들은 1학년'은 입학 초기 1학년 학생들의 학교생활 적응을 돕기 위해 생활 중심의 통합적 경험이 중시되어야 한다. 초등학교 저학년 학생들이 어렵게 여길 수 있는 이론적 계열을 강조한 내용보다는 실생활 세계를 중심으로 대주제 및 활동 주제를 선정하는 교육 내용으로 구성하였다. 따라서 '우리들은 1학년'에서는 언어로 설명이나 지식을 전달하기보다는 구체적인 조작과 직접적인 활동을 통해 학습이 통합적으로 이루어질 수 있도록 하였다. 그러나 '우리들은 1학년'이 초등학교에 입학한 1학년 학생들에게 학교생활 적응을 위한 기본적인 안내 기능을 갖는다는 점을 고려하여, 교과 설정의 본질적 목적을 지향하는 범위 내에서 기초 기능 관련 내용 증가 요구를 제한적으로 수용하였다.

(3) 지역 및 학교의 특성을 고려한 교육과정 편성 · 운영 권장

'우리들은 1학년'은 학생들의 학교생활 적응을 돕기 위한 교과이기 때문에 내용의 편성 · 운영에서 지역의 특성 및 학생의 학습 경험, 성장 발달 상황을 고려하여 교사가 창의적으로 교육 활동을 계획하여 실천하는 것이 매우 중요하다. 따라서 '우리들은 1학년'에서는 국가교육과정에 제시된 기준과 시 · 도 교육과정 편성 · 운영 지침을 근거로 하여 지역의 특수성과 학교의 실정, 학생의 상황에 적합하게 그 구체적 실행 계획을 마련해야 한다. 이 점은 제7차 교육과정에서 지역별 다양성을 존중하여 교육과정을 실천하도록 한 방향과 일관성을 유지한다.

(4) 타인 이해 교육에 대한 국가 · 사회적 요구 반영

학교생활을 시작하는 1학년 학생들에게는 그동안 친숙했던 가족과는 다른 사람들, 즉 선생님이나 친구들과의 만남으로 새로운 인간관계를 형성하게 되므로 기본적인 타인 이해 및 배려에 대한 내용 보완이 필요하다는 사회적 요구가 제기되었다. 2007년 개정 '우리들은 1학년' 교육과정에서는 모든 사람은 각기 다른 성격과 행동양식, 모습, 생각, 생활양식, 문화를 가진다는 것을 인식하고 이러한 부분을 서로 존중하며 더불어 지낼 수 있는 타인 이해와 배려가 중요함을 알고 실천할 수 있게 하는 내용을 반영하였다. 이에 해당되는 구체적 활동 주제는 '다른 사람 배려하기' '더불어 생활하기'다. 학교라는 공동체에서 생활하는 방법을 익히기 위해서는 다른 사람을 배려하고 더불어 생활할 수 있는 마음가짐과 실천력을 갖는 것이 필요하기 때문에 '우리들은 1학년' 교육과정 대주제인 '즐거운 학교생활'에 이를 포함시켰다.

(5) 학습 경험의 연계성 고려

초등학교 교육은 유아교육의 기초 위에서 발전적으로 연계된다. 특히 유치원과 초등학교 저학년 시기는 인지적 · 언어적 · 신체적 · 정서적 · 사회적 발달 측면에서 연계되는 요소가 많기 때문에 '우리들은 1학년'에서 유치원과 초등학교 간의 연계성을 강화하였다. 초등학교에 입학한 1학년 학생들은 호기심이 매우 왕성한 시기이므로 여러 가지 활동에 참여해 볼 수 있는 기회를 풍부하게 제공하는 것이 바람직하다. 내용 구성에서도 학생들의 창의적인 활동을 강조하였으며, 놀이를 활용한 학습이 적용될 수 있게 하였다. 유아기의 놀이 학습과 초등학교에서의 통합적 활동 주제 중심 학습을 자연스럽게 연계시키는 것은 학교생활 및 학습에 흥미를 갖는 데 중요한 역할을 한다. 또한 4월부터 시작되는 교과 학습과 연계될 수 있는 내용을 선정하였다.

2) 성격

'우리들은 1학년'은 초등학교 입학 초기 한 달 동안 학습하는 교과로, 학교생활의 원만한 적응에 초점을 두고 학생들의 생활과 경험 중심으로 개발된 통합 교과다. '우리들은 1학년'은 초등학교에서의 첫 출발로서 제공되는 교육과정이라는 점에서 다른 교과와는 구별되는 특징을 갖는다.

(1) 학교 환경에의 적응

1학년 학생들은 유치원과는 다른 새로운 사회의 집단생활에 적응하는 데 어려움을 느끼는 경우가 있다. 가정이나 취학 전 교육기관에서 생활하던 학생들이 초등학교에 입학하면서 겪는 큰 변화에서 오는 충격을 최소화하고, 새로운 환경에의 원만한 적응을 위해 자연스러운 전환과정이 필요하다. '우리들은 1학년' 교육과정은 초등학교에 입학한 학생들이 환경의 변화로부터 느끼는 긴장을 즐겁고 의미 있는 교육적 경험으로 전환시켜 주고, 학교 환경에 원만하게 적응하는 것을 돕는 데 중점을 두고 있다. '우리들은 1학년'은 새로운 학교 환경에서의 생활과 학습을 위한 완충적 교과로서의 중요한 의미를 갖는다.

(2) 입학 초기의 학습 내용

초등학교 입학 후 한 달간은 학생들과 가정에 커다란 의미가 형성되는 기간이다. 초등학생이 된다는 설렘과 호기심이 고조되는 시기이며 초등학교 생활이 안정감과 즐거움 속에서 출발되어야 하는 시기다. 따라서 이 시기의 학생들이 가지는 호기심과 두려움을 적절한 방법으로 조화시킬 수 있는 별도의 프로그램이 마련되어야 하고, '우리들은 1학년'은 이러한 프로그램으로서의 성격을 가지게 된다. '우리들은 1학년'에서는 이러한 중요성을 갖는 한 달 동안 학생들이 학습해야 할 대주제로 '친숙한 학교생활' '바른 학교생활' '즐거운 학교생활' '슬기로운 학교생활'의 네 가지를 선정하고 각 대주제에 대해 네댓 가지 활동 주제를 구성하였다.

(3) 기본 생활 습관과 가치의 형성

'우리들은 1학년'은 학생들이 초등학교에 입학하여 처음 학습하게 되는 교과로서, 학교생활과 일상생활에 필요한 기본적인 생활 습관을 기르고 가치 형성의 출발점이 되는 특별한 과정으로서의 성격을 가지고 있다. 학생들이 초등학교에 입학하면서부터는 집단생활에서의 기본 규칙을 준수해야 하며, 이러한 과정을 통해 학생들은 개인과 사회의 관계에 대해 생각할 수 있게 되고 많은 사람들이 함께 살아가는 데 필요한 예절과 규범을 자연스럽게 익힌다.

1학년 학생들은 새롭게 시작하는 학교생활에서 다소의 긴장과 어려움을 느끼게 되는데 이때 어떤 방향으로 교육적 경험을 제공해 주는가에 따라 이후의 학교생활이 크게 달라진다. '우리들은 1학년'은 학교에서 생활하고 학습하는 데 필요한 기본 생활 습관과 가치를 즐겁고 의미 있는 경험에 기초하여 익힐 수 있도록 구현되어야 한다.

(4) 생활 영역 확장

'우리들은 1학년'은 학생들이 가정이나 취학 전 교육기관에서 학교로 생활의 장을 변화시키는 데에 도움을 주기 위한 교과다. 새로운 환경과 초등학교에서의 생활에 대해 학생들이 느끼는 긴장감이 자연스럽게 완화되고 학교생활에 원만히 적응하기 위해서는 입학 전 생활 경험과 연계하여 초등학교 생활을 시작할 수 있게 지원해 주는 교량적 역할이 필요하다. '우리들은 1학년'은 이 역할을 담당하여 새로운 환경에 원만하게 적응할 수 있도록 도움을 주는 내용으로 구성되었다.

(5) 다양한 학습 경험의 기회 부여

이 시기의 학생들에게는 가정생활 및 취학 전 교육기관에서의 생활을 초등학교 생활과 자연스럽게 연계시켜 새롭게 시작된 학교생활에 대해 친근감을 가질 수 있는 기회를 제공해야 한다. 이런 점에서 '우리들은 1학년'에서는 놀이, 표현, 조작, 탐구 등의 활동에 기초하여 즐거운 수업이 이루어질 수 있도록 하는 데 중점을 두었다.

3) 목표

학생들의 입학 전 생활 경험과 초등학교 생활을 성공적으로 연계시키기 위한 '우리들은 1학년'은 '새로운 학교환경에 적응하여 즐겁고 건강하게 학교생활을 한다.'에 목표를 두고 있으며, 이는 다음과 같은 하위 목표를 달성함으로써 성취될 수 있다.

(1) 학교 환경과 생활 방법을 익혀 학교생활에 적응한다.

초등학교에 입학한 1학년 학생들에게는 물리적 생활환경의 변화에 잘 적응할 수 있도록 지도하는 기간이 필요하다. 즉, 새로운 초등학교 환경의 적응을 위해 기초적 지식과 방법의 습득이 필요하다. '우리들은 1학년'에서는 학생들이 학교의 물리적 환경에 친숙해지도록 함으로써 새로운 생활에 쉽게 적응할 수 있도록 하고 그러한 친숙감에 기초하여 즐겁고 건강한 학교생활을 하는 것을 목표로 설정하였다. 이 목표는 대주제 '친숙한 학교생활'과 연계되는 하위 목표다.

(2) 기본적인 학교생활 규범을 익혀 학교생활을 바르게 한다.

'우리들은 1학년'에서는 학생들이 기본적인 생활 규범을 익히는 데 도움이 되는 활동에 참여하는 것을 중요시한다. 그러나 1학년 학생들에게 한 달 동안에 기본적인 학교생활 규범을 모두 익히도록 목표를 설정하는 것은 무리가 있다. 학교생활을 바르게 한다는 목표는 집단생활에 필요한 통제를 강조하기보다는 또래와 즐겁게 상호작용하면서 학교생활에 필요한 규범을 점차적으로 익히도록 안내함을 의미한다. 따라서 초등학교에 입학한 1학년 학생들이 학교생활과 관련된 규범을 익혀 잘 적응할 수 있도록 하는 것에 초점을 맞추고 있다. 이 목표는 대주제 '바른 학교생활'과 연계되는 하위 목표다.

(3) 바르고 원만한 인간관계를 형성하여 학교생활을 즐겁게 한다.

'나'와 '너' 그리고 '우리' 사이에서 친밀하고 깊이 있는 인간관계를 형성하는 것은 초등학교 1학년 학생들의 학교생활에서 매우 중요한 부분이며, 이것은 서로에 대한 관심과 구체적인 노력을 통해 가능하다. 초등학교에 입학한 학생들이 바르고 원만한 인간관계를 형성해 가기 위해서는 먼저 자기 자신을 알고 자신을 소중한 존재로 느낄 수 있어야 하며, 친구와의 사이에서 기본적인 예절을 지키면서 친밀감을 쌓아가는 것이 중요하다. 또 친구와의 관계에서 어떤 문제나 갈등이 생겼을 경우에는 서로의 생각을 나누고 서로를 인정하며 존중하는 태도를 지닐 수 있게 함으로써 즐거운 학교생활을 위한 원만한 인간관계를 형성할 수 있음이 강조되어야 한다. 이 목표는 대주제 '즐거운 학교생활'과 연계되는 하위 목표다.

(4) 학습에 필요한 최소한의 기초적인 기능을 습득한다.

'우리들은 1학년'에는 본격적인 교과 학습을 하기 위해 필요한 기초적 기능에 대한 내용이 포함되어 있다. '우리들은 1학년'에서는 교과 학습 전반에 기본이 되는 학습 태도 및 자세를 익히게 한다. 그러므로 학습에 필요한 최소한의 기초적 기능을 습득하기 위해 지역 및 학교 · 학급의 실정, 학생의 취학 전 경험 등을 종합적으로 고려하여 교육 활동 계획을 수립해야 한다. 또한 '우리들은 1학년'은 초등학교에 입학한 학생들이 즐겁게 학교생활을 시작할 수 있도록 이끌어 주는 교과임을 고려하여, 학습 전반을 위한 바람직한 태도 형성에 초점을 두고 기초 기능 습득을 위한 활동이 다루어져야 한다. 이 목표는 대주제 '슬기로운 학교생활'과 연계되는 하위 목표다.

4) 내용

'우리들은 1학년'은 '친숙한 학교생활' '바른 학교생활' '즐거운 학교생활' '슬기로운 학교생활'의 4개의 대주제로 구성되어 있다. 대주제 및 활동 주제의 내용은 다음과 같다.

대주제	활동 주제	내용
친숙한 학교생활	• 학교 모습 알기 학교와 학교 시설물에 대해 알고 바르게 이용한다.	1. 학교 이름 알기 2. 학교에서 어떤 활동을 하는지 알기 3. 학교 시설의 이름, 위치, 기능을 알고 바르게 이용하기
	• 교실 모습 알기 교실의 위치를 알고 질서 있게 드나든다.	1. 우리 반 위치와 내 자리, 친구들 자리 알기 2. 질서 있게 교실 드나들기
	• 시설물 사용하기 학교나 교실의 시설물은 여럿이 사용하는 것임을 알고 바르게 사용한다.	1. 책상과 의자 바르게 사용하기 2. 교실에 있는 용구와 물건 바르게 사용하기 3. 수도와 화장실 바르게 사용하기
	• 놀이 기구 이용하기 놀이 기구의 이름과 위치를 알고 바르고 안전하게 이용한다.	1. 놀이 기구 이름과 위치 알기 2. 놀이 기구의 바른 이용법을 알고 안전하게 이용하기
바른 학교생활	• 안전하게 생활하기 안전한 생활을 위해 질서와 교통규칙을 지켜야 함을 알고 실천한다.	1. 차례대로 줄서기 2. 왼쪽으로 다니기 3. 위험한 행동 하지 않기 4. 차조심하면서 안전한 길로 다니기
	• 청결하게 생활하기 자기 몸과 주변을 깨끗이 하는 방법을 알고 꾸준히 실천한다.	1. 몸 깨끗이 하기 2. 물건 제자리에 두기 3. 쓰레기 함부로 버리지 않기
	• 스스로 하기 자기 혼자 힘으로 해야 할 일을 알고 스스로 실천한다.	1. 일찍 자고 일찍 일어나기 2. 입었던 옷과 신발 정리하기 3. 책가방 챙기기 4. 자기 물건에 이름 쓰고 잘 보관하기 5. 사물함과 서랍 정리정돈하기

	• 바르게 인사하기 선생님과 친구에게 인사하는 방법을 알고 바른 자세로 인사한다.	1. 선생님과 친구에게 인사하는 방법 알기 2. 선생님과 친구에게 바른 자세로 인사하기
즐거운 학교생활	• 나를 알리기 자신에 대해 알고 친구들에게 알린다.	1. 이름과 특기, 좋아하는 것 말하기 2. 가족에 대해 말하기
	• 새로운 친구 사귀기 친구들의 이름과 얼굴을 알고 예절을 지켜 서로 사이좋게 지낸다.	1. 친구 이름과 얼굴 알고 인사 나누기 2. 친구의 좋은 점, 나와 친구의 같은 점과 다른 점 찾아보기 3. 친구와 사이좋게 지내기
	• 다른 사람 배려하기 다른 사람을 배려하는 방법을 알고 실천한다.	1. 친구에게 피해 주지 않기 2. 선생님과 친구와의 약속 잘 지키기 3. 바르고 고운 말 쓰기
	• 더불어 생활하기 어려움이 있는 친구를 이해하고 더불어 생활한다.	1. 어려움이 있는 친구 이해하고 배려하기 2. 함께 어울려 놀이하기 3. 친구가 도움을 필요로 할 때 돕기
슬기로운 학교생활	• 바른 자세로 듣기와 말하기 들을 때와 말할 때 바른 자세로 듣고 말한다.	1. 바른 자세로 듣기 2. 바른 자세로 자기 생각 말하기
	• 학습 용구 바르게 사용하기 학습 용구의 사용법을 알고 바르게 사용한다.	1. 색연필, 크레파스 바르게 사용하기 2. 풀, 가위 바르게 사용하기 3. 그 밖의 학습 용구 바르게 사용하기
	• 선긋기 모양과 굵기에 따른 선긋기 방법을 알고 다양하게 선긋기를 한다.	1. 점선 따라 긋기 2. 모양과 굵기를 다르게 하여 다양한 선긋기 3. 선을 이용하여 그리기
	• 색칠하기 색칠하는 방법을 알고 바르게 색칠한다.	1. 색의 진하기를 달리하여 색칠하기 2. 여러 가지 색을 사용하여 색칠하기
	• 낱자 익히기 낱자의 모양과 획순, 이름을 알고 바르게 쓴다.	1. 낱자의 모양과 획순 익히기 2. 낱자의 이름 알기

(1) 친숙한 학교생활

초등학교에 입학한 1학년 학생들이 한 달간 배우는 '우리들은 1학년'은 새로운 환경에 적응하면서 즐거운 학습 경험으로 긴장이나 불안을 완화시켜 주고 학교생활에 대한 친숙함을 느낄 수 있는 내용을 다루고 있다. 학생들이 학교생활에 대한 친숙함을 가질 수 있으려면 먼저 학교 전체의 모습과 교실 모습 등에 관심을 기울이고, 학교 내에 있는 각종 시설물과 놀이 기구를 즐겁고 안전하게 이용할 수 있도록 안내하는 것이 필요하다. 또한 학생들이 학교에 있는 시설물의 이름과 위치, 기능을 알고 각 시설을 이용하여 어떠한 활동을 할 수 있는지를 파악할 수 있도록 내용을 구성하여 학교 내 시설을 적절히 활용할 수 있도록 하는 것이 바람직하다.

(2) 바른 학교생활

초등학교 1학년 학생들이 물리적 환경 변화와 확장된 인간관계에 적응하기 위해서는 기본적으로 지키고 익혀야 할 점들이 있다. '우리들은 1학년'에서는 이러한 취지에서 '바른 학교생활'을 대주제로 정하고 이에 대한 활동 주제로 안전하게 생활하기, 청결하게 생활하기, 스스로 하기, 바르게 인사하기를 선정하였다. 학교는 공부하는 교실 이외에도 운동장, 과학실, 컴퓨터실, 음악실, 보건실 등 여러 가지 시설들을 갖추고 있으며, 이러한 시설들을 이용하기 위해 우선적으로 중요시해야 하는 것은 안전이다. 따라서 안전한 생활은 전체 학교생활의 가장 기본적인 교육 내용이 되어야 한다.

입학 초기의 1학년 학생들에게는 자기 몸을 청결히 하여 건강한 생활을 할 수 있도록 하는 것이 중요하다. 몸을 건강하게 하기 위해서는 몸을 청결하게 하는 방법을 알고 이를 실천하게 한다.

또한 자기 일을 스스로 하는 능력 및 태도를 기르기 위해 자기 혼자 힘으로 해야 할 일들을 알고 실천하도록 한다.

바람직한 사회적 관계의 시작은 다른 사람에 대한 예절과 밀접한 관련이 있기 때문에 공동생활에 필요한 기본 생활 규범 및 예절을 자연스럽게 익히는 것이 필요하다. 친구, 선생님, 주위 사람들과 정답게 인사를 나누며, 서로에 대해 예의 바른 생활을 하는 것은 바람직한 인간관계를 맺는 출발점이 된다.

(3) 즐거운 학교생활

초등학교에 입학한 1학년 학생들은 집단생활을 경험하게 되면서 새로운 친구를 사귀고 친숙한 인간관계를 형성해 간다. 대주제 '즐거운 학교생활'에서는 1학년 학생들이 새로운 학교생활에서 인간관계를 형성하고 발전시키는 데 필요한 활동 주제를 선정하였으며, 선정된 활동 주제는 학생들이 자기 자신을 알리고 새로운 친구를 사귀며, 친구를 이해하기 위한 활동이나 놀이에 참여하는 데 초점을 두어 구성하였다. 자신에 대해 긍정적으로 생각하는 사람은 자신감과 안정감을 가지고 다른 사람과 원만한 생활을 할 수 있게 되므로, 학생들이 긍정적인 자아개념을 형성하면서 자신을 소중한 존재로 인식하도록 하는 것은 매우 중요한 교육적 의미를 갖는다.

활동 주제인 나를 알리기, 새로운 친구 사귀기, 다른 사람 배려하기, 더불어 생활하기는 통합적으로 운영되어야 한다. 즐거운 학교생활에서는 새로 만나는 친구들과 바르게 인사하고 친숙한 인간관계를 만들어 가는 데 관련된 경험이 중요하게 다루어지고 있으며, 나에 대해 알아보고 친구와 사이좋게 지내기 위해 친구의 장점을 찾아보는 습관을 기르면서, 공동체에서 생활하는 방법을 익히는 것이 강조된다.

(4) 슬기로운 학교생활

4월이 되면서부터는 학습량이 증가하고 본격적인 교과교육이 시작되기 때문에, '우리들은 1학년'에서는 기본적인 학습 태도 및 기능에 관련된 활동과 경험이 다루어져야 한다. 이와 관련하여 제7차 교육과정에서는 '학습 용구 바르게 사용하기' '바른 자세로 말하기와 듣기'로 한정하여 내용을 선정하였으나, 2007년 개정 교육과정에서는 4월부터 후속되는 교과 학습과의 자연스러운 연계를 위해 선 긋기, 색칠하기, 낱자 익히기 활동을 추가하였다. 초등학교에 입학한 1학년 학생 중 취학 전에 기초 학습 기능과 관련하여 잘못된 습관을 갖게 된 경우가 있다면 그것을 바르게 교정해 주어야 하며, 미숙달된 기초 기능을 익히게 하여 후속되는 교과 학습을 잘 수행할 수 있도록 하는 데 초점을 둔다.

대주제 '슬기로운 학교생활'에서는 1학년 학생들이 기본적인 학습 태도를 형성하고, 4월부터 시작되는 본격적인 교과 학습 이전에 발달시켜야 할 기초 기능을 습득하여 슬기로운 학교생활을 할 수 있도록 바른 자세로 듣기와 말하기, 학습 용구 바르게 사용하기, 선 긋기, 색칠하기, 낱자 익히기로 활동 주제를 구성하였다.

네 가지 대주제와 관련된 구체적 경험과 활동은 통합적으로 계획하고 실천하는 것이 바람직하다. 특히 내용 체계표에 제시된 활동 주제는 예시적인 성격을 지니고 있으므로 지역의 특수성과 학교 · 학급 실정, 학생의 학습 경험과 요구 및 성장 발달 상황 등을 고려하여 학교 및 학급에서 재구성하여 통합적으로 운영해야 한다.

5) 교수 · 학습 계획과 지도

지역과 학교 및 학생의 특성은 다양하기 때문에 '우리들은 1학년' 교과의 운영에는 교사의 창의성과 자율성이 큰 역할을 한다. 다시 말하면, '우리들은 1학년'은 대상과 그 주변 환경의 특성에 따라 교사의 재량권을 한껏 발휘하여 융통성 있게 운영할 수 있다는 점에서 교사의 역할을 특히 강조하는 교과라고 할 수 있다.

따라서 구체적인 교수 · 학습 계획, 지도 방법에는 다른 교과와 구별되는 교사의 창의성과 노력이 요구되므로 학교와 지역사회의 특성을 살린 융통성 있는 교육과정 운영이 필요하다.

'2007년 개정 교육과정'에 따라 학교 단위에서 '우리들은 1학년'의 교수 · 학습 계획 시 유념할 내용은 다음과 같다.

- 내용 조직 기준 시수는 입학 후 한 달간의 수업 시수인 80시간을 기준으로 한다.
- 내용 구성은 입학 초기 한 달간 가르쳐야 할 학습 요소에 따라 학습자 중심으로 조직한다.
- 학습 내용의 성격, 지역과 학교, 학생의 특성을 고려하여 내용 통합의 방법과 전개 순서를 지도함으로써 학생들이 쉽고 재미있게 학습할 수 있도록 한다.
- 제재별 활동 내용과 활동 시간은 제재의 특성, 활동의 효과와 학생의 흥미를 고려하여 융통성 있게 적절히 조정하여 운영한다. 교과서에 제시된 내용을 모두 가르칠 필요는 없다.

위와 같은 교육과정에 명시된 내용이 학교교육과정 편성에서 가지는 의미를 시간 배당, 주제 선정 및 내용 조직, 지도 방법과 관련하여 살펴보면 다음과 같다.

(1) 시간 배당

시간 배당은 각각의 학습 내용에 배당하는 시간의 길이 및 진도와 관계된 사항이다. 효과적인 시간 배당을 위해 다음 세 가지를 고려해 볼 수 있다.

① 내용의 중요도에 따른 시간 배당

교육과정에 제시된 내용 중에서 지역의 특수성에 따라 일찍 가르치는 것이 좋은 내용은 먼저 가르치거나 그 중요도에 따라 더 많은 시간을 할애하도록 하고, 그렇지 않은 내용에 대해서는 나중에, 혹은 더 적은 시간을 배당할 수 있다. 예를 들어, 학교의 위치가 교통안전에 특히 유의해야 하는 곳에 자리잡고 있다면, 교통안전에 관한 실습에 많은 시간을 할당하고 교통안전에 관한 내용을 이른 시기에 도입함으로써 학생들이 안전한 등하교를 할 수 있도록 한다.

② 단위 시간의 융통성

단위 시간을 배당하는 데에 40분으로 제한하지 말고 융통성 있게 이용하는 것이 좋다. 일부 학교에서는 40분 단위의 시간 배당 대신에 80분 단위의 '블록'이라는 단위를 설정 운영하기도 하는데, 이러한 블록이 또 다른 단위의 시간으로 지정되어 잘못 운영되는 일이 없도록 해야 한다.

③ 열린 시간표 운영

주당 평균 시간제 또는 하루에 몇 시간을 배당한다는 고정적인 시간표를 철폐함으로써 융통성 있는 시간 운영의 근거를 마련한다. 즉, 일과표를 변경 가능하도록 함으로써 일과표에 따라 학습 내용을 조정하는 것이 아니라, 학습 주제의 특성에 맞게 일과를 조정하는 적극적인 일과 운영이 되어야 한다.

(2) 주제 선정 및 내용 조직

내용 선정 및 조직에서의 융통성은 다음과 같다.

① 생활 주변의 주제 선정, 통합

교과서를 다루는 방법을 결정하는 데 교사가 유의해야 할 점은, 교과서에 제시된 내용과 학교에서 지도해야 하는 내용과의 관계 설정이다. 지역과 학교의 여건을 고려하기 위해 교과서를 시 · 도 교육청별 지역(인정) 교과서로 편찬하고 있는데, 여기에서의 지역이란 사회 · 환경적인 구분이 아닌 행정적인 구분이다.

따라서 강원도 해안 지역의 경우, 강원도 산촌 지역보다는 경상북도의 해안 지역과 더 유사한 환경을 가지고 있음에도 불구하고, 행정적인 지역 구분에 따라 강원도 산촌 지역과 같은 교과서를 사용한다. 그러므로 시 · 도 교육청에서 교과서를 편찬한다 하여도 교과서의 내용과 그 교과서를 사용하는 모든 지역의 환경이 일치한다고 볼 수 없는 것이다. 그런 점에서 단위 학교에서의 내용 선정과 교육과정 재구성은 중요한 역할을 한다.

이러한 점이 특히 중요한 이유는 학습 내용을 주제 중심으로 제시하는 데에, 주제는 학생의 주변 생활 환경에서 선정되기 때문에 주제 자체가 지역 특성에 따라 다르게 선정되어야 한다는 것이다. 예를 들면, 도시의 학생들에게 친근한 주제는 동물원, 병원, 백화점, 지하철, 아파트 같은 것이지만, 농촌에 살고 있는 학생들에게는 외양간, 개울, 물놀이 같은 것들이 더 친근한 경험 중심 주제의 소재로 선정될 수 있으며, 또 어촌에 살고 있는 학생들에게는 등대, 갈매기, 조개, 고기잡이 등을 이용한 주제 선정이 효과적일 수 있다. 동해안이 강원도의 유명한 해안 관광지라고 해서 해안에서 볼 수 있는 것들을 주제로 다룬다면, 바다를 한 번도 본적이 없는 강원도 산간 지역의 학생들에게는 생활 경험 중심의 주제 선정이 되지 못한 것이라고 할 수 있다.

시 · 도 교육청에서 개발되는 '우리들은 1학년' 교과서는 대부분의 학생들이 경험할 수 있는 포괄적인 주제를 중심으로 전개되기 때문에 단위 학교에서는 교과서의 내용을 기초 자료로 하되 교육과정 분석을 보다 면밀히 함으로써 구체적으로 학교교육과정의 편성과 운영이 이루어지도록 해야 할 것이다.

특히, '교과서에 제시된 내용을 모두 가르칠 필요가 없다.'는 것은, 교과서는 주된 교수 · 학습 자료일 뿐이므로 학교나 지역사회의 실정에 맞는 다른 자료를 개발 이용할 수 있는 기회를 보장하는 것이라고 할 수 있다.

② 지역의 특수성을 고려한 교육과정의 하위 요소 재구성

주제 선정뿐만 아니라 내용 선정에서도 지역의 사정이 반영되어야 한다. 그러나 교육과정을 지역화하자는 뜻을 잘못 이해하여 시 · 도의 자랑거리를 지나치게 삽입하는 등의 잘못이 있어서는 안 될 것이다. 예를 들어, 서울의 경우에 서울의 꽃이 '개나리'라는 것을 알게 하려고 '서울의 꽃 개나리'를 교육과정 상의 하위 요소로 설정해서는 안 된다는 것이다. 물론, 다른 내용을 가르치기 위한 수단으로서 '개나리'가 제시되는 경우는 충분히 있을 수 있다.

지역의 특수성을 고려한 교육과정의 하위 요소 재구성의 예를 들어 보면, 지하철과 같은 교통수단을 쉽게 접할 수 있는 대도시의 경우, '교통규칙 지키기'와 '남을 이해하기'의 하위 요소에 지하철에서의 예절을 포함시킬 수 있다.

또, 지하철에 우산을 들고 들어갈 때는 곱게 접어서 다른 사람에게 피해를 주지 말아야 한다는 것이나 내리고 탈 때의 줄 서는 위치 등은 초등학교 입학 초기의 학생들에게도 반복 지도를 통한 습관화가 이루어지도록 할 필요가 있다. 그 밖에도 대도시 아파트에서 엘리베이터를 이용할 때의 예절도 '남을 이해하기'의 하위 요소로 도입될 수 있으며, 엘리베이터를 탈 때에는 맨 처음 탄 사람이 조작 버튼 앞에 서서 뒷사람들이 모두 탈 때까지 열림 버튼을 누르고 있도록 하는 것을 포함시킬 수 있을 것이다.

이와 같이 그 지역의 특수성에 기인하여 요구되는 내용을 교육과정 하위 요소로 재조직함으로써 생활 중심 주제 선정과 아울러 생활에 적응할 수 있는 교육 프로그램으로서의 기능을 강화할 수 있다.

③ 지역에 따른 지도 방법 선정

내용 요소뿐만 아니라 그 지도 방법도 지역에 따라 달라질 수 있다. '안전하게 생활하기'의 경우 교육과정에는 차례대로 줄서기, 왼쪽으로 다니기, 위험한 행동하지 않기, 차조심하면서 안전한 길로 다니기의 네 가지 하위 요소를 제시하고 있다. 이 중에서 차조심하면서 안전한 길로 다니기의 내용을 학습할 때 신호등이나 육교, 지하도 등의 시설물을 쉽게 접할 수 있는 곳에서는 실습을 통해 익힐 수 있지만 그렇지 못한 곳에서는 놀이판을 이용한 학습이나 교통 놀이를 이용하여 지도하는 것이 효과적이다.

예를 들어, 지하철이 주요 교통수단이 되고 있는 지역에서는 지하철에서의 승차 예절에 대하여 실습을 통해 익힐 수 있지만, 지하철이 없는 지역에서는 실습을 통한 기본 생활 습관 형성이 어렵다. 따라서 지역 특성에 맞는 학습 방법을 고안하여 학습의 효과를 높이려는 노력이 필요하다.

(3) 지도 방법

'우리들은 1학년'을 지도할 때에는 다음과 같은 점들에 유의하여 지도

해야 한다.

① 4월부터 학습하게 될 '국어' '수학' '바른 생활' '슬기로운 생활' '즐거운 생활' 등의 학습 내용과 중복되지 않도록 유의한다.
② 즐거운 학교, 친근한 선생님, 정다운 친구, 재미있는 공부가 되도록 모든 활동의 지도에서 유념한다.
③ 쉽게 피로하고, 지속성이 부족한 이 시기의 학생들에게 과중한 부담이 되는 활동을 함으로써 싫증을 느끼는 일이 없도록 수업의 시간과 활동 내용, 흥미 유발에 특히 유의하도록 한다.
④ 직관적인 사고가 가능하도록 구체적인 자료를 제시하여 주며 직접 행동으로 표현하게 해 주어야 한다. 또, 학생 주변의 구체적인 사례를 중심으로 학습을 유도하도록 한다.
⑤ 자기중심적 사고가 강한 이 시기의 학생들이 다른 사람을 이해하고 잘 어울릴 수 있도록 의도적으로 사회 활동 기회의 장을 마련하고 협동적인 분위기를 조성하도록 한다.
⑥ 운동 신경이 급속히 발달하고 소근육 운동 기능이 발달하는 시기이므로 이러한 기능 신장을 위한 지도에도 유의한다.
⑦ 이야기 듣기를 좋아하는 시기이므로 동화를 풍부하게 들려주고 상호 의사소통의 기회를 많이 주어 자기 생각을 분명하게 전달할 수 있는 능력을 길러 주는 한편, 다른 사람의 입장을 고려하며 이야기할 수 있는 태도를 기르도록 한다.
⑧ 모든 학습 활동에서 민주시민 교육 내용 요소와의 관련에 유의하여 이 시기의 발달 단계에 맞도록 통합적인 지도를 한다. 특히 질서, 규칙 준수, 협동, 공덕심, 절약 등의 덕목은 꾸준한 생활 훈련을 통해 기초를 충분히 다지도록 한다.
⑨ 교사와 학생이 함께 참여하여 즐거운 놀이 중심의 학습이 되도록

하며 이를 통해 학생들이 성취감을 가지도록 지도한다. 또한 취학 전 생활 경험과 학교생활을 자연스럽게 연계하여 지도함으로써 경험의 통합성이 이루어지도록 지도한다.

⑩ 활동 제재별로 제시된 지도 내용은 예시적 성격을 띤 것으로서 날씨의 변화, 학생의 수준, 학교의 실정에 따라 재구성할 수 있으므로 입학 초기의 학생들에게 알맞은 통합교육 활동이 되도록 한다.

⑪ 제재별 활동 시간은 제재의 특성, 활동의 효과와 학생의 흥미를 고려하여 융통성 있게 적절히 조정하여 지도하도록 한다. 특히, 한 시간을 40분으로 고정시킬 필요는 없다. 제재의 특성이나 학생들의 실태에 맞도록 시간을 융통성 있게 운영한다.

⑫ 글자와 숫자는 시각적 변별력의 신장에 주안점이 있으므로 이 점에 특히 유의한다.

3. 바른 생활

1) '바른 생활'과 교육과정 개정의 중점

'바른 생활'과는 개인 생활과 사회생활을 하는 데 필요한 기본적인 생활 습관, 예절, 규범을 알고 익혀 바른 생활 태도가 내면화되도록 구체적인 체험과 실천을 강조하는 데 중점을 두고 개정하였다.

'바른 생활'과 개정의 중점을 구체적으로 살펴보면 다음과 같다.

(1) 통합교과로서의 성격 명료화

제7차 교육과정에 제시된 '바른 생활'과는 초등학교 1, 2학년 학생들이 우리 사회가 요구하는 기본 생활 습관과 예절 및 규범을 준수할 수 있는 능력과 태도를 형성하여 건전한 인성을 지닌 민주시민으로서의 자질을 갖추도록 하는 통합교과다. 이러한 '바른 생활'과 교육과정의 성격에 대한 의견은 대체로 긍정적이면서 한편으로는 통합교과의 성격을 분명히 해야 한다는 의견이 있었다. 따라서 2007년 개정 교육과정에서는 제7차 '바른 생활'과 교육과정의 기본 방향을 그대로 유지하면서, 바람직한 시민으로서 개인 생활과 사회생활을 하는 데 필요한 기본적인 생활 습관, 예절, 규범을 알고 익히도록 하는 체험과 실천 중심의 통합교과임을 명시하였다.

(2) 교육 내용 적정화를 위한 내용 수준 조정

제7차 '바른 생활'과 교육과정에서는 내용 적정화 방안으로 제6차 교육과정의 내용보다 축소하였다. 이를 위해 우리 사회의 가장 기본적이고 공통적으로 필요한 생활 습관과 예절, 초보적인 가치 규범을 그 내용으로 구성하였다. 그러나 그 내용이 '우리들은 1학년'과 중복될 수 있어, 2007년 개정 교육과정에서는 내용의 양은 그대로 유지하되 학습자의 발달 수준에 적합하도록 수준을 조정하였다.

(3) 실천의 습관화 강조

초등학교 1, 2학년 학생들의 발달 상태는 초보적인 수준이지만 행위의 동기를 고려할 줄 알고, 판단 능력도 발달하는데 그 주된 특징은 사회의 기본적인 규범들을 내면화시키는 시기다.

이러한 점에서 기본적인 예절과 규범의 습관화를 강조하고 있다. 예를 들어 '바르게 식사하기'를 지도할 때, 식사를 바르게 해야 하는 이유를 이해시키며 바르게 식사하는 구체적인 모습을 제시하고, 교실에서 직접 실연하고 반복 지도하도록 하였다. 나아가 학교에서 배운 것을 일상생활에서도 계속 지킬 수 있도록 가정과의 연계 지도 방안을 모색하였다. 바른 행동의 습관화를 위해서는 교사와 학부모가 학교와 가정에서 일관성 있게 지도해야 하기 때문이다.

(4) 다른 교과와의 연계성 고려

'바른 생활'과는 개인 생활과 사회생활을 하는 데 필요한 기본적인 생활 습관, 예절, 규범을 익히도록 하는 통합교과로서, '우리들은 1학년' '슬기로운 생활'과의 연계 및 중복되는 부분이 있을 수 있다. 따라서 이들 교과와의 내용 검토를 통해 중복을 피하도록 조정하였고, 연계되는 부분은 교사들의 지도에 참고가 되도록 설명하였다. 또한 3~6학년 교과와의 연계를 고려하여 기본 생활 습관과 예절을 중점적으로 다루도록 하였다.

2) 성격

'바른 생활'과는 '도덕'과와 관련이 있으나, 그 성격은 다르다. 즉, '바른 생활'과는 초등학교 1, 2학년 학생들의 생활과 심리적 경험 세계를 기초로 하는 통합교과로서, 그들의 기본적인 생활 습관과 예절 및 규범을 안내하고 꾸준히 실천하도록 돕는 실천중심의 교과다.

(1) 기본 생활 습관과 예절, 규범의 습득

> '바른 생활'과는 개인 생활과 사회생활을 하는 데 필요한 기본적인 생활 습관, 예절, 규범을 알고 익히도록 하는 체험과 실천을 중심으로 구성된 통합교과다.

'바른 생활'과는 초등학교 1, 2학년 학생들의 개인 생활과 사회생활에서 필요한 기본적인 생활 습관과 예절 그리고 규범을 익히도록 하는 데 필요한 통합교과다. 즉, 초등학교 1, 2학년 학생들에게 우리 사회가 요구하는 기본 생활 습관과 예절 및 규범을 준수할 수 있는 능력과 태도를 가지게 하고 민주 시민으로서의 자질을 갖추도록 도와주는 교과다.

기본적인 생활 습관, 예절, 규범은 우리 사회의 바람직한 구성원으로 성장하는 데 꼭 필요한 기본적 요구사항이다. 이러한 요구사항을 초등학교 1, 2학년 학생에게 지도할 때에는 체험과 실천을 중심으로 하는 방법이 효율적이다. 즉, 이 시기 학생들은 사고가 미분화되어 자기중심적 사고를 하며, 경험을 중요시하는 과정에 있다. 그러므로 개인 생활과 사회생활을 위한 기본적인 생활 예절이나 규범의 학습을 위해서는 학습 과제나 활동을 세부 영역으로 구분하여 제공하는 것보다 체험과 실천을 중심으로 하는 통합교육이 도움을 준다.

(2) 발달 수준과 생활 경험을 고려한 대주제 선정

이를 위해 '바른 생활'과는 민주 시민의 자질을 함양하도록 일상생활에서 반드시 지켜야 할 기본적인 생활 습관, 예절, 규범을 학생의 생활 경험과 관련하여 학습내용으로 선정하였다. '바른 생활'과는 내 일 스스로 하기, 예절 지키기, 다른 사람 생각하기, 질서 지키기, 나라 사랑하기의 다섯 가지 대주제로 구성하였다. 아울러 교육과정 전반을 통해 강조하는 환경 교육, 인권 교육, 정보 통신, 윤리 교육, 통일 교육, 생명 존중 교육, 교통안전 교육, 진로 교육 등의 내용도 활동 주제에 반영하였다.

'바른 생활'과의 교육 목표를 위해 우리 사회의 구성원으로서 일상생활에서 반드시 필요한 기본적인 생활 습관과 예절 및 규범과 관련된 내용을 대주제로 설정하였다. 내 일 스스로 하기, 예절 지키기, 다른 사람 생각하기, 질서 지키기, 나라 사랑하기의 5개 대주제가 그것이다. 아울러 통합교과로서 바른 생활의 성격을 분명히 하기 위해 환경 교육, 인권 교육 등 우리 사회에서 요구하는 내용도 관련 대주제 안에 반영되도록 하였다. 이러한 활동 주제로서의 지도 요소들은 우리 사회의 합의와 초등학교 1, 2학년 학생들의 발달 수준 및 생활 경험을 고려하여 선정한 것으로서 1, 2학년 학생들이 체계적으로 배우고 익혀, 우리 사회의 건전한 구성원으로 자라나도록 하였다.

(3) 구체적인 체험과 실천 강조

'바른 생활'과의 교수 · 학습은 초등학교 1, 2학년 학생의 발달 특성을 고려하여 기본적인 생활 습관, 예절, 규범을 익히고, 바른 생활 태도가 내면화되도록 구체적인 체험과 실천을 강조한다.

'바른 생활'과에서는 초등학교 1, 2학년 학생들의 심리적 발달 특성과 경험, 생활 범위 등을 고려한 구체적인 체험과 실천을 강조한다. 아직 사고가 미분화되어 있는 초등학교 1, 2학년 학생들은 안내와 조력을 필요로 하는 시기이므로 바람직한 삶에 관한 구체적이고 현실적인 학습이 필요하다. 단순히 언어적 상호작용이나 인식 차원에서 가치 규범을 접하기보다 실제로 조작해 보며 행동하는 가운데 깨우침과 습득이 이루어져, 내면화하여 실천할 수 있는 능력을 형성해 가도록 하되, 지속적이고 반복적인 지도가 필요하다.

'바른 생활'과의 지도 방법은 행동적 측면만이 아니라 인지적 · 정의적 · 행동적 측면에 대한 통합적 접근을 방법적 원리로 삼고 있다. 따라서 1, 2학년 학생들의 특성을 고려하여 기본적인 생활 습관, 예절, 규범을 직접적인 활동과 체험을 통해 반복적으로 지도해야 한다.

'바른 생활'과를 통합교과라 함은 교수 · 학습 활동, 평가 등 여러 측면에서의 통합을 추구함을 뜻한다. 1, 2학년 학생들은 사고가 미분화되어 있고 학습 지속성이 짧으며, 흥미와 관심의 대상이 수시로 바뀌기 때문에, 이들에게 의미 있는 학습을 시키기 위해서 하나의 학습 주제에 다양한 방법과 활동 및 경험을 통합하여 지도함으로써 교육의 적절성과 실효성을 제고하고자 하는 것이다. 교실에서의 바른 생활 수업은 타 교과와의 통합은 물론, 학교 · 학급 · 가정 및 지역사회 생활을 통합적으로 고려하는 접근이 필요하다.

(4) 학교, 가정, 지역사회의 연계 교육

기본적인 생활 습관을 익히고 예절, 규범을 실천하기 위해서는 일상생활에서 반복적, 지속적으로 지도하는 것이 효과적이므로 학교에서 지도하는 내용이 가정 및 사회와 연계되도록 적절한 방안을 강구하여 실천하도록 한다.

'바른 생활'과는 기본 생활 습관과 예절, 규범을 실제 생활 속에서 실천과 행동으로 구현되기를 기대하며 반복적이고 지속적으로 지도되어야 한다.

그러기 위해 주당 2시간의 바른 생활 수업만으로는 한계가 있으므로 생활 속에서 확대, 연계하여 지도해서 수업 시간에만 한정하여 지도하는 것을 지양한다.

또한 학교에서 배운 예절이나 규범들이 생활 속에서 실천되도록 학부모와 상호 협력 체제를 구축하고 지역사회와도 연계 지도하는 적절한 방안이 강구되어야 한다.

학교는 지역사회와 협력하는 가운데 그 지역에 건전한 문화와 풍토를 조성하고 학생들이 실제 생활 속에서 실천하면서 습관화할 수 있도록 한다.

3) 목표

'바른 생활'과의 목표는 교육을 통해 이루고자 하는 바람직한 결과 또는 실현시키고자 하는 도달점을 말한다. 즉, 교육을 통해 나타나기를 기대하는 학생들의 의미 있는 변화와 성과를 가리키는 것이라고 할 수 있다. 교육 목표는 교육의 내용, 방법, 평가는 물론 교육 계획과 그 실행의 길잡이가 되는 중요한 역할과 기능을 수행한다.

'바른 생활'과의 목표는 초등학교 1, 2학년 학생들이 개인 생활과 사회생활을 하는 데 필요한 기본적인 생활 습관과 예절 및 규범을 배우고 익히는 한편, 이를 생활 속에서 꾸준히 실천하여 바람직한 민주시민으로 자라나도록 돕고자 함에 있다.

제7차 교육과정에서 2개로 제시하였던 하위 목표를 2007년 개정 교육과정에서는 3개로 제시하여 보다 구체화하였는데, 일상생활에 필요한 기본적인 생활 습관과 예절 및 규범에 대해 바로 알고 초보적인 수준에서나마 사고하고 판단할 수 있는 능력을 기르게 하는 한편, 바람직한 삶을 존중하고 추구하려는 자세를 바탕으로 꾸준히 실천해 갈 수 있도록 하였다.

(1) 인지적 목표

'일상생활에서 필요한 기본적인 생활 습관, 예절, 규범의 의미와 중요성을 이해하고 초보적인 가치 판단 능력을 기른다.'는 '바른 생활'과의 인지적 목표로서 기본적인 생활 습관과 예절 및 규범의 의미와 중요성을 이해하고, 구체적인 실천 방식 등을 통한 합리적 내면화를 도모하고자 한다. 인지적 목표는 초보적이나마 합리적으로 사고하고 가치를 판단하는 능력을 길러 자율적 실천 능력을 신장시키고자 하는 데 있다.

(2) 정의적 목표

'일상생활에서 기본적인 생활 습관, 예절, 규범을 지키려는 태도를 가진다.'는 '바른 생활'과의 정의적 목표로서 기본적인 생활 습관과 예절 및 규범을 일상생활에서 생활화하여 실천하도록 하는 데 있다.

정의적 목표를 달성하기 위해서는 칭찬과 보상 등의 강화를 통해 북돋우고 격려하며, 모범적인 삶의 모습을 보고 본받아 적극 실천하려는 자세를 기르는 등 다양한 방법들을 적용하여 바람직한 삶과 규범을 실천하면서 건전한 심성을 갖도록 지도해야 한다.

(3) 행동적 목표

'일상생활에서 기본적인 생활 습관, 예절, 규범을 꾸준히 실천한다.'는 '바른 생활'과의 행동적 목표는 기본적인 생활 습관과 예절 및 규범을 생활 속에서 꾸준히 실천하는 성향을 기르고자 함에 있다. 이는 바람직한 행동을 구체적으로 실천하는 데 필요한 능력을 기른다는 뜻이다. 예를 들면, 식사 예절 습관을 기르기 위해 식사할 때의 바른 식습관, 바른 자세, 바른 수저 사용, 예절 등을 알고 익혀서 실천할 수 있도록 하는 것이다.

따라서 이 목표에서는 바른 생활과 습관 형성에 기여할 수 있는 적절하고도 다양한 방안들을 적용하여 지도할 것을 강조하며, 생활 속에서 지속적이고 반복적인 실천을 통해 습관을 꾸준히 형성하도록 해야 한다.

4) 내용

'바른 생활'과의 내용 체계는 학년별로 5개의 동일한 대주제로 구성되어 있으며, 대주제별로 2~3개씩의 활동 주제가 있다.

학년	대 주 제	활동 주제	내용
1 학년	내 일 스스로 하기	• 몸 깨끗이 하기 자기 몸을 깨끗이 하는 방법을 알고 실천한다.	1. 손발 자주 씻기 2. 바르게 이 닦기 3. 자주 목욕하기
		• 자세 바르게 하기 바른 자세의 좋은 점을 알고 생활화한다.	1. 바르게 앉고 서기 2. 바르게 걷기 3. 바른 자세로 공부하기
		• 스스로 준비하기 학교생활에서 필요한 것을 알고 스스로 준비한다.	1. 준비물 미리 챙기기 2. 주어진 과제 스스로 하기
	예절 지키기	• 바르게 인사하기 상대와 경우에 알맞은 인사말을 사용하여 바른 자세로 인사한다.	1. 상대에 알맞게 인사하기 2. 때와 장소에 알맞게 인사하기 3. 바른 자세로 인사하기
		• 바르게 식사하기 올바른 식사 예절을 알고 바른 자세로 식사한다.	1. 식사 도구 바르게 다루기 2. 음식 골고루 먹고 남기지 않기 3. 바른 자세로 식사하기
	다른 사람 생각하기	• 친구와 사이좋게 지내기 친구와 사이좋게 지내는 방법을 알고 실천한다.	1. 친구의 좋은 점 이야기하기 2. 친구와 다투었을 때 화해하기 3. 친구가 어려울 때 도와주기
		• 여럿이 함께 쓰는 물건 소중히 다루기 여럿이 함께 쓰는 물건을 소중히 다루는 방법을 알고 실천한다.	1. 학교와 학급의 물건 아끼고 소중히 다루기 2. 공공장소의 물건 아끼고 소중히 다루기
		• 환경을 보호하기 환경보호의 중요성을 알고 실천한다.	1. 쓰레기 양 줄이고 잘 치우기 2. 분류 배출하기 3. 재활용품 활용하기

1학년	질서 지키기	• 차례 지키기 여러 사람이 모일 때 차례를 지키는 것이 편리하고 안전함을 알고 생활화한다.	1. 학교에서 차례 지키기 2. 차를 타고 내릴 때 차례 지키기 3. 공공장소에서 차례 지키기
		• 규칙 지키기 규칙을 지켜야 하는 이유를 알고 실천한다.	1. 학급 및 학교 규칙 바로 알기 2. 학급 및 학교 규칙 잘 지키기
	나라 사랑하기	• 우리나라를 나타내는 것을 알고 사랑하기 우리나라를 나타내는 것의 중요성을 알고 사랑하는 마음을 가진다.	1. 태극기의 중요성을 알고 바르게 달고 보관하기 2. 애국가를 부를 때와 들을 때의 바른 예절 실천하기 3. 무궁화 사랑하기
2학년	내 일 스스로 하기	• 몸가짐 단정히 하기 옷을 단정히 입고 몸가짐을 바르게 한다.	1. 옷 단정하게 입기 2. 때와 장소에 어울리는 옷 입기 3. 신발 바르게 신기
		• 절약과 정리, 정돈하기 물건을 아끼고 정리, 정돈한다.	1. 내 물건과 공공 물건 아끼기 2. 학용품과 생활용품 정리, 정돈하기 3. 내가 쓰는 방 스스로 정리하기
		• 자기 일을 스스로 계획하고 실천하기 가정과 학교에서 자기가 해야 할 일을 알고 스스로 계획을 세워 실천한다.	1. 가정과 학교에서 자신이 해야 할 일 알기 2. 자신이 해야 할 일에 대해 계획 세우고 실천하기 3. 컴퓨터 사용 시간을 스스로 정하고 실천하기
	예절 지키기	• 바르고 고운 말 쓰기 바르고 고운 말을 써야 하는 이유를 알고 실천한다.	1. 일상생활에서 바르고 고운 말 쓰기 2. 인터넷상에서 바르고 고운 말 쓰기 3. 바른 태도로 말하기
		• 가족끼리 서로 돕고 화목하게 지내기 집안 어른께 효도하고, 형제간에 사이좋게 지내며, 집안일을 돕는다.	1. 집안 어른께 감사하는 마음을 가지고 효도하기 2. 형제간에 사이좋게 지내기 3. 가족 간에 서로 사랑하고 집안일 돕기

2학년	다른 사람 생각하기	• 다른 사람 배려하고 약속 지키기 다른 사람을 존중하고 배려하며, 약속 지키기의 중요성을 알고 실천한다.	1. 다른 사람 배려하기 2. 약속 지키기 3. 다른 사람의 생각 존중하기
		• 이웃과 다정하게 지내기 이웃 간의 예절을 알고 다정하게 지낸다.	1. 이웃에 피해를 주는 행동 삼가기 2. 이웃 사람들에게 친절하게 대하기
		• 생명 보호하기 생명의 소중함을 알고 보호하는 태도를 지닌다.	1. 동식물 사랑하기 2. 생명의 소중함 알기
	질서 지키기	• 교통질서와 규칙 지키기 교통 신호와 표시를 익히고 안전한 생활을 실천한다.	1. 교통 신호와 표시 알기 2. 거리에서의 안전 생활 실천하기
		• 공공장소에서 질서 지키기 여러 사람이 이용하는 장소에서 지켜야 할 규칙을 알고 실천한다.	1. 공공장소에서 다른 사람에게 피해 주지 않기 2. 장소에 따라 정해진 규칙 지키기
	나라 사랑하기	• 우리나라의 자랑거리 소중히 하기 우리나라의 자랑거리를 알고 소중히 하는 마음을 가진다.	1. 우리나라의 여러 가지 자랑거리 알기 2. 우리나라의 자랑거리를 아끼고 보존하는 자세 가지기
		• 통일에 대하여 관심 가지기 북한 사람도 우리와 같은 민족임을 알고 통일에 대하여 관심을 가진다.	1. 북한 사람도 우리와 같은 민족임을 알기 2. 북한 어린이들의 생활에 대해 관심가지기 3. 통일의 필요성 이해하기

1학년

(1) 내 일 스스로 하기

활동 주제 '몸 깨끗이 하기'는 몸을 청결하게 하는 생활의 좋은 점과 방법을 알고 학교와 가정에서 청결한 생활을 실천하도록 하기 위해 설정되었다. 자기 몸을 깨끗이 한다는 것은 청결 생활의 기본이기도 하지만 내가 해야 할 일 중 가장 기본이다.

활동 주제 '자세 바르게 하기'는 바른 자세의 좋은 점을 알고 이를 일상생활에서 실천하도록 하기 위해 설정되었다. 바른 자세는 올바른 몸가짐을 유지하는 데 기본이 되며, 또한 몸가짐을 바르게 함으로써 건전한 인격체로 성장할 수 있다는 점에서 그 의의가 있다.

활동 주제 '스스로 준비하기'는 가정의 울타리 내에서 가족들의 도움을 받아 생활해 오던 학생들이 학교에서 스스로 공부할 수 있는 생활 태도를 지니도록 하기 위하여 설정되었다. 본 주제를 통해 학생들은 학교생활에서 필요한 것을 알고 이를 스스로 준비하는 생활을 익힘으로써 장차 자신의 일을 스스로 처리할 수 있는 능력을 기를 수 있다.

(2) 예절 지키기

활동 주제 '바르게 인사하기'는 학생들이 우리 사회의 구성원으로서 삶을 영위하는 데 필용한 기본적인 인사 예절을 익히도록 하기 위해 설정되었다. 바르게 인사하기는 학생들이 알맞은 인사말을 사용하여 바른 자세로 인사하는 생활 태도를 익히는 데 의의가 있다.

활동 주제 '바르게 식사하기'는 올바른 식사 예절을 알고 바른 자세로 식사하는 습관을 기르도록 하기 위해 설정되었다. 식사 예절은 사람이 지켜야 할 기본적인 예절로서 생활 속의 여러 가지 예절 중 가장 기본이 되는 예절이기도 하다. 그러므로 학생들은 식사 시간에 손발을 깨끗이 씻고, 식사 도구를 바르게 사용하며, 건강한 몸을 위해 올바른 식사 자세를 익힐 수 있는 기회를 가질 수 있어야 한다.

(3) 다른 사람 생각하기

활동 주제 '친구와 사이 좋게 지내기'는 사람과 함께 어울려 삶을 살아가기 위한 기본적인 생활로서 친구와 사이좋게 지내는 방법을 알고 실천하도록 하기 위해 설정되었다.

활동 주제 '여럿이 함께 쓰는 물건 소중히 다루기'는 학교나 공공장소에서 여럿이 함께 쓰는 물건을 소중히 다루는 방법을 알고 실천하여 습관화하도록 하기 위해 설정되었다. 초등학교 1학년 학생들은 학교시설이나 공공시설에 대한 인식이 부족하기 때문에, 학급이나 학교에서 함께 사용하는 물건을 아끼고 소중히 다루는 방법을 익혀 생활 속에서 이를 실천하도록 지속적이고 반복적으로 지도해야 할 필요가 있다.

활동 주제 '환경 보호하기'는 자연 환경의 보호가 우리에게 왜 중요한지를 깨닫고 이를 실천하도록 하기 위해 설정되었다. 본 주제에서는 버린 쓰레기를 줍는 소극적인 방법만이 아니라, 생활 쓰레기를 분류 배출하여 다시 활용할 수 있는 방법까지 생각할 수 있도록 해야 한다. 또한 환경 오염이나 자원 부족의 피해는 우리 모두에게 되돌아온다는 것을 생각하여 환경 보호에 좀 더 적극적인 자세를 가지도록 한다.

(4) 질서 지키기

활동 주제 '차례 지키기'는 여러 사람이 모일 때 차례를 지키는 것이 오히려 편리하고 안전하다는 점을 인식하고 이를 일상생활에서 실천하도록 하기 위해 설정되었다. 다른 사람과 더불어 생활하기 위해서는 질서를 준수하는 것이 중요하며, 차례를 지키는 것은 그러한 생활 가운데에서도 가장 기본적인 생활 태도라는 점에서 그 의의가 있다.

활동 주제 '규칙 지키기'는 다른 사람과 함께 생활하기 위해서는 규칙을 지켜야 한다는 필요성을 이해하고, 일상생활에서 실천하도록 하기 위해 설정되었다. 학교와 같이 여럿이 함께 모여 생활하는 곳에서는 누구에게나 필요한 규칙이 존재하며, 모든 사람이 준수하였을 때 더 편리한 생활을 할 수 있다는 점에서 이 주제 설정의 의의가 있다.

(5) 나라 사랑하기

활동 주제 '나라 사랑하기'는 나라 사랑이라는 추상적인 가치를 구체적인 나라의 상징물을 통해 올바로 인식하고 나라를 사랑하는 마음을 기르도록 하기 위해 설정되었다. 즉, 우리나라를 상징하는 태극기, 애국가, 무궁화의 중요성을 올바로 인식하고, 이를 통해 자신이 속한 국가에 대한 자긍심을 갖도록 하는 점에서 그 의의가 있다.

2학년

(1) 내 일 스스로 하기

활동 주제 '몸가짐 단정히 하기'는 옷을 단정히 입고 몸가짐을 바르게 해야 하는 까닭을 알고 이를 생활화하도록 하기 위해 설정되었다. 몸가짐을 바르게 하고 옷을 단정히 갖추어 입는 것은 청결한 신체와 더불어 개인이 갖추어야 할 기본적인 생활 태도다.

활동 주제 '물건을 아끼고 정리 정돈하기'는 자신의 물건과 공공 물건을 아껴 쓰고, 자신의 주변을 정리 정돈하는 생활 습관을 기르도록 하기 위해 설정되었다. 물건을 아껴 쓰고 자신의 주변을 깨끗하게 정리 정돈하는 생활은 주체적인 삶을 살아가는 데 기본적으로 필요한 생활 태도다.

활동 주제 '자기 일 스스로 계획하고 실천하기'는 가정과 학교에서 자기가 해야 할 일을 알고 스스로 계획을 세워 실천하는 자기주도적 생활 태도를 익히도록 하기 위하여 설정되었다. 즉, 자기가 해야 할 일을 스스로 계획하고 실천해 감으로써 주체적인 삶의 바탕을 마련하게 한다는 데 그 의의가 있다.

(2) 예절 지키기

활동 주제 '바르고 고운 말 쓰기'는 일상생활에서 사용하는 언어를 예절에 맞게 사용해야 하는 이유를 알고 이를 실천하는 생활 습관을 기르도록 하기 위해 설정되었다. 언어는 오랜 기간에 걸쳐 생활 속에서 학습되는 것이다. 따라서 예의에 어긋나는 말이나 행동을 하는 학생들은 계속적인 지도가 필요하다.

활동 주제 '가족끼리 서로 돕고 화목하게 지내기'는 집안 어른께 감사하는 마음을 가지고 효도하며, 형제간에 사이좋게 지내고 집안일을 스스로 돕는 생활을 어려서부터 익혀 화목한 가정생활을 영위하도록 하기 위해 설정되었다. 바람직한 인간관계를 형성하는 예절의 실천은 가장 빈번하게 접촉하며 생활하는 가정에서부터 시작된다는 점에서 의의가 있다.

(3) 다른 사람 생각하기

활동 주제 '다른 사람 배려하고 약속 지키기'는 다른 사람을 존중하고 배려하는 생활 태도를 형성하도록 함으로써 함께 더불어 살아가는 삶의 지혜를 익히도록 하기 위해 설정되었다.

활동 주제 '이웃과 다정하게 지내기'는 이웃 간의 예절을 알고 이웃과 다정하게 지내는 생활을 실천하도록 하기 위해 설정되었다. 다른 사람과 함께 살아가는 생활 방식은 이웃과의 교류를 통해 구체적으로 익혀 갈 수 있다는 점에서 의의가 있다.

활동 주제 '생명 보호하기'는 동식물의 생명이 소중하다는 점을 인식하고 보호하는 태도를 함양하도록 하기 위해 설정되었다. 인간은 서로 다른 생명체와 함께 더불어 생활하므로 다른 생명체에도 관심을 기울이고 존중해야 한다는 점에서 이 주제의 의의가 있다.

(4) 질서 지키기

활동 주제 '교통질서와 규칙 지키기'는 교통 신호와 표시를 익혀 질서와 규칙을 준수함으로써 안전한 생활을 할 수 있는 능력을 함양하도록 하기 위해 설정되었다. 교통질서와 규칙은 사람이 사회생활을 하는 데 가장 기본적으로 익혀야 하는 생활 규범 중 하나다. 거리에서 지켜야 할 질서와 규칙은 사회의 질서뿐만 아니라 개인의 안전한 생활을 가능하게 해 준다는 점에서 의의가 있다.

(5) 나라 사랑하기

활동 주제 '나라 사랑하기'는 우리나라의 자랑거리를 알고 이를 소중히 하는 마음자세를 지닐 수 있도록 하기 위해 설정되었다. 국가 공동체는 구성원들의 긍정적인 태도를 토대로 발전하므로 국가라는 공동체의 존속과 발전을 위해 국민으로서 갖추고 있어야 할 기본적인 자질을 형성할 수 있도록 하는 데 그 의의가 있다.

활동 주제 '통일에 대해 관심 가지기'는 북한 사람도 우리와 같은 민족임을 알고 통일에 대해 관심을 가질 수 있도록 하기 위해 설정하였다. 통일은 우리 민족의 지상 과제이며 우리 민족이 세계적으로 발전할 수 있는 계기가 될 수 있다는 점에서 그 의의가 있다.

5) 교수 · 학습 계획과 지도

(1) 교수 · 학습 계획

'바른 생활'과 교수 · 학습 계획은 교육과정에 제시된 '바른 생활'과의 성격, 목표, 내용, 교수 · 학습 방법 등을 정확하게 파악하여 교육과정이 의도하는 범위 내에서 교사가 수립하도록 한다. 즉, 교사는 학생들의 발달 수준과 특성, 학급, 학교, 지역사회의 실정 등을 감안하여 교육 내용을 재구성하고 연간, 학기, 월별 및 주간, 차시별 지도 계획을 수립하도록 한다.

'2007년 개정 교육과정'에서는 교육과정 내용에 내용 체계를 제시하고 대주제와 활동 주제로 제시하였다. 대주제나 활동 주제의 지도 계획은 교육과정과 교과용 도서를 참고하여 교사가 재구성하여 운영할 수 있다. 교사가 특히 관심과 노력을 기울여야 할 것은 차시별 지도 계획이다. 단위 수업 시간에 교사가 직접 지도할 교수 · 학습 계획을 수립할 때, 학습 목표와 학습의 전개과정을 확인하여 설정한다. 이어 교수 · 학습 및 학습 활동의 내용과 분량이 타당하고 적절한지를 살핀다.

또한 투입할 학습 자료의 내용, 종류, 분량 등도 함께 살피고, 학습의 결과를 확인할 수 있는 평가 계획을 수립하도록 한다.

(2) 교수 · 학습 지도

'바른 생활'과에서 목표로 하고 있는 개인 생활과 사회생활을 하는 데 필요한 기본적인 생활 습관, 예절, 규범을 알고 꾸준히 실천하여 민주시민의 자질을 형성하도록 하기 위한 교육은 다양하게 이루어진다. 즉, '바른 생활'과의 관련 교과와 교과 외 활동, 학급 · 학교의 생활 장면 등을 통해서 이루어진다.

'바른 생활'과 교수 · 학습 지도에 적용될 수 있는 방법은 강의, 설명,

예화 제시, 시청각 매체 활용, 모범 사례 제시, 독서 등이 있다. 또한 간접적 가치 탐구 방법은 학생들 스스로 사고와 판단을 거쳐 올바른 가치를 선택하도록 하는 데에 중점을 두는 것으로 토론, 대화, 문답, 집단 탐구, 작문, 역할극 등의 방법을 활용할 수 있다. 활동 체험에 의한 방법은 학생들로 하여금 직접적 실천과 구체적 체험을 통해 바람직한 가치를 습득하도록 하는 데에 중점을 두는 것으로 실습, 훈련, 현장 학습, 봉사 활동, 집단 수련, 단체 활동에의 참여 등이 있다.

'바른 생활'과 교수 · 학습 지도는 교사가 가르치고자 하는 내용, 학생들의 수준과 발달, 학급 · 학교 · 지역사회의 실정을 감안하여 교사가 적절한 방법과 활동을 선택하여 지도한다. 1, 2학년 학생들의 미분화된 사고, 짧은 주의 집중 시간 등을 고려하여 학생들의 학습 동기를 유발하고 학습에의 관심과 흥미를 지속시켜 학습 효과를 거두기 위해서는 다양한 학습 활동이 이루어지는 것이 좋다. 예를 들면, 놀이, 유희, 노래, 율동, 실습, 그리기, 만들기 등의 활동이 통합적으로 이루어져야 한다.

4. 슬기로운 생활

1) '슬기로운 생활'과 교육과정 개정의 중점

2007년 개정 교육과정은 제7차 교육과정과 차별화된 전면적인 개정이 아니라 제7차 교육과정의 장점을 살리고 부분적으로 수정 · 보완하는 차원의 개정을 지향하였다. 따라서 제7차 '슬기로운 생활'과 교육과정의 기본적인 성격을 유지하는 가운데 다음과 같은 몇 가지 사항에 중점을 두고 개정하였다.

(1) 대주제 및 활동 주제 중심의 내용 구성

2007년 개정된 '슬기로운 생활'과의 내용은 학년별로 각각 6개의 대주제와 2개씩의 활동 주제로 구성되었다. 대주제와 활동 주제를 중심으로 내용을 구성한 것은 주제 중심의 교육과정 통합을 시도한 것이다. 국가 수준에서 주제 중심으로 내용을 선정하고 조직함으로써 새 교육과정에 따른 교과서 및 교사용 지도서의 개발, 그리고 학급 단위의 교수·학습 실행에 이르기까지 교육과정 내용의 정합성을 높이고자 하였다. 개념이나 지식 중심의 교육과정 운영을 지양하고 학습자의 활동 중심으로 학습이 이루어질 수 있도록 주제 중심의 통합적 교수·학습 접근이 용이하도록 하였다.

'슬기로운 생활'과의 대주제와 활동 주제는 1, 2학년 학생들의 관심과 흥미를 반영하였고, 학생들이 생활 속에서 직접 경험하는 것을 기반으로 설정하였다. 학생 자신을 중심으로 가정, 학교, 이웃, 마을 등 주변 환경에 관련된 자연 현상과 사회 현상을 주요 내용으로 선정함으로써 학생들이 관심을 가지고 의미 있게 학습할 수 있도록 하였다.

이와 같이 학생들의 생활 경험에서 학습 주제를 선정하고 내용을 조직한 것은 학생에게 학습 흥미와 동기를 주는 학습을 지향하는 통합교육과정의 근본 정신에 부합하는 것이다.

(2) 교육 내용의 적정화

제7차 교육과정 개정 시 내용을 감축하였음에도 불구하고 여전히 내용의 적정화 수준이 미흡하다는 지적이 제기되었다. 학교 현장에서 교사들이 교육과정을 융통성 있게 재구성하여 운영할 수 있으나 '슬기로운 생활'과의 수업은 대부분 탐구 활동 중심 수업으로 운영되기 때문에 많은 학습 시간이 소요된다.

이러한 문제들을 해결하기 위해 2007년 개정 '슬기로운 생활'과 교육과정에서는 대주제의 수를 줄이고 내용을 적정한 수준으로 조정하였다. 또한 내용의 적정화를 유지하기 위해 학습자 및 '슬기로운 생활'과 교과 목표와의 관련성, 연계성을 고려하여 내용을 선정하였다.

(3) 저학년 학생의 발달 특성 고려

2007년 개정 '슬기로운 생활'과 교육과정은 초등학교 1, 2학년 학생의 발달 수준을 고려하여 내용 및 활동 범위와 수준을 결정하고 교수 · 학습 방법을 제시하였다.

1, 2학년 학생의 발달 특성을 고려하고 교육과정에 이를 반영하는 것은 '무엇을, 왜 가르치는가?'라는 질문과 더불어 교육과정 개발의 원리를 설정하는 데에 매우 중요한 변인이라고 할 수 있다. 이에 따라 '슬기로운 생활'과 교육과정은 여러 학자들의 인지 발달 이론에서 나타난 초등학교 저학년 학생의 특성을 고려하여 개발하였다.

초등학교 1, 2학년 학생은 대체로 논리성이 부족하고 자기중심적인 사고를 하며 실제로 보이는 것에 사고의 근원을 두는 경향이 있다. 점차 학교 등 집 밖의 환경에 관심을 갖게 되고, 관심의 대상이 가족에서 또래 친구들로 확장되면서 사회적 능력과 태도를 기를 필요성을 느끼게 된다.

그러므로 2007년 개정 '슬기로운 생활'과 교육과정에서는 학생들의 발달 특성을 고려하여 내용 수준과 범위를 조정하였으며, 학습자의 관심과 경험을 기반으로 학습 내용을 선정함으로써 1, 2학년 학생들이 즐거운 마음으로 쉽게 학습할 수 있도록 하였다. 그리고 교사가 학생들의 발달 특성을 고려한 기초 탐구 활동 등 학생 중심의 학습이 되도록 교수 · 학습 방법을 제시하였다.

(4) 타 통합교과와의 통합성 강화 및 교과 간의 중복 배제

'슬기로운 생활'과의 교육과정 개정에서는 '바른 생활'과와 '즐거운 생활'과 등 다른 통합교과의 내용과 통합성을 유지하되 중복을 배제하여 내용을 구성하였다.

'슬기로운 생활'과의 학습 주제는 학생들이 생활 가운데 직접 경험할 수 있는 내용으로 구성하였으며 이러한 생활 경험 중심의 내용 구성은 '바른 생활'과와 '즐거운 생활'과도 공통적으로 적용되었다. 예컨대 2학년에서 '즐거운 생활'과의 대주제인 봄, 여름, 가을, 겨울 등의 계절에 관한 내용이나, '슬기로운 생활'과의 활동 주제인 나, 가족, 학교, 이웃, 마을 등에 관련된 내용이 그러하다. '즐거운 생활'과의 '겨울'과 '슬기로운 생활'과의 '우리들의 한 해'가 겨울이라는 공통점으로 각 통합교과의 주제나 내용 간에 나타나는 관련성과 유사성을 서로 관련지어 재구성하여 지도할 수 있다.

2) 성격

2007년 개정 교육과정에는 '슬기로운 생활'과의 성격을 '탐구활동 중심'의 통합교과로 규정한다. 따라서 '슬기로운 생활'과는 사회과 과학과를 통합한 교과라기보다는 사회현상과 자연현상을 통합적으로 경험하며 자신의 생활주변을 다양하게 탐구할 수 있도록 돕는 교과다.

(1) 탐구 활동 중심의 통합교과

'슬기로운 생활'과는 자신과 주위의 구체적인 사회현상 및 자연현상을 서로 관련지어 이해하고, 일상생활에서 부딪히는 문제를 여러 가지 방법으로 해결하도록 하는 탐구 활동 중심의 통합교과다.

초등학교 1, 2학년 학생들은 가정, 학교, 이웃, 마을 등 일상생활의 장에서 사회현상과 자연현상을 구분하지 않고 통합적으로 경험하게 된다. 그러므로 이 시기의 학생들이 사회현상이나 자연현상을 따로 학습하기보다는 통합하여 학습하는 것이 바람직하다.

'슬기로운 생활'과는 학생 자신과 주위의 구체적인 사회 현상 및 자연 현상을 서로 관련지어 이해하고 일상생활에서 부딪히는 문제를 여러 가지 방법으로 해결하도록 하는 탐구 활동 중심의 통합교과다.

단일화된 지식의 관점으로 구성된 학문이 1, 2학년 학생의 사고를 제한하고 학습을 그들 삶의 경험으로부터 소외시키기 때문에 학생의 경험과 학습을 조화롭게 연계시킬 필요가 있으며, 이를 위해서는 학문에 대한 통합적 접근이 필요하다. 이런 관점에서 통합은 다양한 지식을 학생의 생활과 관련하여 조화롭게 연계시키고 구체화시킬 수 있기 때문에 긍정적이라고 할 수 있다.

초등학교 1, 2학년 학생들은 가정, 학교, 이웃, 마을 등 일상생활의 장에서 사회 현상과 자연 현상을 구분하지 않고 통합적으로 경험하므로 학습을 하는 데에도 통합하여 하는 것이 바람직하다.

따라서 '슬기로운 생활'과 교육 내용은 일상생활의 장에서 접할 수 있는 세계를 보는 눈을 길러주는 데 필요한 주제와 일상생활에서 부딪히는 문제를 중심으로 선정하였다.

(2) 일상생활에 필요한 기본 능력과 태도 함양

'슬기로운 생활'과는 학생들이 구체적인 경험을 통해 살펴보기, 무리 짓기, 재어보기, 조사 · 발표하기, 만들기, 놀이하기 등의 기초 탐구 활동을 할 수 있도록 내용을 구성하고, 자신과 자신을 둘러싸고 있는 사회현상 및 자연현상의 상호 관계를 통합적으로 이해하도록 돕는다. 그리고 일상생활에서 부딪히는 문제를 해결하기 위해 여러 가지 방법을 궁리하게 하며 바르게 판단하고 슬기롭게 살아가는 기본 능력과 태도를 기르게 한다.

'슬기로운 생활'과의 교수·학습에서 강조하고 있는 것은 일상생활에서 요구되는 문제 해결력과 이를 위한 기초 탐구 능력이다.

탐구는 실생활에서 적절성과 유용성을 지닌 문제를 중심으로 이루어지기 때문에 이는 자신이 생활하는 사회를 이해하는 중요한 기본 능력이 된다. 그래서 탐구 활동 중심의 내용 구성은 학생의 일상생활에서 일어나는 실제 경험을 수업의 장으로 끌어들이고 사회와 자연 현상을 인지하며 해결할 수 있는 능력을 길러 준다.

탐구과정은 맹목적인 사고와 판단보다는 구체적인 자료의 분석 및 해석을 요구하는 체계적인 과정이며, 탐구 능력은 사회 현상과 자연 현상을 탐구하는 데 필요한 각종 정보와 자료를 수집, 분석, 활용하는 능력을 의미한다.

'슬기로운 생활'과는 탐구 능력 중에서도 초등학교 1, 2학년 학생들의 수준을 고려하여 살펴보기, 무리 짓기, 재어보기, 조사·발표하기, 만들기, 놀이하기 등의 기초 탐구 활동을 중심으로 구성하였다.

(3) 이후 학습과의 연계성 고려

'슬기로운 생활'과는 초등학교 1, 2학년 수준에서 습득될 수 있다고 판단되는 사회현상과 자연현상의 기초 탐구 활동을 통합적으로 다루어 3학년 이후의 교과 활동과 연계가 이루어질 수 있도록 지도해야 한다.

'슬기로운 생활'과의 기초 탐구 활동은 3학년 이후에 이루어지는 여러 교과 활동과 체계적으로 연계될 수 있도록 학년 간 상호 연계성을 고려하였다.

또한 기초 탐구 활동은 3학년 이후의 교과 활동으로 연계되어 단계적으로 심화되고 확대되도록 조직하였으며, 동일 학년에서 배우는 '바른 생활'과와 '즐거운 생활'과 등의 내용과 수평적으로 연계하고 중복을 피하여 통합하였다.

3) 목표

'슬기로운 생활'과의 총괄 목표는 사회 현상 및 자연 현상의 관계를 경험과 탐구 활동을 통해 이해하고, 슬기롭게 사고하고 행동할 수 있는 능력과 태도를 기르는 것이다. 즉, 학생들이 구체적인 경험과 탐구적인 학습 활동을 통해 자신과 자신을 둘러싸고 있는 사회 현상 및 자연 현상의 상호관계를 통합적으로 이해하는 것이다.

또한 학생들이 직접 탐구하고 문제를 해결하는 등의 학습 활동을 통해 슬기롭게 행동할 수 있는 능력과 태도를 기르도록 하였다.

이에 따른 하위 목표를 살펴보면 다음과 같다.

(1) 나와 다른 사람과의 관계를 이해하고 서로 어울려 살아갈 수 있는 능력과 태도를 기른다.

이 시기의 학생들은 자기중심적으로 사고하고 행동하는 경향이 있으므로 자신의 주변에 있는 가족, 친구, 교사, 이웃 사람 등 주변 사람들과 함께 어울려 살아가기 위해 타인들을 이해하고 존중하며 함께 지내는 방법을 익힐 필요가 있다. 그러기 위해서는 다른 사람들이 생활하고 행동하는 것을 관찰하고, 다른 사람들의 생각에 대해 들어보고 자신의 생각과 비교해 보는 기회를 가져야 한다. 이 목표는 관찰하기, 조사 · 발표하기, 놀이하기 등을 포함한 탐구 활동을 통해 효과적으로 달성할 수 있다.

(2) 초보적인 탐구 활동을 통해 자신과 주위 현상의 관계를 이해하고 일상생활에서 부딪히는 문제를 스스로 해결하는 능력을 기른다.

학생들은 자신의 일상생활에서 자연 현상 및 사회 현상이 일어나고 있으며, 이런 주위 현상들이 자신의 생활과 관련이 있음을 이해해야 한다.

학생 자신의 생활과 관련된 주위 현상에서 나타나는 여러 문제들을 스스로 해결할 수 있도록 하기 위해서는 살펴보기, 무리 짓기, 재어 보기, 조사·발표하기, 만들기, 놀이하기 등의 초보적인 탐구 능력과 사고 능력을 기를 수 있도록 교사가 면밀히 지도해야 한다. 교사의 지도와 학생의 학습 경험을 통해 학생들은 스스로 문제를 확인하고 해결할 수 있는 능력을 갖추게 될 것이다.

(3) 생물의 자람을 살펴보고 생명을 존중하고 사랑하는 마음을 가진다.

식물과 동물의 생태적 특성에 대해 관심을 가지고 이해하며, 생명을 존중하고 사랑하는 마음을 가질 수 있도록 하기 위해 설정되었다.

학생 자신의 몸이 자라듯이 식물과 동물 역시 먹이를 먹고 자라며 우리 주변에서 함께 살아가고 있음을 이해하게 된다. 그리고 생명을 가진 생명체들이 각기 중요한 역할을 하는 소중한 존재임을 알고 이들을 존중하고 사랑하는 마음을 가지도록 해야 한다.

(4) 주위 현상에 대하여 호기심을 가지고 꾸준히 학습하려는 태도와 습관을 기른다.

학생들이 '슬기로운 생활'과의 학습을 하기 위해서는 우선적으로 주위 현상에 대한 관심, 흥미와 호기심을 가지고 있어야 한다. 학습 대상에 대해 관심과 호기심을 가진 학생들은 학습 동기가 강하고 학습 활동에 적극적으로 참여하며 지속적으로 학습할 수 있는 태도와 습관을 지닌다.

관심, 흥미와 호기심을 지속적으로 유지하기 위해서는 학습 방법에 대해 세밀하게 안내하여 학습에 대한 자신감을 길러 주어야 한다. 이와 같은 학습 동기와 학습 방법의 습득은 학생들의 자기 주도적인 학습의 기반이 된다.

4) 내용

'슬기로운 생활'과의 내용 체계는 학년별로 각각 6개의 대주제로 구성되어 있으며 대주제별로 2개씩의 활동 주제가 있다.

'슬기로운 생활'과의 대주제와 활동 주제는 1, 2학년 학생들의 관심과 흥미를 반영하였고, 학생들이 생활 속에서 직접 경험하는 것을 기반으로 설정하였다. 학생 자신을 중심으로 가정, 학교, 이웃, 마을 등 주변 환경에 관련된 자연 현상과 사회 현상을 주요 내용으로 선정함으로써 학생들이 관심을 가지고 의미 있게 학습할 수 있도록 하였다.

이와 같이 학생들의 생활 경험 속에 학습 주제를 선정하고 내용을 조직한 것은 학생에게 흥미와 동기를 갖게 하여 학습할 수 있도록 하는 통합교육과정의 근본적인 정신에 부합하는 것이다.

1학년의 대주제 및 활동 주제는 2학년에서 학습 수준이 심화되고 범위가 확장되었다.

대주제와 활동 주제를 중심으로 내용을 구성한 것은 주제 중심의 교육과정 통합을 할 수 있도록 한 것이다. 국가 수준에서 주제를 중심으로 내용을 선정하고 조직함으로써 교육과정에 따른 교과용 도서 및 교사용 도서의 개발, 그리고 학급 단위의 교수 · 학습 실행에 이르기까지 교육과정 내용의 정합성을 높이고자 하였다.

학년	대주제	활동 주제	내용
1학년	나의 몸	• 소중한 몸 나의 몸의 생김새와 감각기관이 하는 일을 알아보고 감각놀이를 해 본다.	• 나의 몸 관찰하기 • 감각기관이 하는 일 알아보고 감각놀이하기 • 나의 몸 소중하게 다루기
		• 건강한 몸 건강을 유지하기 위한 방법을 알아보고, 아프거나 다쳤을 때의 경험을 발표하며 병원놀이를 해 본다.	• 몸이 아팠던 경험 이야기하기 • 아프거나 다쳤을 때 어떻게 해야 하는지 발표하기 • 건강한 몸을 유지하는 방법 알아보기 • 병원의 종류 알아보고 병원놀이하기
	봄 나들이	• 봄맞이 봄을 맞이하여 학교 주위의 꽃, 나무, 풀 등을 관찰하고 관심을 가진다.	• 학교 안의 꽃과 나무 조사하고 생김새 관찰하기 • 풀이나 돌 등 자연물 이용하여 놀이하기
		• 학교 주위 둘러보기 봄을 맞이하여 학교 주위의 환경을 살펴보고 교통안전을 지켜 생활한다.	• 학교 주위 살펴보고 이야기하기 • 학교 밖에서 볼 수 있는 것 이야기하기 • 교통안전에 대해 알아보고 교통놀이하기
	즐거운 여름	• 여름철의 산과 들 여름철의 산과 들에서 볼 수 있는 생물과 무생물, 동물과 식물을 구분하며, 무궁화를 관찰하고 사랑하는 태도를 가진다.	• 살아 있는 것과 살아 있지 않은 것 조사하여 발표하기 • 동물과 식물의 특징 알아보고 무리 짓기 • 우리나라 꽃 무궁화 관찰하고 그림으로 나타내기
		• 여름철 건강과 안전 여름철에 건강하고 안전하게 지내는 방법을 알아보고 실천한다.	• 여름 날씨의 특징 알아보기 • 여름철을 건강하게 지내는 방법 알아보기 • 안전하게 물놀이하는 방법 알아보고 물놀이하기

1학년	우리 가족	• 우리 가족과 친척 가족의 의미와 친척과의 관계를 이해하고 가족 구성원으로서 자신의 위치를 알아본다.	1. 가족의 뜻과 가족의 형태 알아보기 2. 우리 집의 행사 조사하기 3. 나의 친척 조사하고 관계 알아보기
		• 서로 돕는 우리 가족 가족 구성원들이 하는 일을 알아보고, 역할놀이를 통해 자신이 할 수 있는 일을 찾아 실천하는 태도를 기른다.	1. 우리 가족이 하는 일 발표하기 2. 가족 역할놀이 하기
	가을 마당	• 가을의 산과 들 가을에 볼 수 있는 자연 환경의 변화를 관찰하고 가을철 열매와 곡식을 분류한다.	1. 가을철 산과 들의 모습 관찰하기 2. 가을걷이하는 모습 이야기하기 3. 열매, 잎, 씨앗을 관찰하고 분류하기
		• 가을 환경 꾸미기 도구의 사용 방법을 익히고, 도구를 안전하게 사용하여 가을 동산을 꾸민다.	1. 자주 사용하는 도구의 이름과 사용 방법 익히기 2. 간단한 도구를 사용하여 작품 만들기 3. 교실 안에 가을 동산 꾸미기
	신나는 겨울	• 날씨와 우리 생활 겨울철 자연 환경의 변화와 주위의 모습을 살펴보고 눈과 얼음을 관찰한다.	1. 겨울 날씨의 특징 알아보기 2. 주위의 겨울맞이 모습과 겨울 생활 살펴보기 3. 눈과 얼음 관찰하기
		• 겨울철 건강과 안전 겨울을 건강하고 안전하게 보내기 위한 방법을 알아보고 겨울철 놀이를 한다.	1. 겨울방학 계획을 세우고 방학 중에 하고 싶은 일 발표하기 2. 건강하고 안전하게 겨울을 지내는 방법 알아보기 3. 안전하게 겨울철 놀이하기

학년	단원	내용	활동
2학년	자라는 우리들	• 커 가는 내 모습 시간의 흐름에 따른 내 몸의 변화를 알아보고, 자신을 소중하게 여기는 마음을 가진다.	1. 어렸을 때 나의 모습 이야기하기 2. 키, 몸무게, 발의 크기 재어 보기 3. 자신의 변화 모습 알아보고 자신을 소중하게 여기기
		• 자라면서 달라지는 역할 시간의 흐름에 따른 나의 사회적 역할 변화를 알고 그에 알맞게 생활하려는 태도를 기른다.	1. 어렸을 때 내가 하던 일과 지금 내가 할 수 있는 일 알아보기 2. 자라면서 달라질 나의 역할 생각하여 발표하기 3. 내가 자라는 데 도움을 주신 분 알아보고 감사하기
	살기 좋은 집	• 집의 모양 살펴보기 여러 가지 집의 외부 모습과 내부구조를 살펴보고 내가 살고 싶은 집을 구상해 본다.	1. 여러 형태의 집 모양 비교하고 살펴보기 2. 우리 집의 내부구조와 각 방의 쓰임새 조사하기 3. 내가 살고 싶은 집 그려 보고 이야기하기
		• 집 주위 환경 조사하기 집에서 기르는 동물과 식물을 알아보고 집 주위 환경을 아름답게 가꾸어 본다.	1. 집에서 기르는 동물과 식물 알아보기 2. 집 주위를 가꾸는 방법 생각하며 꾸미기
	우리 마을	• 소중한 우리 이웃 주위에서 발생하는 소리에 대해 알아보고, 이웃에서 일어나는 일과 이웃의 소중함을 안다.	1. 주위에서 들리는 소리 조사하여 발표하기 2. 이웃과 함께 지내는 여러 가지 모습 알아보기 3. 이웃의 소중함을 알아보는 역할극 하기
		• 우리 마을 살펴보기 우리 마을의 모습을 살펴보고, 마을을 위해 애쓰는 분들에 대해 조사하여 발표한다.	1. 우리 마을의 큰길과 주요 건물 알아보기 2. 학교를 중심으로 주요 건물의 위치와 방향 알아보기 3. 마을을 위해 애쓰는 분들 조사하여 발표하기

2 학 년	알찬 하루	• 낮과 밤 낮과 밤을 비교해 보고, 그림자놀이를 통해 그림자가 생기는 까닭을 이해한다.	1. 낮과 밤의 특징과 차이점 알아보기 2. 양달과 응달의 차이 알아보기 3. 그림자놀이를 통해 그림자가 생기는 까닭 이해하기
		• 생활 계획 세우기 내가 하루 동안 하는 일 알아보기	1. 아침, 점심, 저녁 때 내가 하는 일 알아보기 2. 하루 생활의 변화를 다양한 방법으로 표현하기 3. 생활 계획 세우고 실천하기
	가게 놀이	• 물건과 가게 가게의 종류를 알아보고, 생활에 필요한 물건이 우리 손에 오기까지의 과정을 안다.	1. 우리 생활에 필요한 물건을 알아보고 종류에 따라 분류하기 2. 가게의 종류 알아보기 3. 물건이 우리 손에 오기까지의 과정 알아보기
		• 가게놀이 하기 가게놀이를 통해 우리 생활에 필요한 물건을 고르고 사는 방법을 익힌다.	1. 물건을 올바르게 고르고 사는 방법 알아보기 2. 가게놀이 준비하고 놀이하기 3. 가게놀이를 하고 느낀 점 발표하기
	우리 들의 한 해	• 아름다운 우리나라 우리나라를 상징하는 것을 조사하고, 사계절이 뚜렷한 우리나라를 사랑하며 소중히 하는 태도를 기른다.	1. 사계절의 날씨와 특징 알아보기 2. 우리나라를 상징하는 것 알아보기(태극기, 무궁화, 애국가) 3. 아름다운 우리나라 사랑하기
		• 한 해를 보내며 한 해를 마무리하면서 경험한 일을 발표하고 3학년을 맞이할 준비를 한다.	1. 한 해 동안 있었던 일 정리하여 발표하기 2. 겨울방학 생활 계획 세우기 3. 3학년이 되면 할 일 발표하기

1학년

(1) 나의 몸

대주제 '나의 몸'은 학생들이 자신의 몸을 이해하고 건강하게 유지하며 소중하게 여기는 마음을 가질 수 있도록 하기 위해 설정하였다. 몸을 관찰하는 활동이나 병원놀이를 하면서 자신과 다른 사람에 대해 관심을 가지며, 조사하고 발표하는 과정을 살펴보기와 놀이 활동 위주로 전개한다.

(2) 봄나들이

'봄나들이' 주제는 봄철이라는 계절과 관련되어 있으므로 봄철에 나타나는 계절의 특징을 학생들이 직접 체험하면서 이해할 수 있도록 설정하였다. 학교 주위를 학습 장소로 활용하여 봄철에 나타나는 자연의 변화 모습을 살펴봄으로써 자연 현상과 사회 현상을 이해할 수 있도록 하였다.

또한 교통놀이를 통해 교통규칙을 알고 지킴으로써 안전한 생활을 하도록 하였다.

(3) 즐거운 여름

대주제 '즐거운 여름'은 여름이라는 계절적 특성과 관련되어 있다. 여름철에 산과 들에서 볼 수 있는 생물과 무생물, 동물과 식물을 관찰하고 그 특징에 따라 무리 짓기, 놀이하기 등의 활동을 할 수 있다.

또한 여름철의 날씨와 건강에 대한 학습을 통해 여름을 맞이하는 학생들에게 여름을 보내는 바람직한 생활 습관과 태도를 가질 수 있도록 구성하였다.

(4) 우리 가족

대주제 '우리 가족'은 학생들이 가족과 친척에 대해 이해하고 가족을 사랑하는 마음을 가질 수 있도록 하기 위해 설정하였다.

학생들이 가족이 하는 일을 조사하여 발표하는 활동을 하는 과정에서 다른 친구의 가족에 대해서도 이해할 수 있도록 하며 조사·발표하기, 역할놀이 등을 통해 가족 안에서 자신의 할 일과 바른 태도에 대해 학습하도록 한다.

(5) 가을 마당

대주제 '가을 마당'은 가을의 산과 들, 가을의 환경 꾸미기로 구성되어 있다.

야외에 나가 가을철의 산과 들의 모습을 관찰하고, 가을에 수확하는 열매와 씨앗 등을 살펴보고 무리 지어 보도록 하며, 우리 생활에서 자주 사용하는 도구의 종류와 사용법을 알고 도구를 사용하여 가을동산 꾸미기 활동을 할 수 있도록 내용이 구성되어 있다.

(6) 신나는 겨울

대주제 '신나는 겨울'은 겨울이라는 계절의 특성을 이해하고 겨울철에 건강하고 안전하게 지낼 수 있도록 하는 내용으로 살펴보기, 조사·발표하기 활동으로 구성되어 있다.

겨울 날씨의 특징을 알아보고 눈과 얼음을 관찰하는 것은 자연 현상과 관련된 것이고, 주위의 겨울맞이 모습과 겨울 생활 살펴보기는 자연 현상 및 사회 현상이 통합적으로 연계되는 내용이다. 학생들은 겨울철에 보이는 자연의 모습과 사회 환경의 변화를 서로 관련지어 학습함으로써 인간과 동식물이 환경과의 관계 속에 상호 유기적으로 살아감을 깨닫게 된다.

2학년

(1) 자라는 우리들

대주제 '자라는 우리들'은 시간의 흐름에 따라 사람이 자라는 것이 자연 법칙의 하나이며 사람이 자람으로써 사회적 역할도 달라진다는 사실을 깨닫게 하기 위해 설정하였다.

재어보기, 조사 · 발표하기 등의 활동을 통해 변화의 주체가 학생 자신임을 알고 변화에 능동적으로 대처할 수 있도록 한다.

(2) 살기 좋은 집

대주제 '살기 좋은 집'은 인간이 살아가는 기본적인 생활 공간인 집에 대해 관심을 가지고 집의 모습과 기능에 대해 알아보게 하며, 집 주위의 환경을 살펴보게 함으로써 집을 이해할 수 있도록 내용을 구성하였다.

살펴보기, 만들기 등의 활동을 통해 집의 형태는 다양하지만 그 기능은 유사함을 인식하게 하며, 우리가 사는 집은 소중한 공간이므로 집을 깨끗하고 아름답게 가꿀 필요가 있음을 알게 한다.

또한 식물과 동물이 집 주변에 함께 살고 있어 인간과 생활을 공유하고 있음을 깨닫게 한다.

(3) 우리 마을

대주제 '우리 마을'은 우리가 사는 마을의 모습을 조사 · 발표하기, 무리 짓기 등의 활동을 통해 자신이 사는 마을을 바르게 이해하고 이웃과 더불어 살아가는 방법을 알며, 이웃을 사랑하는 마음을 가질 수 있도록 하기 위해 설정하였다.

학생들이 생활하는 주요 활동 공간으로는 가정, 학교 외에 마을이 있으며, 마을 주위에서 발생하는 소리에 대해 알아보고 이웃에서 일어나는 일과 이웃의 소중함을 알게 한다.

또한 마을을 위해 애쓰시는 분들이 있음을 알고 감사하는 마음을 가지며 마을을 위해 애쓰는 태도를 기르도록 한다.

(4) 알찬 하루

대주제 '알찬 하루'는 재어 보기 등의 활동을 통해 하루 동안 시간이 지남에 따라 일어나는 생활의 변화를 알고, 하루라는 시간의 흐름을 통해 자연 현상과 인간 생활의 변화를 관련지어 이해하도록 하기 위해 설정하였다.

시간에 따른 자연의 변화는 인간의 생활에 영향을 준다는 것을 알고 자연과 인간이 밀접하게 관련되어 있다는 것을 자연스럽게 이해하게 된다.

(5) 가게 놀이

대주제 '가게 놀이'는 무리 짓기, 놀이하기 등의 활동을 통해 사람이 생활하기 위해서 여러 가지 물건이 필요하며, 물건이 우리에게 오기까지 여러 사람들이 수고하고 있음을 깨닫게 하기 위해 설정하였다.

생활에 필요한 물건이 우리 손에 오기까지의 과정과 가게의 종류를 이해하고 물건을 올바르게 고르고 사는 방법을 익히며, 가게 놀이를 통해 물건을 사고 팔 때의 예절과 건전한 소비 생활을 하는 태도를 기르고, 필요한 물건을 손쉽게 구할 수 있도록 애쓰는 사람들에 대해 감사하는 마음을 가질 수 있도록 한다.

(6) 우리들의 한 해

대주제 '우리들의 한 해'는 조사 · 발표하기, 놀이하기 등의 활동을 통해 우리나라를 상징하는 것들을 알고 우리나라를 사랑하고 소중히 여기는 태도를 기르며, 한 해를 마무리하면서 경험한 일을 발표하고 3학년을 준비하는 활동으로 구성하였다.

우리나라의 사계절의 날씨와 특징, 우리나라를 상징하는 태극기, 무궁화, 애국가 등을 알아보고 나라를 사랑하는 마음을 갖도록 하며, 한 해 동안 있었던 일을 정리하여 발표하고, 다가오는 겨울 방학 생활 계획과 3학년이 되면 할 일을 발표하도록 한다.

5) 교수 · 학습 계획과 지도

(1) 교수 · 학습 방법

초등학교 1, 2학년 학생들은 인지 발달 이론에 의하면 아직 미분화 상태에 있기 때문에 가능한 한 사회 현상과 자연 현상을 통합적으로 지도하는 것이 바람직하다.

〈표 3-1〉 기초 탐구 활동별 교수 · 학습의 특징

기초 탐구 활동	교수 · 학습의 특징
살펴보기 (관찰)	학생들이 교실이나 야외에서 오감을 사용하여 자신과 주위 현상과의 관계의 특징을 찾아내는 활동이 주가 되는 기초 탐구 활동이다.
무리 짓기 (분류)	주어진 학습 자료를 자유롭게 만져 보고, 사물의 모양, 색깔, 냄새, 소리, 촉감 등 오감을 통해서 분류하는 활동이 주가 되는 기초 탐구 활동이다.
재어 보기 (측정)	초등학교 1, 2학년에서 측정의 기준을 임의로 선정하고, 여러 가지 물체의 무게나 거리, 시간을 측정하여 비교하는 등의 활동이 주가 되는 기초 탐구 활동이다.

조사 · 발표하기 (의사소통)	어떤 문제나 주제에 관한 자료를 얻기 위해 관련 도서를 찾아보거나, 부모 또는 전문가 등에게 물어보거나, 학생이 직접 관찰, 탐구하여 문제를 해결하는 활동이 주가 되는 교수 · 학습 방법으로, 자료 찾기, 방법 알아보기, 경우 알아보기, 하는 일 알아보기 등의 탐구 활동을 학생들 스스로 하거나 학부모와 함께 해결함으로써 문제 해결에 대한 자신감을 가질 수 있도록 하는 기초 탐구 활동이다.
만들기	나무, 종이, 실, 플라스틱 블록 등의 재료를 이용하여 자신이 좋아하는 물체 또는 장난감을 실제로 꾸미거나 만들어 보는 활동으로, 학생들의 독창적인 창의력을 기르거나 도구의 사용을 바르게 하는 활동이 중심이 되는 기초 탐구 활동이다.
놀이하기	구체적 사물을 직접 조작하는 활동, 어떤 사실이나 개념을 얻는 활동, 규칙에 의한 놀이 활동을 하는 기초 탐구 활동이다.

'슬기로운 생활'과의 통합적 지도는 단원 또는 주제의 수준에서 통합의 성격과 특성을 살려 보다 의미 있고 유익한 학습 활동 내용을 구성하며, 그 내용의 성격에 따라 학생들이 직접 체험하고 경험할 수 있도록 지도하는 것이 효과적이다.

경험을 중시하는 수업 형태는 '2007년 개정 교육과정'에서는 기초 탐구 활동으로 제시된 살펴보기, 무리 짓기, 재어 보기, 조사 · 발표하기, 만들기, 놀이하기의 교수 · 학습 방법이 중심이 된다.

(2) 학습 지도과정

'슬기로운 생활'과의 교수 · 학습은 초등학교 1, 2학년의 발달 단계를 고려한 통합교과의 성격에 적합한 것이어야 한다. 즉, 학생들이 직접 주변의 사물과 현상에 접할 수 있도록 구체적인 활동 중심으로 이루어져야 한다.

① 살펴보기가 주가 되는 수업의 과정(살펴보기, 조사 · 발표하기, 무리 짓기 등)

① 자유 탐색 단계 (살펴보기, 놀이, 만들기, 조사 활동)

⇩

② 탐색 결과 발표 단계 (발표, 토의)

⇩

③ 안내된 탐색 단계 (관찰 관점 및 기준 제시)

⇩ 분류 단계 (관찰, 분류, 측정)

④ 정리 단계 (정리, 문장화)

② 자기 주도적 활동이 주가 되는 수업

① 학습 목표 상세화 단계

⇩

② 수업 준비 단계

⇩

③ 학습 안내 단계

⇩

④ 학습 단계 (팀 학습, 전체 학습)

⇩

⑤ 정리 단계 (정리, 보상)

③ 학습 지도상의 유의점

- '슬기로운 생활'과는 통합적으로 지도해야 한다.
- 교사의 질문은 학생들의 구체적인 활동과 경험을 중심으로 지적 호기심과 학습 동기를 유발할 수 있도록 해야 한다.

- 여러 가지 학습을 통해 탐구 능력을 기르도록 하고, 탐구과정과 결과를 글, 그림, 말 또는 다양한 방법으로 표현하는 기회를 많이 갖도록 해야 한다.
- 학습의 효율화를 위해 다양한 학습 자료를 이용하되, 주변의 실물 자료나 생활 자체를 많이 활용하고 교실 공간을 다양하게 변화시켜 학습에 대한 흥미와 참여도를 높이도록 해야 한다.
- 교과서에 제시된 활동 내용과 자료는 학교 실정, 지역사회의 특성에 알맞게 학교와 교사의 재량에 따라 재구성하여 지도해야 한다.

5. 즐거운 생활

1) '즐거운 생활'과 교육과정 개정의 중점

(1) 교과 성격의 명료화

'즐거운 생활'과는 건강한 몸과 마음을 기르며 창의적인 표현 능력과 감상 능력, 심미적 태도를 함양하기 위한 다양하고 즐거운 놀이 활동을 중심으로 구성된 통합교과다. 즉, '즐거운 생활'과는 초등학교 1, 2학년 학생들의 발달 특성을 고려하여 놀이와 활동에 참여함으로써 신체적 · 정서적 활동에 대한 왕성한 욕구를 충족하고 창의적인 표현 능력과 감상 능력, 심미적 태도를 습득하도록 신체 활동과 표현 활동을 통합하여 구성한 통합교과임을 명시하였다.

(2) 내용 체계의 변경

제7차 교육과정까지는 초등학교 1, 2학년 통합교과 교육과정의 내용 체계가 내용 영역 중심으로 되어 있어 통합교육과정의 정신을 충분히 살릴 수 없었다. 따라서 '2007년 개정 교육과정'에서는 심리적 · 사회적 접근의 통합교육과정 정신을 살려 학생들의 생활 경험을 학습 활동으로 한 주제 중심의 내용 체계로 변경하였다. 즉, '즐거운 생활'과 내용 체계는 학년별로 대주제, 활동 주제로 구성되었으며 각각의 활동 주제별로 하위 요소가 제시되었다. 또한, 1, 2학년 학생들이 동일한 주제 및 내용을 반복적으로 경험하는 것을 강조하기보다는 서로 다른 여러 가지 주제 및 내용을 다양하게 경험할 수 있는 기회를 제공하였다.

이에 따라 1학년의 경우에는 공간적인 측면과 관련된 대주제를, 2학년의 경우에는 시간적인 측면과 관련된 대주제를 설정하고, 구체적인 활동 주제와 하위 요소를 제시하였다.

(3) 내용의 양과 수준의 적정화

'즐거운 생활'과 교육과정 개정을 위한 기초 설문 조사 결과, 제7차 교육과정은 학습량이 많고 그 수준이 어렵다는 지적이 많았다. 특히 그리기, 만들기 등의 활동이 다른 활동에 비해 상대적으로 많으며, 초등학교 1, 2학년 학생이 즐겨 부르기에 어려운 전래 음악이 지나치게 많다는 점도 지적되었다. 이러한 지적을 반영하여 활동 주제별로 1개의 성취 기준과 4개의 하위 요소를 두어, 제7차 '즐거운 생활'과 교육과정에서 학년별로 28개였던 내용 요소를 개정 교육과정에서는 1학년은 14개, 2학년은 16개로 학습량과 수준을 조정하였다.

2) 성격

2007년 개정 교육과정에서는 '즐거운 생활'과의 성격을 '놀이와 활동 중심'의 통합교과라고 명확하게 밝혔다. 따라서 '즐거운 생활'과는 제4차 교육과정에서 음악, 미술, 체육교과의 합본 교과로서 이들 교과의 내용을 모아 놓은 것이 아니다. 초등학교에서 '즐거운 생활'과를 운영함으로써, 교육과정에서 제시하는 주제를 중심으로 학생들이 즐거워할 수 있는 놀이아 표현활동들을 풍부하게 제공하고자 한다.

(1) 다양하고 즐거운 놀이와 활동 중심

'즐거운 생활'과는 건강한 몸과 마음을 기르며 창의적인 표현 능력과 감상 능력, 심미적인 태도를 함양하기 위해 다양하고 즐거운 놀이와 활동을 중심으로 구성된 통합교과다.

이 교과는 초등학교 1, 2학년 학생들의 발달 특성을 고려하여 학생들이 즐겁고 명랑한 학교생활을 할 수 있도록 학생들의 경험을 바탕으로 신체활동과 표현활동 등을 통합하여 구성한 교과다.

초등학교 1, 2학년 학생들은 발달 특성상 정서 발달이 활발하고, 계속적인 신체 활동이 요구되는 시기다. '즐거운 생활'과는 이러한 시기에 있는 학생들에게 다양하고 즐거운 놀이와 활동을 제공함으로써, 학생들의 기본 활동 욕구를 충족시켜 줄 뿐만 아니라 즐겁고 명랑한 학교생활을 할 수 있도록 해 주는 통합교과다.

또한 '즐거운 생활'과는 자율적이고 창의적인 놀이와 신체 활동, 표현활동, 감상 활동을 할 수 있는 능력과 태도를 함양하여 심신이 건강한 인간, 창의적인 인간, 심미적 인간으로 자라도록 해 주는 통합교과다.

(2) 심미적인 태도 함양

학생들은 '즐거운 생활'과에 제시된 놀이와 활동에 참여함으로써 신체적 · 정서적 활동에 대한 왕성한 욕구를 충족하고 창의적인 표현능력과 감상능력, 심미적인 태도를 습득할 수 있다.

'즐거운 생활'과는 1, 2학년 학생들에게 다양하고 즐겁고 유의미한 놀이와 활동을 통해 건강한 심신을 기르고, 창의적인 표현 능력과 감상 능력, 심미적인 태도를 기르기 위해 필요한 여러 가지 요소들을 익히는 데 주안점을 두고 있다. 또한 이를 창의적인 방법으로 즐겁게 표현하고 감상하는 과정에서 대상의 특성과 규칙, 질서, 아름다움 등을 감지하여 심미적인 생활을 할 수 있는 능력과 태도를 습득하도록 하는 데 중점을 두고 있다.

(3) 학년별로 대주제 및 활동 주제 제시

즐거운 생활은 학년별로 대주제와 활동 주제를 제시하였다. 1학년은 가족과 친구, 동물과 식물, 산과 들, 하늘과 바다를 대주제로 설정하고 14개의 활동 주제로 구성하였다. 2학년은 봄, 여름, 가을, 겨울을 대주제로 설정하고 16개의 활동 주제로 구성하였다.

'즐거운 생활'과의 내용은 1학년은 대주제 4개, 활동 주제 14개, 2학년은 대주제 4개, 활동 주제 16개로 구성되었다. 1학년의 대주제는 학생들의 생활 경험의 확장 순서에 따라, 2학년의 대주제는 계절의 흐름에 따라 선정하였다.

각 대주제에는 3~4개의 활동 주제가 제시되었으며, 각 활동 주제별로 신체 활동, 표현 활동, 감상 활동이 포함되도록 하였다. 따라서 각 활동을 통합적으로 운영하되, 때에 따라서는 세 가지 활동 중에서 특정 활동이 주가 되고, 나머지가 보조적인 활동이 될 수도 있다.

(4) 상황에 따른 융통성 있는 운영

즐거운 생활은 학생의 흥미와 생활 경험을 바탕으로 신체 활동과 표현 활동 등을 통합하여 지도하되, 각 활동의 특성이나 지역 또는 학교 여건 등을 고려하여 융통성 있게 운영하도록 한다.

'즐거운 생활'과의 모든 학습 활동은 다양하고 즐겁게 이루어지도록 하며, 그 내용과 방법은 학생의 신체적 · 정서적 · 사회적 발달을 촉구할 수 있도록 교사가 자율성을 가지고 다양한 관점에서 재구성할 수 있다. 따라서 교사는 지역 또는 학교 여건 등을 고려하여 융통성 있게 선택하거나 조합하여 운영하도록 한다.

3) 목표

'즐거운 생활'과의 목표를 종합적으로 제시한 총괄 목표는, 학생들이 다양하고 즐거운 유목적적인 놀이와 활동을 통해 몸과 마음이 건강한 사람으로 자라며, 창의적인 표현 활동을 할 수 있는 능력과 아름다움을 보고, 느끼고 즐길 수 있는 심미적인 생활 태도를 기르는 것이다. 이에 따른 하위 목표는 다음과 같다.

(1) 놀이와 활동을 통해 건강한 몸과 마음을 기른다.

학생의 발달 단계에 부합하면서 관심과 흥미를 끌 수 있는 다양한 놀이와 활동을 통해 몸과 마음이 건강하게 자라도록 한다.

(2) 놀이와 활동을 통해 자신의 느낌과 생각을 창의적으로 표현한다.

다양하고 유목적적인 놀이와 활동을 하는 과정에서 보고, 듣고, 느끼고, 생각하고, 상상한 것을 자신의 몸과 소리, 그림, 또 다른 형식으로 여러 가지 재료를 활용하여 자유롭고 개성적이며 창의적으로 구성하여 표현하는 능력을 기르도록 한다.

(3) 놀이와 활동을 통해 다양한 작품과 생활 문화에 관심과 흥미를 가지고 아름다움을 느낀다.

다양하고 유목적적인 놀이와 활동을 통해 나와 다른 친구들의 작품 및 주변의 여러 가지 조형적 작품 등에 흥미를 보이고 관심을 가지면서, 아름다움과 미적 질서를 찾도록 노력하는 심미적 태도와 감상 능력을 기르도록 한다.

또한 일상생활 속에서 발견할 수 있는 학생들의 생활 문화, 즉 교실 내외에서 발견되는 문화, 가정과 지역사회에서 발견되는 문화, 계절에 따라 다르게 나타나는 문화, 지역에 따라 다르게 나타나는 문화 등에도 흥미와 관심을 가지고 아름다움을 찾고자 하는 심미적 태도와 감상 능력을 기르도록 하고 있다.

이상의 목표를 종합하여 보면, 다양하고 즐거운 놀이와 활동을 하되 특정한 방향성을 지닌 유목적적인 놀이와 활동, 학생들의 발달 단계에 적합하여 학생들의 흥미와 관심을 끌어낼 수 있는 놀이와 활동, 창의적인 표현 활동, 그리고 감상 활동이 통합적으로 이루어질 때 '즐거운 생활'과의 교과 목표 달성이 가능하다는 것을 시사해 준다.

4) 내용

'즐거운 생활'과 내용 체계의 기본 틀은 제7차 교육과정에서 놀이와 표현, 감상, 이해라는 내용 영역별로 1, 2학년의 교육 내용을 제시하던 방식에서 탈피하여 주제 중심으로 제시하고 있다. 이는 초등학교 1, 2학년 학생들의 발달적 특성을 반영한 심리적 · 사회적 통합교육과정의 정신에 기초한 것으로서, 학년별로 대주제와 활동 주제로 내용 체계를 구성하였다.

<table>
<tr><th>학년</th><th>대주제</th><th>활동 주제</th><th>내용</th></tr>
<tr><td rowspan="3">1학년</td><td rowspan="3">가족과 친구</td><td>• 신체 활동하기
즐겁게 노래 부르고 여러 가지 신체 표현 활동을 한다.</td><td>1. 즐거운 마음으로 노래 부르기
2. 음악을 들으며 여러 가지 신체 표현 활동하기
3. 다양한 크기의 종이를 이용하여 여러 가지 모양으로 표현하기
4. 친구와 놀이하기</td></tr>
<tr><td>• 얼굴 표정 나타내기
가족이나 친구의 얼굴 표정을 여러 가지 방법으로 나타낸다.</td><td>1. 셈여림을 느낄 수 있는 노래 부르며 신체로 표현하기
2. 가족이나 친구의 다양한 얼굴 표정 그려보기
3. 가족이나 친구를 재미있는 캐릭터로 나타내기
4. 친구의 움직임 따라하기</td></tr>
<tr><td>• 전래 동요 부르기
전래 동요를 부르며 놀이를 하고 장단에 맞추어 신체로 표현한다.</td><td>1. 가족이나 친구와 관련된 전래 동요 부르기
2. 전래 동요 부르며 놀이하기
3. 전래 동요와 관련된 소품 만들어 놀이하기
4. 간단한 장단에 맞추어 자유롭게 신체로 표현하기</td></tr>
</table>

1학년	동물과 식물	• 동식물의 모습을 다양하게 표현하기 동식물의 특징과 모습을 다양하게 표현한다.	1. 리듬 생각하며 노래 부르기 2. 리듬에 맞추어 다양하게 신체로 표현하기 3. 여러 가지 재료를 이용하여 동식물 인형 만들기 4. 여러 가지 동식물의 움직임 흉내 내기
		• 동식물 가면 만들기 여러 가지 동식물의 특징을 살린 가면을 만들어 쓰고 놀이를 한다.	1. 동식물과 관련된 노래 부르기 2. 여러 가지 재료로 동식물 가면 만들기 3. 동식물 가면 쓰고 놀이하기 4. 동식물 세상을 자유롭게 그리기
		• 동물 음악회 열기 동물 음악회에 필요한 소품을 만들어 동물 음악회를 연다.	1. 동물을 소재로 한 노래를 부르며 신체로 표현하기 2. 동물의 소리를 목소리와 다양한 악기로 표현하기 3. 동물 음악회에 필요한 소품 만들기 4. 동물 음악회 열고 감상하기
	산과 들	• 색을 이용하여 놀이하기 여러 가지 색을 이용하여 색과 관련된 놀이를 한다.	1. 음악을 들으며 느낌을 색으로 표현하기 2. 여러 가지 색을 이용하여 표현하기 3. 색안경 만들어 놀이하기 4. 색과 관련된 놀이하기
		• 산과 들의 느낌 표현하기 산과 들의 느낌을 여러 가지 방법으로 표현하고 야외에서 즐길 수 있는 놀이를 한다.	1. 리듬 치며 노래 부르기 2. 음악을 듣고 느낌을 선으로 표현하기 3. 산과 들의 느낌을 여러 가지 방법으로 표현하기 4. 야외에서 즐길 수 있는 놀이하기

1학년		• 악기놀이 하기 주위의 물체나 리듬 악기를 활용하여 리듬 합주놀이를 한다.	1. 신체를 활용하여 간단한 리듬놀이 하기 2. 주위의 물체를 활용하여 리듬놀이 하기 3. 소리가 나는 여러 가지 리듬 악기 만들기 4. 악기를 활용하여 간단한 리듬 합주하기
		• 노래를 이용하여 놀이하기 노래를 이용하여 친구들과 사이좋게 놀이를 한다.	1. 노래를 이용한 놀이하기 2. 여러 가지 신체놀이 하기 3. 공놀이 하기 4. 즐거웠던 놀이 장면을 여러 가지 방법으로 표현하고 감상하기
	하늘과 바다	• 날리거나 띄울 수 있는 것 만들기 날리거나 띄울 수 있는 것을 만들어 놀이를 한다.	1. 가락에 맞추어 노래 부르기 2. 균형잡기 놀이하기 3. 날리거나 띄울 수 있는 것 만들기 4. 음악에 맞추어 연이나 배처럼 움직여 보기
		• 민속놀이 하기 간단한 놀이 도구를 만들어 친구들과 민속놀이를 한다.	1. 계절과 관련된 전래 동요 부르기 2. 간단한 민속놀이의 놀이 도구 만들기 3. 규칙과 방법을 익혀 친구들과 민속놀이 하기 4. 전통 놀이 감상하기
		• 가락에 맞추어 표현하기 가락의 높낮이를 생각하며 노래를 부르고 신체로 표현한다.	1. 가락의 높낮이를 생각하며 노래 부르기 2. 새와 물고기의 움직임을 선으로 표현하기 3. 높낮이가 다른 장애물 통과하기 4. 높고 낮은 소리를 들으며 신체로 표현하기

1학년		• 시설물과 소도구를 이용하여 놀이하기 시설물과 소도구를 이용하여 놀이를 한다.	1. 음악에 맞추어 훌라후프 놀이하기 2. 시설물과 소도구를 이용하여 놀이하기 3. 즐거웠던 놀이 장면 그리기 4. 감상하기
2학년	봄	• 봄 동산 표현하기 봄 동산의 느낌을 노래, 색, 신체로 다양하게 표현한다.	1. 봄의 느낌을 이야기하고 노래 부르기 2. 봄 동산의 느낌을 다양한 색으로 표현하기 3. 봄 동산에서 본 것을 신체로 표현하기 4. 봄과 관련된 음악을 들으며 율동하기
		• 여러 가지 소리로 표현하기 주변의 소리를 목소리로 표현하고, 음색 또는 음악적 느낌을 여러 가지 방법으로 표현한다.	1. 주변의 소리를 목소리로 다양하게 표현하기 2. 음색을 여러 가지 방법으로 표현하기 3. 음악을 듣고 그 느낌을 신체로 표현하기 4. 여러 가지 악기의 반주에 맞추어 노래 부르기
		• 여러 가지 방법으로 걷고 달리기 빠르기가 다른 음악에 맞추어 걷고 달리며, 응원 도구를 만들어 응원한다.	1. 빠르기가 다른 음악에 맞추어 걷고 달리기 2. 다양한 모습으로 걷고 달리기 3. 응원 도구 만들기 4. 걷거나 달리는 놀이를 하며 응원하기
		• 친구들과 꽃밭 꾸미기 여러 가지 꽃을 만들어 꽃밭을 꾸미고 꽃의 느낌을 신체로 표현한다.	1. 꽃을 생각하며 노래 부르기 2. 여러 가지 꽃 만들기 3. 친구들의 작품을 모아 꽃밭 꾸미기 4. 꾸민 꽃밭을 감상하고 꽃의 느낌을 신체로 표현하기

2학년	여름	• 시설물을 이용하여 놀이하기 시설물과 소도구를 이용하여 놀이를 한다.	1. 매트, 뜀틀, 평균대, 정글짐 등을 이용하여 놀이하기 2. 놀이터 꾸미기 3. 물놀이를 위한 준비놀이 하기 4. 물놀이 하기
		• 강이나 바다 표현하기 셈여림을 달리하여 노래를 부르고, 강이나 바다에 대한 느낌을 여러 가지 방법으로 표현한다.	1. 셈여림을 달리하여 노래 부르기 2. 강이나 바다에 대한 느낌을 여러 가지로 표현하기 3. 자연물을 이용하여 다양한 방법으로 찍어보기 4. 모래놀이 하기
		• 여름 날씨 표현하기 여름 날씨와 관련된 소리나 음악을 감상하고 다양한 악기와 그림으로 표현한다.	1. 여름과 관련된 노래 부르기 2. 빗소리, 바람 소리, 천둥소리 등을 다양하게 표현하기 3. 여름과 관련된 소리나 음악 감상하기 4. 여름과 관련된 경험 그리기
		• 색을 여러 가지 방법으로 표현하기 노래를 부르고 여러 가지 방법으로 색깔놀이를 한다.	1. 색과 관련된 노래 부르기 2. 색을 여러 가지 방법으로 표현하기 3. 놀이와 게임을 하며 색 천짜기 4. 음악을 들으며 색지로 놀이하기
	가을	• 동시를 여러 가지 방법으로 표현하기 동시에 대한 느낌을 신체나 악기 및 글과 그림으로 표현한다.	1. 동시에 대한 느낌을 신체로 표현하기 2. 동시에 대한 느낌을 여러 가지 악기로 표현하기 3. 동시를 듣고 떠오르는 장면을 글과 그림으로 나타내기 4. 동시로 만든 동요를 부르고 감상하기
		• 민속춤 추기 간단한 놀이 도구를 만들어 민속놀이를 하고 우리나라와 다른 나라의 민속춤을 춘다.	1. 놀이 도구 만들기 2. 민속놀이 하기 3. 민속춤 추기 4. 다양한 민속춤 감상하기

2학년		• 가을 소리 표현하기 높고 낮은 소리와 길고 짧은 소리를 다양하게 표현한다.	1. 높고 낮은 소리와 길고 짧은 소리를 악기로 표현하기 2. 음악을 들으며 여러 가지 방법(점 · 선 · 면)으로 표현하기 3. 리듬과 가락에 맞추어 신체로 표현하기 4. 여러 가지 방법으로 악기 연주하기
		• 여러 가지 재료로 가을 표현하기 가을의 느낌과 추수의 즐거움을 다양하게 표현한다.	1. 자연물을 이용하여 가을의 느낌을 표현하고 노래 부르기 2. 추수의 즐거움을 신체로 표현하기 3. 다양한 재료로 가을 모습 꾸미기 4. 추석과 관련된 민속놀이 하기
	겨울	• 겨울 세상 표현하기 겨울과 관련된 노래를 부르고 여러 가지 방법으로 겨울 세상을 표현한다.	1. 겨울과 관련된 노래 부르기 2. 음악을 들으며 리듬 또는 가락의 흐름을 신체로 표현하기 3. 겨울과 관련된 노래에 맞추어 합주하기 4. 겨울 세상 그리기
		• 겨울과 관련된 놀이하기 겨울과 관련된 전래 동요를 부르고 놀이 도구를 만들어 민속놀이를 한다.	1. 전래 동요 부르기 2. 겨울과 관련된 민속놀이 도구 만들기 3. 민속놀이 하기 4. 민속놀이 장면 그리기
		• 동화와 관련된 극놀이 하기 극놀이에 필요한 배경 소리를 만들어 꾸며 극놀이를 한다.	1. 극놀이에 관련된 노래 부르기 2. 극놀이에 필요한 간단한 배경 소리 만들기 3. 극놀이에 필요한 간단한 소품 만들고 무대 꾸미기 4. 극놀이 하기
		• 애니메이션을 다양하게 표현하기 애니메이션을 감상하고 인상 깊었던 장면이나 느낌을 여러 가지 재료와 방법으로 표현한다.	1. 애니메이션 감상하기 2. 인상 깊었던 장면 그리기 3. 배경, 주인공, 인상적인 내용 등을 여러 가지로 표현하기 4. 표현한 작품 감상하기

'즐거운 생활'과의 지도 내용은 우선적으로 각 학년별 대주제를 4개씩 선정하여 그 안에 3~4개의 활동 주제를 포함시켰으며, 각 활동 주제별로 성취 기준과 3~4개의 하위 요소를 구성하였다. 아래에 제시된 학년별 내용 해설의 구체적인 사항들은 하나의 예시로서 '즐거운 생활'과의 성격 및 교육 목표에 부합하는 방향에서 학교 및 지역의 여건, 학생의 발달 정도를 고려하여 조정할 수 있다.

1학년

(1) 가족과 친구

이 시기의 학생들은 자기중심적인 사고가 강하여 생활 주변에서 본 것, 들은 것, 느낀 것, 생각한 것, 상상한 것을 여러 가지 방식으로 자유롭게 표현하고 싶어 한다. 학생들은 생활에서 경험한 것들을 자신의 주관적인 사고에 따라 적극적으로 표현하고 이를 타인과 더불어 공유하고 인정받고자 한다.

따라서 1학년 '즐거운 생활'과는 '가족 및 친구'를 대주제로, 이와 관련한 신체 활동하기, 얼굴 표정 나타내기, 전래동요 부르기 등 3개의 활동 주제를 선정하였다.

(2) 동물과 식물

초등학교 1, 2학년 학생들에게 동물과 식물은 색다른 기쁨과 즐거움을 주는 소중한 존재다.

따라서 1학년 '즐거운 생활'과의 대주제로 '동물과 식물'을 선정하였으며 동식물의 모습을 다양하게 표현하기, 동식물 가면 만들기, 동물 음악회 열기 등 3개의 활동 주제로 구성하였다.

(3) 산과 들

가을이 되면 학생들은 산과 들을 찾아 여러 가지 놀이나 게임을 즐기기도 한다. 그렇기 때문에 가을의 산과 들은 학생들이 자연스럽게 모방하고 싶은 대상이 되기도 하고 즐겁게 뛰어놀고 즐길 수 있는 장소가 되기도 한다.

따라서 1학년 '즐거운 생활'과의 대주제로 '산과 들'을 선정하였으며 색을 이용하여 놀이하기, 산과 들의 느낌 표현하기, 악기 놀이하기, 노래를 이용하여 놀이하기 등 4개의 활동 주제로 구성하였다.

(4) 하늘과 바다

하늘과 바다에는 수많은 생물을 볼 수 있으며 육지에서는 볼 수 없는 신기한 식물들이 저마다의 특징과 형태를 지니고 살아간다. 이러한 세계에 익숙하지 않은 학생들에게는 이름 모를 작은 생물에서부터 이미 알고 있는 다양한 생물들 모두가 무한한 호기심과 상상의 대상들이다.

따라서 1학년 '즐거운 생활'과의 대주제로 '하늘과 바다'를 선정하였으며 날리거나 띄울 수 있는 것 만들기, 민속놀이 하기, 가락에 맞추어 표현하기, 시설물과 소도구를 이용하여 놀이하기 등 4개의 활동 주제로 구성하였다.

2학년

(1) 봄

봄 동산 풍경을 그리고 꾸며 보는 활동을 통해 주변에서 보고 듣고 느낀 것을 재미있고 다양하게 나타낼 수 있도록 하였다. 겨우내 얼었던 얼음이 녹아 흘러내리는 시냇물 소리와 봄 동산의 새소리는 학생들로 하여

금 다양한 음색을 경험할 수 있는 좋은 기회가 된다.

따라서 2학년 '즐거운 생활'과의 첫 번째 대주제로 '봄'을 선정하였으며 봄 동산 표현하기, 여러 가지 소리로 표현하기, 여러 가지 방법으로 걷고 달리기, 친구들과 꽃밭 꾸미기의 4개 활동 주제로 구성하였다.

(2) 여름

여름 날씨에 따른 사람들의 생활 모습, 자연의 다양한 변화 모습 등 주변에서 보고 듣고 느낀 여름과 관련된 경험을 재미있고 다양하게 표현할 수 있도록 하였다.

따라서 대주제로 '여름'을 선정하였으며 시설물을 이용하여 놀이하기, 강이나 바다 표현하기, 여름 날씨 표현하기, 색을 여러 가지 방법으로 표현하기의 4개 활동 주제로 구성하였다.

(3) 가을

가을은 여러 가지 빛깔의 단풍잎들이 아름답게 어우러지고 결실의 기쁨을 맛볼 수 있는 계절이다. 이러한 가을은 학생들의 흥미와 관심을 끌 수 있는 재미있고 다양한 활동 주제들을 시사해 준다.

따라서 대주제로 '가을'을 선정하였으며 동시를 들으며 여러 가지 방법으로 표현하기, 민속춤 추기, 가을 소리 표현하기, 여러 가지 재료로 가을 표현하기의 4개 활동 주제로 구성하였다.

(4) 겨울

겨울은 한 학년을 마무리하는 계절로서 1년 동안 이루어진 여러 가지 학습 활동들을 되돌아보고 총정리할 필요가 있다. 겨울은 날씨가 춥기 때문에 학생들이 바깥에 나가 활동하기에 어려워 주로 실내에서 많은 활동들이 이루어진다.

따라서 대주제로 '겨울'을 선정하였으며 겨울 세상을 표현하기, 겨울과 관련된 놀이하기, 동화와 관련된 극놀이 하기, 애니메이션을 다양하게 표현하기의 4개 활동 주제로 구성하였다.

5) 교수 · 학습 계획과 지도

(1) 지도 방향

'즐거운 생활'과는 통합교과로서 다음과 같은 방향으로 지도되어야 한다.

첫째, 모든 학습 활동이 초보적 단계에서부터 통합되도록 지도한다. 그러나 주제의 내용 특성에 따라 특별히 강조되는 활동이 중심이 되는 경우에는 신체 활동과 표현 활동 등을 무리하게 통합하여 운영하지 않도록 한다.

둘째, 학생의 흥미와 성취 동기를 높여 주는 방향으로 지도되어야 한다. 1, 2학년 학생들에게 학습에 대한 흥미를 가지게 하고, 학습과정에서 자신감을 가지도록 하여 성취 동기를 높이는 일은 '즐거운 생활'과뿐만 아니라 모든 학교교육 활동에 대한 긍정적인 영향을 줄 수 있다.

셋째, 틀에 박힌 일정한 학습 모형으로 운영하기보다는 교사의 창의적인 학습 지도 계획과 융통성 있는 활동이 있어야 한다. 주의 집중이 약한 초등학교 1, 2학년 학생들에게 획일적인 학습 방법으로 활동을 요구하는 것은 무리일 수밖에 없다. 따라서 다양한 방법을 적용하여 학습의 효과를 높이기 위해서는 교사의 창의적인 노력이 뒤따라야 한다.

넷째, 학생의 생활 경험을 바탕으로 신체 활동과 표현 활동 등을 통합하여 즐겁게 경험하도록 지도해야 한다.

(2) 학습 지도과정

'즐거운 생활'과의 학습에서는 학생이 활동의 주체가 되어야 하며, 교사는 학생의 학습 활동이 효과적으로 전개되도록 도와주는 보조자의 역할을 담당해야 한다. 따라서 교사는 학생에게 내재되어 있는 학습 동기를 유발하여 즐거운 놀이와 창의적인 표현 활동에 적극적으로 참여할 수 있도록 도와주어야 한다.

'즐거운 생활'과가 통합교과이기는 하지만, 단위 수업 시간 내에서 신체 활동과 표현 활동 등이 모두 통합되어 지도되기는 매우 어렵다. '즐거운 생활'과의 각 활동 주제가 신체 활동, 표현 활동 등과 공통적으로 또는 개별적으로 통합되어 있다는 사실을 감안한다면, 단위 수업 시간 내에서의 무리한 통합을 시도하기보다는 각 활동 주제 내에서의 학습 활동을 통합한다는 개념으로 이해하고 학습 지도를 해야 할 것이다.

다만, 학생들이 즐겁고 자유로운 분위기에서 수업에 참여할 수 있도록 함으로써 창의적인 사고를 유발하며, 학습에 대한 흥미와 자신감을 가지도록 전개해야 한다.

'즐거운 생활'과의 학습 지도과정은 크게 계획 단계, 진단 단계, 지도 단계, 발전 단계, 평가 단계로 나누어 볼 수 있다. 그러나 진단 단계와 발전 단계는 활동 주제의 특성에 따라 그 비중을 다르게 할 수도 있다. 진단 단계는 어떤 학습 과제의 수업에 임하기 전에 학생들이 준비가 되어 있는지를 알아보고, 준비 단계에서 결손이 발견되면 가능한 한 교정 조치를 하는 데에 그 뜻이 있다. 발전 단계의 경우에도 중심이 되는 활동인 형성 평가와 보충 심화 활동이 '즐거운 생활'과의 경우에는 지도 단계와 평가 단계의 수업 상태에서 수시로 또는 계속적으로 이루어지도록 한다.

이러한 관점에서 '즐거운 생활'과의 일반적인 수업 모형을 다음과 같이 제시해 볼 수 있다. 도표에서 보는 바와 같이, 진단 단계와 발전 단계는 따로 시간을 할애하지 않고 지도 단계의 처음이나 마지막에 간단히 실시할 수도 있다.

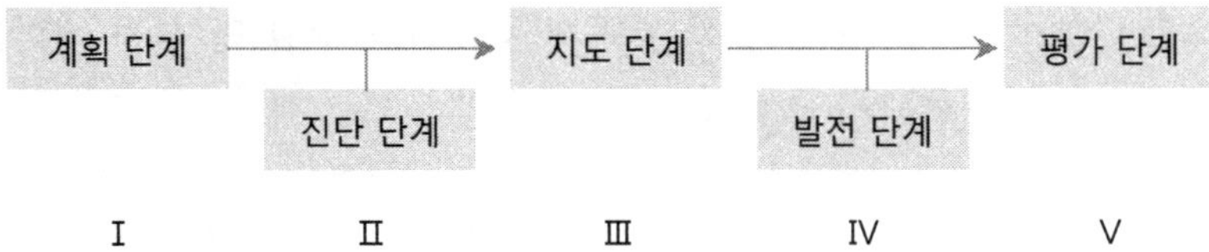

'즐거운 생활'과의 학습 지도 모형은 일반적인 수업에서는 공통점을 가지지만, 단계별 내용면에서는 활동 주제의 내용에 따라서 달라질 수 있다.

각 단계에 따른 구체적인 활동 내용은 다음과 같다.

① 계획 단계

계획 단계의 목적은 한 학습 과제의 수업 진행을 위해 사전에 계획을 세우는 데에 있다.

'즐거운 생활'과의 수업 전개는 활동 주제를 단위로 하여 이루어지므로, 수업 계획도 하나의 활동 주제를 단위로 이루어져야 한다.

계획 단계에서는 활동 주제의 특성 및 위치를 확인하는 일, 활동 주제의 목표를 설정하는 일, 활동 주제의 목표에 따라 수업 목표를 진술하는 일, 교수 · 학습 과정안을 짜는 일, 교수 · 학습 과정안에 따라 수업 계획을 세우고 수업에 필요한 교재, 교구 등을 준비하는 일 등이 포함되어야 한다. 따라서 이 단계에서 무엇보다 교사가 해야 할 중요한 일은 첫째, 학습 과제의 분석을 통해 활동 주제의 학습 목표를 명료하게 하고, 그 내용을 세분화하여 학습 순서를 결정하며 둘째, 학생의 활동과 교사의 활동을 계획하고 가르쳐야 할 학습 요소의 순서를 결정하며, 어떤 방법과 자료를 이용할 것인지를 결정해야 한다. 같은 활동 주제라 하더라도 지역 여건이나 학교 또는 학급의 여건을 고려하여 방법과 자료가 달라질 수 있다. 마지막으로, 구체적인 일정과 장소를 계획하고 교재와 교구를 준비하는 일 등이 필요하다.

계획 단계에서 이루어지는 학습 과제의 분석과 수업 및 실천 계획을 세우는 일을 도표화하면 다음과 같다.

학습 과제 분석	1. 학습 목표의 확인 2. 하위 목표의 확인 3. 내용 구조의 확인

↓

수업 계획	1. 학생 활동 2. 교사 활동 3. 학습 계열 확인 4. 평가 계획 5. 잠재적 교육과정

↓

실천 계획	1. 일정 및 장소 2. 교재 및 교구 3. 지도 단계의 유의점 4. 보조 매체의 제작

② 진단 단계

진단 단계는 수업에 들어가기 전에 학생들의 결손이 발견되면 필요한 처치를 하여 가능한 학습과정 준비를 해주는 단계다. 활동 주제별로 대체로 8차시 단위의 학습 활동이 이루어지는 '즐거운 생활'과의 학습과정에서는 매 차시마다 진단 단계를 가질 필요는 없으며, 활동 주제의 특성에 따라 교사가 판단하여 적절한 시기에 실시하도록 한다.

③ 지도 단계

지도 단계는 학습 과제에 관한 본 수업이 진행되는 단계다. 지도 단계에서는 활동의 주도가 학생이며, 교사는 학생의 학습 활동이 효과적으로 전개되도록 도와주는 보조자로서의 역할을 담당한다. 그러므로 이 단계는 학생이 주도하는 활동이 중심이 되어야 한다.

통합교육과정으로 조직된 '즐거운 생활'과는 정형화된 수업 모형을 적용하기에는 매우 곤란하다. 왜냐하면 차시별 수업 활동의 중심 내용 및 단위 수업 활동의 주제에 따라 수업 형태가 매우 다양할 수밖에 없기 때문이다. '즐거운 생활'과의 학습과정을 다양하고 즐거운 활동의 과정이라는 관점에서 본다면 '즐거운 생활'과의 일반적인 수업과정을 다음과 같이 나타낼 수 있을 것이다.

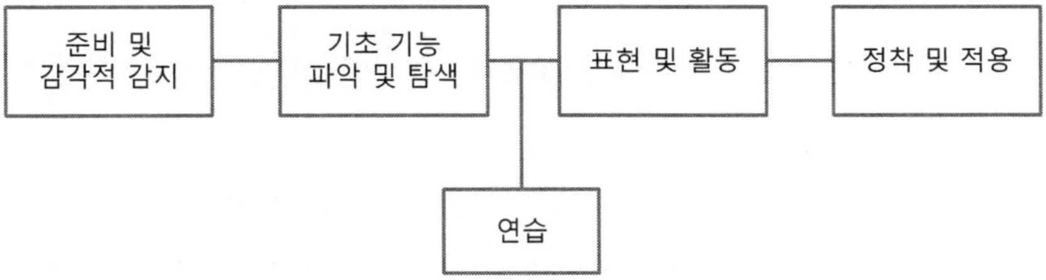

- 준비 및 감각적 감지: 수업의 도입 단계로서, 수업 진행을 위해 필요한 사항을 안내하고 문제 의식과 내재적 동기를 가지게 하는 과정이다. 이 과정에서는 계획 단계에서 분석한 수업 목표, 주요 학습 과제 및 활동, 선수 학습과의 관련 등에 대한 지도와 교수 · 학습 자료의 준비, 정돈, 점검 등이 필요하다. 따라서 신체 활동이 중심이 되는 주제의 경우에는 활동에 관련된 간단한 준비 운동이나 이야기 등이 있고, 표현 활동의 경우에는 범창이나 범주 듣기, 필요한 준비물 확인과 함께 관련된 표현 방법에 대한 호기심과 동기 유발 등의 활동이

있다. 또, 감상 활동의 학습 활동에서는 녹음 자료를 들으며 전체의 흐름을 감지하거나 감상 작품에 대한 정보 인식 등의 활동이 있다.

- **기초 기능 파악 및 탐색**: 학생 활동 전개를 위해 기초적으로 알아야 할 지적인 내용, 간단한 기능 익히기, 발상 및 구상 활동이 이루어진다. 표현 활동의 경우에는 놀이 혹은 운동 방법, 규칙 등의 시범 동작이나 설명 등에 의한 인식과 사고 활동, 기능 탐색 활동, 표현이나 활동 방법을 익히는 활동 및 기본적인 리듬, 음정, 주법과 표현 방법, 재료, 용구의 특징 및 사용법 등을 익히고, 표현하려는 것에 대한 이야기, 참고 작품, 대상 관찰 등을 제시하여 이미지, 아이디어, 소재 대상 등을 생각하여 선정하고 어떻게 표현할 것인가에 대한 구체적인 방법을 구상하는 활동이 있다. 또, 감상 활동의 경우에는 악곡의 종류, 작곡자 또는 연주자에 대한 지식, 연주법과 연주 형태 등을 알게 되며, 감상 작품에 대한 정보 인식 등의 활동이 이루어진다. 이러한 활동은 학생 중심의 활동을 통해 이루어지도록 하는 것이 더 효과적이다.
- **표현 및 활동**: 기초 기능의 파악과 탐색을 바탕으로 하여 실제로 즐겁게 표현하고 활동하는 과정으로, 대개의 경우 수업에서 가장 핵심이 되는 이 과정에 많은 시간을 할애한다. 경우에 따라서는 기초 기능 파악 및 탐색의 과정에 더 많은 시간을 할애하는 수도 있다. 놀이와 활동을 통한 학습에서는 학생 스스로 생각하며, 즐겁게 뛰고 달리고 던지고 매달리는 활동, 여럿이 함께 놀이를 하거나 게임을 하는 활동 등이 이루어지며, 학생들이 그들의 생각이나 느낌, 상상을 악곡을 통해 즐겁게 나타내거나 음악에 맞추어 여러 가지 신체 표현을 하는 활동 등이 이루어지고, 여러 가지 재료와 용구를 사용하여 학생들이 탐색한 내용을 직접 형과 색 등으로 나타내는 활동 등을 한다. 또, 감상 활동의 학습에서는 악곡을 듣고 신체적 반응을 하면서 즐기고, 그 특

징을 느끼거나 여러 가지 악기의 음색에 관심을 가지게 하는 활동, 서로의 활동과 작품을 감상하는 활동, 여러 가지 발표회를 관람하면서 즐기기 등의 활동이 이루어진다.

이 과정에서는 학생들이 즐겁게 참여하고 활발하게 표현하면서 활동할 수 있도록 자유로운 분위기의 허용이 강조된다. 따라서 수업은 학생 주도의 활동으로 전개되어야 하며, 교사는 학생들의 자율적인 활동을 보장할 수 있는 분위기를 조성해야 한다.

- 정착 및 적용: 지금까지 학습한 내용을 정리하고 다른 사태에 적용시켜 봄으로써 일반화하는 과정이다. 다양하고 즐거운 놀이와 활동을 통해 앞으로 학습할 내용과의 관련 및 일상생활에서의 적용, 정리 운동을 하는 등의 활동, 그리고 노래 부르기, 합주하기, 신체 표현 등의 활동을 종합 정리하거나 학생들이 표현한 작품을 보며 그 내용을 서로 이야기하고, 좋은 점과 고칠 점 등을 찾아보게 하는 등의 활동이 이루어진다. 또, 놀이와 활동을 통해 다양한 작품과 생활 문화에 관심과 흥미를 가지고 아름다움을 느끼도록 하는 지도를 하기도 한다.

  결국, 정착 및 적용의 과정에서는 학습 내용을 종합 정리하여 이야기하는 활동, 앞으로 학습하게 될 내용이나 방법의 지도, 생활 문화의 습관화를 위한 강화 활동 등이 이루어진다고 할 수 있다.

④ 발전 단계

발전 단계는 지도 단계의 연속과정으로 주제마다 간단히 거치게 되는데, 이 단계에서는 형성 평가, 심화 학습, 보충 학습이 이루어진다. 그러나 '즐거운 생활'과의 경우에는 이러한 활동이 지도 단계와 평가 단계의 상황에서 수시로 이루어질 수 있으므로 별도로 이 단계에 시간을 할애할 필요는 없다.

⑤ 평가 단계

'즐거운 생활'과의 교과 목표가 다양하고 즐거운 놀이와 활동을 통해 몸과 마음을 건강하게 하고 창의적인 표현 능력과 감상 능력, 심미적 태도를 기르는 데 있으므로 인지적인 측면보다는 정의적인 측면에서 학생의 활동을 긍정적이고 고무하는 평가가 이루어져야 한다. 일반적으로 평가는 매 단위 수업, 또는 단원의 학습 종료 시 별도의 시간을 할애하여 이루어지는 것이 보통이나, 실제로 '즐거운 생활'과의 평가는 학습 활동의 과정에서 이루어지는 것이 일반적이다. 이것은 해당 학습 활동의 형성적 평가가 되는 동시에 차시 활동에 대한 진단 평가도 되기 때문이다. 또, 이 평가의 결과를 종합 정리하면 총괄 평가로서의 활용도 가능하다.

(3) 학습 지도상의 유의점

'즐거운 생활'과의 지도 방법과 지도과정을 구체적으로 서술해 보았는데, 실제 학습 지도 운영상에는 다음과 같은 점이 고려되어야 한다.

첫째, 학습 지도의 과정을 몇 단계로 나누어 구분하였으나, 실제 지도에서는 각 단계가 연속적인 과정으로 자연스럽게 이루어지도록 해야 한다.

둘째, 초등학교 1, 2학년 학생들은 아직 추상적인 내용의 이해가 어렵다. 따라서 가능한 한 구체적이고 직관적인 이해가 이루어지도록 계획, 운영해야 한다. 이를 위해 학습 자료로 구체물이나 구체적인 사례, 이야기 등이 제시되어야 하며, 이와 함께 학생들의 다양한 활동이 이루어지도록 해야 한다.

셋째, '즐거운 생활'과의 학습 활동이 대부분 행동을 수반하는 놀이와 활동 중심의 학습임을 감안하여 학생들이 자신의 생각과 느낌, 표현 의욕, 움직이고 싶어 하는 욕구 등을 자유롭게 나타내도록 힘써야 한다. 따라서 즐겁고 자유로운 학습 분위기의 조성이야말로 이를 위한 필수적 조건임을 알아야 한다.

넷째, 이 시기의 학생들은 자유로운 움직임과 활동을 좋아하지만, 지속적인 신체 활동에 쉽게 피로를 느끼고 싫증을 느끼기 쉽다. 따라서 같은 내용의 활동을 반복적으로 표현하도록 하는 것보다 다양한 활동이 이루어질 수 있도록 수업 계획에서부터 운영에까지 충분히 고려해야 한다.

다섯째, '즐거운 생활'과의 주된 목적이 건강한 심신과 창의적이며 심미적인 생활 태도를 함양하는 데 있음을 알고, 인지적 측면보다 정의적인 측면과 신체 활동에서의 기능적인 측면의 발달을 염두에 두고 운영하도록 노력해야 한다.

제 4 장

교육과정의 통합

1. 교육과정 통합의 유형
2. 통합교육과정의 발달 단계
3. 통합교육과정의 개발

제 4 장
교육과정의 통합

1. 교육과정 통합의 유형

교육과정 통합의 유형에 대해서는 그 관점이 다양한 만큼 학자들마다 그 방법을 달리하고 있다. 우리나라에서 볼 수 있는 교육과정 통합은 주로 교과 간 통합이었으며, 7차 교육과정에 들어서야 활동중심으로 통합되었다. 교육과정을 통합하는 유형은 통합의 대상, 차원, 주체, 정도나 깊이 등에 따라 다양하게 이루어질 수 있는데 학자별로 소개하면 다음과 같다(김민환, 2007).

1) Drake와 Burns의 교육과정 통합 유형

Drake와 Burns(2004)는 통합교육과정의 의미를 학문을 연결 짓는 것으로 보며, 통합교육과정의 설계에서 개별 학문의 성격이 어느 정도 드러나는가에 따라 크게 세 가지 유형으로 구분하였다. 각 유형은 다학문적 통합(multidisciplinary integration), 간학문적 통합(interdis－ciplinary integration), 그리고 초학문적 통합(transdisciplinary)이다. 다학문적 통합은 하나의 주제를 개별 학문의 측면에서 다양하게 다룸으로써 한 주제에 대한 통합적 접근을 시도한다. 간학문적 통합은 여러 학문에 공통으로 걸치는 주제를 선정함으로써 개별 학문 간의 경계를 구분 짓기 어렵다는 특징이 있다. 끝으로 초학문적 통합은 사회문제나 기능 등 학문 외적인 주제를 다루며, 결과적으로 학문의 경계가 완전히 없어지는 통합 방법이다. 통합 유형별 내용을 구체적으로 살펴보면 다음과 같다.

첫째, 다학문적 통합은 하나의 주제를 중심으로 여러 학문 분야의 내용을 선정하고 조직한다. 여러 학문 간의 결합의 정도가 가장 낮은 수준의 형태로서 각 학문은 상호 독립적이면서 하나의 문제를 여러 각도에서 고찰하는 방법이다. 그러나 관련된 각 학문의 독립적인 위치가 그대로 존재한다는 점에서 완전한 통합으로 보기는 어렵다. 다학문적 통합에서 학습하는 내용은 독립적인 학문의 지식 체계로서, 특정 주제를 중심으로 수학, 과학, 역사, 지리, 음악, 미술 등의 학문 분야 내용을 선정하고 조직하는 것이다. 다학문적 통합은 또다시 접근 방법에 따라 학문 내 접근(interdisciplinary approach), 융합(fusion), 봉사 학습(service learning), 학습센터/학문적 병렬(learning centers/parallel disciplines), 그리고 주제 중심 단원(theme-based units)의 다섯 가지 유형이 있다.

다학문적 통합은 인구, 공해, 범죄, 환경 등과 같은 사회 및 자연 현상과 인간의 생활에서 나타나는 문제나 주제와 관련하여 그 해결 방법을 탐색하는 과정에서 여러가지 학문을 다양하게 동원하여 활용하는 가운데 이루어지는 통합 방법이다. 어떤 현상이나 문제를 관련성 있는 여러 가지 측면에서 접근함으로써 종합적인 해결을 이루는 것이 목적이다. 따라서 다학문적 통합은 제재 또는 주제와 관련해 여러 학문이 다양하게 동원되는 방법으로 학문의 개별적 성격이 유지된다.

둘째, 간학문적 통합은 몇 가지 학문 분야에 걸친 공통된 학습 주제나 개념을 중심으로 교육과정을 구성하는 것으로, 여러 학문에 공통적인 주제, 개념, 문제, 이슈, 기능, 고급 사고력 등을 중심으로 각 학문 내용을 재구성하는 방법이다. 각 학문 간의 독립성이 완전히 사라진 것은 아니지만, 다학문적 접근에 비하여 학문의 독립성은 약하다. 학제적 접근에서 다루어지는 학습의 내용은, 각 학문들의 구조가 아니라 그들에서 추출된 공통적인 내용과 원리, 비판적 사고력, 탐구력, 협동성, 상호작용성 등이 강조된다. 간학문적 통합은 최소 두 가지 이상의 학문 분야를 결합시키거나 관련시켜 통합하는 것으로서 두 가지 이상의 학문이 동일한 방식이나 수준으로 결합되어 새롭고 의미 있게 통합된다. 예컨대, 문장 해독 능력이나 사고 기술 및 연구 능력과 같은 간학문적 기능을 기르기 위해 영어와 과학, 역사 및 지리 교과를 연결하는 것이다.

이 유형의 통합은 한 학문의 개념, 방법, 절차를 다른 학문의 문제에 적용하는 것이며, 또한 어떤 하나의 중심 학문을 핵으로 하여 그와 관련되는 주변 학문과 연결시키는 통합을 의미한다. 간문학적 통합은 몇 개의 학문에서 공통되는 개념이나 원리를 중심으로 새로운 교과를 만드는 방법이기 때문에 개별적 성격은 약하다.

셋째, 초학문적 통합은 학문 중심적 입장보다는 아동 중심적 입장에서 자유로운 표현 활동이나 문제 해결의 과정을 초점으로 개별 학문이나 교과의 틀을 허물고 학습 내용을 통합하는 방법이다. 즉, 학습 활동의 발생 기원에 따라 흥미 중심의 통합, 표현 중심의 통합, 경험 중심의 통합이 이루어지는 것으로, 학생들의 질문이나 관심사를 중심으로 교육과정을 조직한다. 예를 들면, 사회과에서 관심 있는 내용이나 실제 학생들의 흥미를 중심으로 다양한 학문의 독립적 영역을 초월해서 완전한 통합 형태의 통합교육과정을 이루려고 한다. 이는 완전한 통합교육과정에 가깝다는 장점은 있지만, 교육과정 구성에서 변화에 대한 현장의 거부감, 투자를 위한 현실적인 지원 등의 어려움이 있다.

특정 주제나 개념, 생활 기술, 실생활 맥락, 그리고 학생의 질문을 중심으로 다양한 학문 분야의 지식을 적용하는 데, 이는 궁극적으로 학생들의 생활 능력을 길러 주기 위한 것으로, 프로젝트 학습이 대표적이다.

제시된 세 가지 접근의 특성을 비교하면 다음 〈표 4－1〉과 같다.

〈표 4－1〉 Drake & Burns의 교육과정 통합 유형(김민환, 2007, p. 70)

	다학문적 접근	간학문적 접근	초학문적 접근
조직의 중점	• 특정 주제 중심	• 간학문적 기능과 개념	• 실생활 관련 사항 • 학생의 관심사
지식에 대한 관점	• 학문의 구조를 통해 가장 잘 학습됨 • 정답이 있음 • 하나의 진리를 전제	• 학문들이 공통 개념과 기능으로 연결됨 • 지식의 사회적 구성 • 정답이 많음	• 모든 지식은 서로 연결되고 상호 의존적임 • 정답이 많음 • 지식의 불확정성과 모호성을 가정
학문의 역할	• 학문의 절차를 가장 중요하게 여김 • 학문의 명확한 기능과 개념	• 간학문적 기능과 개념을 강조함	• 학문이 제공되기도 하지만, 실생활이 강조됨
교사 역할	• 촉진자 • 전문가	• 촉진자 • 전문가/일반적 교사	• 공동 계획자 • 공동 학습자 • 일반적 교사/전문가
출발점	• 학문의 표준과 절차	• 간학문적 연결 • 지식/기능/인성	• 학생의 질문 관심 • 실생활 세계
통합 정도	• 보통	• 중간/강	• (통합) 패러다임의 전환
평가(중점)	• 학문에 기초한 평가	• 간학문적 기능/개념 강조	• 간학문적 기능/개념 강조

<table>
<tr><td>지식
(무엇을
가르치는가?)</td><td>• 여러 학문에 관련된 개념과 중요한 이해 요소</td><td>• 여러 학문에 관련된 개념과 중요한 이해 요소</td><td>• 여러 학문에 관련된 개념과 중요한 이해 요소</td></tr>
<tr><td>기능
(어떤 기능을
기르나?)</td><td>• 학문적 기능에 중점
• 간학문적 기능 포함</td><td>• 간학문적 기능에 중점
• 학문적 기능 포함</td><td>• 실생활에 접목된 간학문적 기능과 학문적 기능</td></tr>
<tr><td>인성
(어떤 존재를
기르나?)</td><td colspan="3">• 민주적 가치, 인성, 마음의 습관, 생활 기술
예 팀워크, 스스로 책임지기</td></tr>
<tr><td>계획과정</td><td colspan="3">• (학습 결과를 확인하고, 증거를 결정한 후 학습 경험을 계획하는) 역행 설계
• (문서화 된) 표준안에 기초한 설계
• 수업과 표준안 및 평가의 일관성 유지</td></tr>
<tr><td>수업</td><td colspan="3">• 구성주의적 접근, 탐구 수업, 경험 학습, (학생)개인에 적합한 수업, 학생이 선택한 수업, 수준별 수업</td></tr>
<tr><td>평가(방법)</td><td colspan="3">• (지필검사 위주의) 전통적 평가와 (동료 평가나 수행 평가 등의) 실제적 평가 간의 균형 유지
• 학습한 학문 분야들의 내용을 최종적으로 통합</td></tr>
</table>

2) Fogarty의 교육과정 통합 유형

Fogarty는 다양한 교육과정 통합방식을 세 차원에서 모두 10가지로 분류하였다. 세 차원은 교과 내의 통합, 교과 간 통합, 그리고 학습자 내부 및 학습자 간 연계에 따른 통합이다. 교과 내에서의 통합에는 분절형, 연결형, 둥지형이 있으며, 여러 교과 간에 걸친 통합에는 계열형, 공유형, 거미줄형, 실로 꿰맨형, 통합형이 있다. 마지막으로 학습자 내부 및 학습자 간 연계에 따른 통합에는 몰입형, 네트워크형이 있다(김민환, 2007).

초등학교 교육과정 통합에 의미 있는 시사를 제공하는 것은 교과 간 통합으로서 그중에서도 특히 공유형, 거미줄형, 그리고 실로 꿰맨형이다. 이와 관련하여 민용성(2005)은 바른 생활을 실로 꿰맨형으로, 슬기로운 생활을 공유형으로, 그리고 즐거운 생활을 거미줄형으로 통합할 수 있는 가능성을 제기하기도 하였다. Fogarty(1991)의 교육과정 통합 유형을 살펴보면 다음과 같다.

첫째, 분절형(framented model)은 단일한 방향, 단일한 시야, 하나의 교과에 철저히 초점을 맞추는 특징을 갖고 있다. 전통적인 분과형 교과모형이며 교육과정 통합의 정도가 가장 낮고, 교과 간 통합성이 거의 없다. 개별 교과에 관한 명확한 지식과 견해들을 제공하여 지식의 계열성을 높게 유지할 수 있다는 장점이 있지만, 각 교과의 내용을 서로 관련짓고, 유사한 개념을 통합하는 일을 학습자가 스스로 해야 한다는 단점이 있다. 교과 자체가 통합되었다고 보는 것으로 수학, 과학, 순수예술, 응용예술에 적용된다.

둘째, 연결형(connected model)은 단일 교과 내의 세부적인 내용들, 세밀한 구분과 내적 연관에 초점을 두는 특징이 있다. 개별 교과 영역의 주제, 개념, 기능 등을 그와 관련된 다른 주제, 개념, 기능에 연결하는 형태로, 각 교과 영역 내에서 교과 내용의 주제와 개념, 아이디어 및 학습방법 등이 서로 밀접하게 관련되도록 내용을 통합하는 것이다. 이 유형은 여러 교과 내의 개념을 관련지음으로써 학습자로 하여금 특정 개념이나 방법, 원리 등을 넓게 조감할 수 있도록 하는 장점이 있으나, 교과 내용의 통합의 정도가 특정한 교과 사이에서만 이루어지므로 다양한 교과가 서로 관련되어 있지는 못하며 그에 따라 폭넓은 통합의 경험을 얻지 못하는 단점이 있다. 예를 들면, 분수 개념을 십진법, 화폐의 도량형에 연관시키는 것을 들 수 있다.

셋째, 둥지형(nested model)은 단일 교과 내 기능 전체를 통합하는 것으로, 하나의 장면, 주제, 단원에 대한 복합적인 차원, 각 교과 영역 내에서 여러 가지 기능을 목표로 한다. 어떤 하나의 학습 장면이나 주제, 단원을 다루면서 여러 가지의 복합적인 지식, 기능, 방법 등을 달성하려고 하는 통합 유형으로 각 교과 영역 내에서 서로 관련되고 확산되는 여러 가지 기능을 동시에 습득시킨다. 교과 내용과 다양한 기능이 관련되면서 다차원적인 수업을 진행할 수 있다는 장점이 있으나, 과제와 목표의 다중성으로 목표와 활동의 우선순위를 명확히 하지 않을 경우 학생들에게 산만함과 혼동을 줄 수 있다는 단점이 있다. 예를 들면, 광합성 단원에서 합의 추구(사회적 기능), 계열화(사고 기능), 생명의 순환(과학적 내용) 등 함께 달성하는 것을 계획한다.

넷째, 계열형(sequenced model)은 복수 교과의 병렬형으로 광범위하게 관련된 개념으로 구성된 다양한 교과 내용의 주제 및 단원들이 서로 연관되도록 재배치하여 계열화하는 것이 특징이다. 개별적인 교과 영역을 유지하면서 유사한 아이디어를 연속적으로 가르치고, 광범위하게 관련된 개념으로 구성된 다양한 교과 내용을 담는다. 장점은 교과 간에 관련된 주제들을 계열화함으로써 학생들이 교과 내용을 이해하는 데 큰 도움을 줄 수 있다는 점이다. 예를 들면, 문학 시간에 특정한 역사소설을 제시하고 역사 시간에는 문학 시간에 제시한 역사소설에 부합하는 역사적 시기를 가르치는 경우다.

다섯째, 공유형(shared model)은 복수 교과의 부분 통합형으로 상보적인 관계를 갖는 2개의 교과에서 수업 계획과 교수가 공유되고, 중복되는 개념과 아이디어들이 교과 통합의 요소가 된다. 중복되는 개념과 기능을 공유하는 2개의 교과를 통합 지도함으로써 중심 개념의 심화와 전이를 높일 수 있다는 장점이 있다. 예를 들면, 과학과 수학 교사들이 팀 티칭이 될 수 있는 공유된 개념으로 자료 수집, 괘도, 그림 등을 사용하는 것이다.

여섯째, 거미줄형(webbed model)은 학습자 간 주제 통합형으로 다양한 학습 내용들이 하나의 주제를 중심으로 재구성됨으로써 전체적으로 관망할 수 있는 광범위한 시야를 제공한다. 교과 내용은 다양한 주제로

부터 개념, 소주제, 아이디어 등을 추출해 낸다. 학습 주제가 여러 교과가 가지고 있는 다양성을 폭넓게 반영할 수 있어서 통합의 가능성을 풍부하게 할 수 있다는 장점이 있다. 교사들은 서커스와 같은 하나의 주제를 제시하고 그것을 교과 영역에 연결하면 갈등과 같은 개념적인 주제를 주제 접근에서는 더 깊이 있게 조직할 수 있다.

일곱째, 실로 꿰맨형(threaded model)은 동일 주제 제재 연속형으로 메타교육과정적인 접근을 통해 모든 내용을 확대하는 중요한 아이디어를 연결하는 것이다. 모든 교과에 공통적으로 포함되어 있는 사고 기능, 사회적 기능, 다중 지능, 기술 공합, 학습 기능 등을 실로 꿴 듯이 연결하는 것으로 학생들에게 학습 방법에 대한 메타인지적 기능을 길러 줄 수 있다는 장점이 있고, 내용을 연결하려면 교사가 이에 대한 기술과 전략을 전문적으로 구사할 수 있어야만 하는 제한이 있는 것이 단점이다. 예를 들면, 교사들은 수학, 과학, 실험 실습을 통해 예측과 같은 개념 형성을 목표로 삼기도 하고, 사회과 교사들은 현재 사건에 대한 예측을 목표로 삼을 수도 있다.

여덟째, 통합형(integrated model)은 각 교과의 기본적인 요소를 활용하는 새로운 형태와 간학문적인 접근으로 팀 티칭을 통해 중복되는 개념과 소주제들을 교과 간에 합치시킴으로써 질적인 융합을 이루는 통합 모형을 이룬다. 주요 교과들을 교과과정의 우선순위에 따라 배치하고, 주요 교과에 모두 중복되는 개념, 기능, 태도를 찾아내어 혼합한다. 이 유형은 학습자가 다양한 교과를 내적으로 상호 관련시키기에 용이하다. 예를 들면, 수학, 과학, 순수예술, 문학, 응용예술 등에서 교사들은 모형의 유형을 탐색하고 그러한 유형을 통해 내용에 접근한다.

아홉째, 몰입형(immersed model)은 학습자 중심형으로 모든 내용이 학습자의 흥미와 전문 지식을 통해 여과되며 미시적인 설명을 제공하는 대단히 개인적인 관점이다. 각 교과는 전문 지식을 통해 학습자의 관점을 형성시켜 주고, 학습자는 이 전문적 관점을 통해서 모든 학습 내용을 여과하며 자신의 학습 경험에 몰두할 수 있다는 장점이 있다. 그러나 학습자의 관심 영역만 흥미를 갖고 추구하기에 협의적인 학습 경향의 한계를 드러낸다는 단점이 있다. 예를 들면, 일반 학생과 박사과정 이수자들은 이 렌즈를 통해 전문적인 관심 영역을 갖게 되고 모든 학습을 이 렌즈를 통해 바라보게 된다.

열째, 네트워크형(networked model)은 다양한 차원과 방향으로 초점을 만들어 내는 관점이다. 이 유형에서 학습자는 전문가의 안목을 가지고 모든 학습을 여과시키고 관련 영역에서 전문가들을 외적인 네트워크로 연결시켜 주는 내적인 연관을 만든다. 네트워크형은 정보 네트워크를 통해 상호 연결된 통합 유형으로, 프로그램의 실행에서 학습자가 축적한 정보 지식과 노하우를 네트워크화함으로써 학습 영역의 광역화와 함께 관련 교과 및 지식 부문들 간의 내적 정보 연관을 창출한다. 그러나 학습자의 관심 분야로만 치중할 수 있으므로 광범위한 흥미를 갖지 못하는 단점이 있다. 예를 들면, 건축가가 컴퓨터를 활용하여 디자인을 하고, 실내 디자이너와 연계 활동을 하는 경우다.

3) Ingram의 교육과정 통합 유형

Ingram(1979)은 교육과정 통합 유형을 구조적 통합과 기능적 통합으로 구분하였다. 구조적 통합은 주로 교과 내용을 통합하는 방식에 관한 것으로 교사 중심의 통합이며 논리적이고 인식론적인 통합 유형이다. 이에 반해 기능적 통합은 주로 학생들이 경험하는 학습 방법의 통합 유형에 관한 것으로 학생 중심의 통합으로, 심리적이며 사회적 상황을 고려한 통합 유형이다(김민환, 2007).

구조적 통합은 양적 통합과 질적 통합으로 구분되는데, 먼저 양적 통합은 교과나 학문의 조직 요소를 단순히 병렬시켜 각 요소를 제시하는 형식으로, 하위 유형으로 합산적 통합과 기여적 통합이 있다. 질적 통합은 교과나 학문의 요소가 재조직되어 보다 응집력 있고 통일성 있는 형태로 제시되며, 하위 유형으로는 융합적 통합과 종합적 통합이 있다. 먼저 양적 통합의 하위 유형을 살펴보면 다음과 같다.

첫째, 합산적 통합은 개개의 교과목을 각각 독립적으로 지도하는 것을 원칙으로 하면서 몇 개의 교과목을 묶어서 긴 단위의 시간을 배정하여 시간표상의 통합을 도모하거나, 2개 혹은 3개의 교과목을 같은 교사가 담당하도록 함으로써 교과의 통합 효과를 얻으려는 방법이다. 예를 들면, 물리 · 화학 · 생물을 과학 교과로 통합하여 한 교사가 담당하는 것이다.

둘째, 기여적 통합은 상관적 통합이라고도 하며, 각 교과목을 독립된 것으로 취급하면서 2개 혹은 그 이상의 교과목 사이에 밀접한 관련을 맺도록 하는 것이다. 상관의 유형에는 사실의 상관, 원리의 상관, 규범의 상관이 있다. 구체적인 예를 살펴보면, 사실의 상관은 국어과에서 독립선언문과 역사과에서 3 · 1 운동을 연관시키는 것이다. 원리의 상관은 지리과에서 침식 작용의 원리와 화학과에서 산과 알칼리의 적용 원리를 관련시키는 것이다. 마지막으로 규범의 상관은 역사과에서 유관순의 애국심과 세계사과에서 잔 다르크의 애국심을 규범적으로 관련시키는 것이다.

다음으로 질적 통합 유형의 하위 유형인 융합적 통합과 종합적 통합을 소개하면 다음과 같다.

첫째, 융합적 통합은 어떤 연결 원칙이나 공통의 상호 관심 영역 등에 기초를 두고 둘 이상의 교과목을 포괄적으로 통합시키는 광역적 통합 방식이다. 이는 단순하게 두 가지 이상의 교과 내용을 재조직하거나 한 교과의 코스 내용을 다른 교과의 코스 내용으로 보완하는 것이 아니라 교과들 간에 중복되는 원리, 공통 이슈나 관심사에 기초하여 교육과정을 완전히 재구성한다. 예를 들면, 정치 · 경제 · 사회 인류 · 역사 · 지리 등의 개별 교과를 사회 현상이라는 공통의 관심 영역과 탐구 방법에 근거하여 광역의 '사회과'로 조직한다. 또한 물리 · 화학 · 생물 · 지학 등은 자연 현상이라는 공통점과 방법론상의 유사성에 의거하여 광역의 '과학과'로 조직한다.

둘째, 종합적 통합은 개별 교과나 학문, 그리고 그들의 공통적인 관심 영역에 초점을 두지 않고, 여러 교과 간의 공통 개념 확인 및 공유되고 있는 의미 탐색, 서로 다른 앎의 방식들의 비교, 현실에 대한 여러 접근 방식의 해석, 서로 다른 가치 판단의 정확한 평가, 이미 알려진 사실을 발견하는 여러 방식에 대한 평가 등을 포함한다. 즉, 서로 다른 교과를 더 통일성 있는 교육과정 패키지로 묶거나 또는 일반적인 아이디어나 중복되는 개념에서 출발하여 그것을 가르치는 데 도움이 되는 자료들을 여러 교과에서 빌려옴으로써 통합적으로 교육과정을 구성하는 방식이다 (이영만, 홍영기, 2006).

한편, 기능적 통합은 학생의 통합적 능력을 계발하기 위해서 학생의 통합적인 학습 경험을 중시하기 때문에 지식의 학습 자체에 우선적인 가치를 두지 않으며, 지식은 학습자의 통합적인 학습 경험을 위한 자원으로 활용된다. 이는 통합의 핵심에 따라 내재적 접근과 외재적 접근으로 분류된다. 내재적 접근은 통합의 요인이 학습자 개인에게서 추출되는 것으로 학습자의 동기와 흥미를 중시한다. 외재적 접근은 학습자들이 생활하는 공간인 학교나 사회문제를 중심으로 통합이 이루어진다.

Ingram의 교육과정 통합 유형 분류를 표로 제시하면 다음과 같다.

〈표 4-2〉 Ingram의 교육과정 통합 유형

<table>
<tr><th colspan="3">통합 유형</th><th>통합 방식</th><th>특징 및 사례</th></tr>
<tr><td rowspan="2">구조적 통합 (교과의 구조화에 초점)</td><td rowspan="2">양적 접근</td><td>합산적 통합</td><td>교육과정 통합의 기본 방식으로 2개 이상의 교과를 병렬로 통합</td><td>대부분의 간학문적 통합</td></tr>
<tr><td>상관적 통합</td><td>개별 교과의 내용 중 서로 상관된 부분을 연결하는 통합</td><td>문학 작품 수업에 역사적 지식 원용</td></tr>
</table>

<table>
<tr><td rowspan="5">구조적 통합 (교과의 구조화에 초점)</td><td rowspan="5">질적 접근</td><td colspan="2">융합적 통합</td><td>개별 교과 내용을 특정 이슈나 주제에 따라 완전히 재구성하는 통합</td><td>생명이란 주제로 식물, 동물 등을 생물학으로 통합</td></tr>
<tr><td rowspan="4">종합적 통합</td><td>직선적 통합</td><td>개별 교과를 앎의 형식 등에 비추어 조직하는 것, 내용보다 앎의 과정에 초점을 맞춤</td><td>Hirst의 지식의 형식, Lawton의 학문 분류</td></tr>
<tr><td>순환적 통합</td><td>특정 내용을 학생의 발달단계와 내용의 위계를 고려해 반복적으로 가르치도록 조직</td><td>Bruner의 나선형 교육과정</td></tr>
<tr><td>방법론적 통합</td><td>특정 교과 지도 방법을 타 교과에도 적용하는 방법상의 통합</td><td>예술 분야의 창의성 지도법을 타 교과에도 적용</td></tr>
<tr><td>총체적 통합</td><td>학생 경험의 총체성을 전제로 한 통합</td><td>인간 행동의 탐색: 역사학, 심리학, 경제학의 통합</td></tr>
<tr><td rowspan="6">기능적 통합 (학습 방법 통합에 초점)</td><td rowspan="4">내재적 접근</td><td>필요와 흥미 통합</td><td colspan="2">학생들이 지식의 본질보다 필요나 흥미를 근거로 인지 구조를 개발하도록 교육과정을 조직하고 학습 지도</td><td>'통합된 일과'라는 접근 방법</td></tr>
<tr><td>활동적 통합</td><td colspan="2">학습자의 실제 활동을 통한 학습, 즉 교재를 실제 상황과 연결하고, 학교 학습과 외부 세계에서의 학습을 연결</td><td>Kilpatrick과 Dewey의 구안법</td></tr>
<tr><td>탐구적 통합</td><td colspan="2">발견 학습이나 탐구 학습을 통한 학습 방법의 통합을 시도</td><td>발견 학습법
탐구 학습법</td></tr>
<tr><td>경험적 통합</td><td colspan="2">이론적인 교과 수업과 실제 생활 장면에서의 경험을 통합한 수업</td><td></td></tr>
<tr><td rowspan="2">외재적 접근</td><td>귀납적 (문제 중심) 통합</td><td colspan="2">특정 사회문제(이슈와 주제 등)의 이해와 해결을 위한 간학문적 접근</td><td></td></tr>
<tr><td>연역적 (목적론적) 통합</td><td colspan="2">초월적 목적이나 아이디어 혹은 이데올로기를 가르치기 위해 구성된 교육과정</td><td>기독교 전파를 목적으로 한 교육과정</td></tr>
</table>

출처: 김민환, 2007, pp. 66–67.

4) Jacobs의 교육과정 통합 유형

Jacobs(1989)는 통합의 정도나 깊이에 따라 통합 유형을 학문 중심 통합(discipline-based), 병렬 통합(parallel discipline), 다학문적 통합(multi-disciplinary), 간학문적 통합(interdisciplinary), 통합일(integrated day) 그리고 완전 프로그램(complete program) 등 여섯 가지로 제시하였다. 그는 이들 통합 유형이 연속선상에서 이해되어야 하며, 학문 중심 통합으로부터 총체적 통합으로 갈수록 통합의 정도가 심화되는 것으로 보았다. 구체적인 내용을 살펴보면 다음과 같다(김민환, 2007; 이영만, 홍영기, 2006).

첫째, 학문 중심 통합은 학문 영역별로 교과를 개발하여 그 안에서 통합하는 것을 말한다. 이른바 교과 안에서의 통합으로서 교과가 학문 영역별로 분리된 상태로 존재하며, 교과 자체를 이미 통합된 것으로 보는 것이다. 이는 가장 낮은 수준의 통합으로, 분과형 교육과정을 의미한다. 이 유형은 교과나 학문의 통합을 시도하지 않으며, 교과별로 구분되어 있어 학생들에게 한 분야에서 전문화된 기술과 개념을 가르침으로써 타 학문과의 관련성을 학습하는 데 제한적이다.

둘째, 병렬 통합은 두 교과 간에 서로 일치하는 주제가 있을 때 이를 결합시키는 수준의 통합이다. 이 유형은 학습 내용 자체는 변하지 않고 단지 내용이 제시되는 순서만 바뀌는 것으로, 한 교과에서 학습한 내용을 다른 교과의 내용과 관련지어 학습하는 효과가 있다. 그러나 교육 내용을 연결 짓지는 않는 것으로 기존의 교육과정을 재계열화하는 것에 한정된다. 교과 내용을 가르치는 시기를 제외하고는 교육과정 자체를 변화시킬 필요가 없으므로 교육과정 설계가 수월한 장점을 가지고 있지만 교과들 간의 체계적인 통합이 이루어지지 않음으로써 통합의 정도가 깊지 않다.

셋째, 다학문적 통합이란 병렬 통합보다 높은 단계로서, 교과 단원을 구성할 때 특정 주제를 중심으로 여러 학문으로부터 내용을 선정해 구성하는 것을 말한다. 팀 티칭에 적합한 교과 구성으로 이 유형은 여러 학문을 함께 묶는 완전히 통합된 단원 설계에 비해서 수월하다.

넷째, 간학문적 통합이란 서로 이질적인 교과들을 통합해 새로운 교과를 구성하는 것을 말한다. 교육과정 설계 시 개별 교과의 관점을 그대로 이용하는 것으로 학생들에게 종합적인 인식론적 경험을 제공한다. 의미 있고 조화된 통합 프로그램을 창조하기 위해 교육과정 설계자는 세심한 주의를 해야 한다.

다섯째, 통합일 모형은 학교나 국가 차원의 교수 요목에 의해 내용을 결정하기보다는 학생의 흥미와 관심사에 초점을 두어 유기적인 교육과정의 구성을 강조한다. 학생들의 동기 유발 수준이 높은 반면, 교사는 수업 관리가 복잡하기 때문에 많은 노력과 계획이 요구된다.

여섯째, 완전 프로그램은 간학문적 통합을 바탕으로 특정 기능이나 정의적 영역의 목표를 기르고자 할 때 적용될 수 있는 교육과정으로 Summerhill 학교의 교육과정이 대표적이다. 이 모형은 통합이 가장 많이 이루어지는 형태로, 학생들의 생활에 초점을 두어 교육과정에 대한 전통적 접근에 관심을 갖지 않는다.

2. 통합교육과정의 발달 단계

통합교육과정은 학습에 대한 총체적 접근으로 교과 내, 교과 간 혹은 학문 프로그램과 직업 프로그램 간의 관계와 관련성을 강조한다. 통합교육과정은 특정 지식 체계를 경계 지어 구분하는 대신 연결해 주는 수단이 된다. 전통적인 교과 중심 교육과정이 내용 목표에 초점을 두는 것과는 달리, 통합교육과정은 개념 중심적이고 학생들의 습득을 기대하는 일반적 지식, 기술, 지적 습관 등의 수행 목표에 초점을 두며 그 핵심은 학생들의 필요와 흥미에 있다. 통합교육과정은 교과 병렬, 다교과적 접근, 간교과적 접근, 통합교과적 접근, 탈교과적 접근의 다섯 단계로 설명할 수 있다(이영만, 홍영기, 2006).

1) 교과 병렬

통합교육과정 연속선의 첫 단계는 교과 병렬인데, 이는 전통적인 접근에서 벗어나는 첫 단계이며 보다 높은 통합 단계로 옮겨가는 것이 보통이다. 교과 병렬로 작업하는 교사들은 보통 지식 분야 간의 교육과정을 의도적으로 관련 짓지 않으며 교과 사이의 암묵적인 연결을 학생들이 스스로 찾아내기를 희망하면서 기존의 교육과정을 재계열화한다(Jacobs, 1989). Fogarty(1991)는 계열화라는 용어를 사용하여 이 단계를 설명하였다. 통합의 출발 단계에서 유용한 계열화 모형은 서로 용이하게 묶을 수 있는 복수 교과를 이용하는 방법이다. 교사는 교육과정의 내용을 독립적으로 열거하는 것에서 시작한 다음, 팀이 모여 관련성을 찾거나 몇 가지가 일치되도록 계열화한다. 일반적으로 교과 병렬 단계에서는 수업이나 평가 기법의 변화가 거의 없으므로, 학급 문화의 변화도 없다. 그러나 학생들이 다른 교실, 다른 시간에 두세 명의 교사들과 유사한 내용으로 만나기 때문에 학습이 강화된다.

2) 다교과적 접근

다교과적 접근은 교과 병렬에서 쉽게 발달될 수 있다. 교사들이 교육과정 계열화에 일단 성공하면, 다음 단계의 통합으로 손쉽게 넘어간다. "여러 다른 교과들 내에서 중요한 학습 내용은 무엇인가?"라는 질문을 중심으로 통합교육과정을 다교과적 접근으로 출발한다. 이 단계에서는 하나의 주제가 여러 교과 내의 개념과 활동을 개발하기 위한 단원으로 이용된다. 교수 전략과 자료를 보면 각 교과가 쉽게 드러나지만, 교사들이 여러 내용 영역을 공통된 하나의 주제나 토픽으로 엮는 과정에서 계획이 촉진되며 이를 중심으로 수업을 조정할 때는 한 주에서 여러 주로 수정되기도 한다. 선정되는 주제나 토픽이 일반적으로 상당히 광범위하기 때문에 많은 교과들의 다양한 측면을 보여 줄 수 있다. 이런 이유로, 다교과적 접근은 전체 학교 범위의 단원을 위한 틀로 흔히 사용되어 왔던 통합 방법이다. 한 가지 유의할 점은 어떤 교육과정 분야에서 실세계와 쉽게 관련시킬 수 없는 인위적이거나 협소한 주제를 선택해서, 왜곡된 교육과정을 만들어 내는 경향도 있다. 따라서 다교과 단원을 계획할 때는 선정된 내용이 실세계와의 관련성을 유지하도록 해야 한다. 다교과 통합은 다음과 같은 몇 가지 이점이 있다. 먼저, 교과의 정체성이 그대로 유지되므로 교사와 학생들에게 익숙하다. 둘째, 교사 팀 활동을 촉진시킨다. 셋째, 학생들의 동기를 높여 준다. 넷째, 학생들이 교과들 간의 관련성을 찾도록 도와준다. 그러나 주제 선정이 어렵고, 억지로 통합되는 교과가 발생할 수도 있을 뿐 아니라 개념보다는 활동에 초점을 두는 경향이 있으며, 계획을 위한 시간 마련이 어렵다는 문제점이 있다. 특히 교수 · 학습에서 다교과적 접근은 교과 고유의 내용과 방법을 유지하기 때문에 교사나 학생들은 다교과로 접근하는 통합 수업과 개별 교과 수업의 차이를 느끼기 힘들다(교육과학기술부, 2009). 그럼에도 불구하고, 다교과적 접근은 교육과정을 완전 통합으로 이끌기 위한 촉매로 작용할 수 있다.

3) 간교과적 접근

간교과적 접근에서는 교과의 주제 적용에서부터 교과들 간의 공통성에 초점을 둔다. 또한 간교과 단계의 교육과정 의사 결정은 교과의 내용보다는 학습자에 초점을 두게 되고, 초인지와 학습하는 방법의 학습이 강조된다. 이 단계의 주된 질문은 "학생들에게 어떻게 하면 보다 높은 수준의 능력을 가르칠 수 있을까?"이다. 이 접근은 각 교과의 교육과정 우선순위를 정하고, 교과들 속의 중복되는 기능, 개념, 태도를 찾아내는 것에서 출발한다. 이 단계에서는 주요한 내용 개정이 이루어지고, 교육과정이 혼합되면서 교과의 경계가 흐려지며, 전통적인 분과적 구조는 간교과 팀으로 대치되고, 팀 티칭이 시작된다. 교사들은 교육과정에 대해서 더 많은 권한과 책임을 가지게 되고, 교육과정 지침서와 교과서에 집착하는 대신 나름대로의 교육과정을 만들어 낸다.

간교과적 접근은 통합 학습과 통합교육과정을 촉진시키며, 학생들의 학습 동기를 부여하고 학습이 일어나게 한다. 교사들은 이러한 접근 방식을 통해 교과 상호 간의 이해를 구축하며, 교원의 지식과 전문성에 대한 인식을 기른다. 간교과 접근의 성공적 활용을 위해서는 지식이 풍부하고 자신감 있는 교원들이 필요하다. 이 단계에서는 수업과 평가에서 많은 변화가 발생한다. 이 접근을 활용할 때, 교사들은 교과서와 같은 전통적인 자원에만 의존할 수 없게 되며, 학교 안팎의 다양한 학습 자원을 사용해야 한다. 간교과 통합은 학생들이 협력적이고 자기주도적이 될 수 있도록 문제 중심, 학생 중심 수업 활동을 개발하는 것부터 시작한다. 이 단계에서는 표준화된 평가보다는 준거 지향적이며, 결과는 물론 과정까지도 강조하는 새로운 평가 방법을 채택한다. 평가에는 총괄적인 면과 형성적인 면이 모두 포함되며, 학생들에게가 아닌 학생과 함께 행하는 수업과정의 한 부분이 될 것이다. 결과적으로 교사들은 지시자로서의 역할을 줄이고 촉진자가 될 필요가 있다.

4) 통합교과적 접근

통합교과적 접근은 실생활의 문제, 질문, 관심과 관련된 탈교과적 주제를 중심으로 만들어진다. 일반적으로 교사들이 주제를 선정하지만, 교육과정 결정 방법에서 중대한 변화가 일어난다. 그것은 바로 학생들에게 주제와 관련된 질문을 제기하도록 하고, 그들이 중요하다고 생각하는 관련 이슈들을 찾아내도록 하는 것이다. 학생들이 주제를 찾아내고 교사가 그것을 명확히 설명해 주는 경우도 있다. 그러고 나서 교사들은 주제와 관련된 질문과 문제들을 다루는 활동을 선택하고 평가 방법도 결정한다. 물론 이 과정이 시작되기 전에, 교사들은 본질적인 개념과 기술이 분명히 포함될 수 있도록 학생들이 무엇을 배워야 할 것인지를 결정해 두어야 한다.

이 단계의 교육과정은 종합적이며 여러 교과의 본질적인 지식과 기능이 중요한 개인적 · 사회적 문제의 맥락 안에서 재구성되기는 하지만, 교과 간의 경계선은 없어진다. 이 단계의 학습은 교과 중심적이기보다는 개념 중심적이기 때문에, 학생들에 대한 평가는 거의 전적으로 수행에 기초를 두며 학생들은 자기 평가와 동료 평가에 참여한다. 그 결과 적극적이고 협력적이며, 학생 중심적이고 자기주도적인 학급 문화가 형성된다. 우선 이런 통합의 단계에 이르기 위해서는 획기적인 변화가 요구된다는 것을 인식해야 한다. 아울러 통합교육과정을 시도하고 있는 교사들의 이야기는 앞으로 통합교육과정을 시도하고자 하는 다른 교사들에게 도움이 될 것이라는 신념을 가져야 한다.

5) 탈교과적 접근

탈교과적 접근은 최고 수준의 통합교육과정으로서 '우리는 학생들이 미래의 생산적 시민이 되도록 하기 위해 어떻게 가르쳐야 하는가?'에 기초하고 있다. 학습은 실생활 혹은 문화적 맥락에서 일어나며, 변화 관리나 인내, 자신감 등 삶의 능력을 우선시한다. 학습 내용은 학생들의 관심에 따라서 결정되고, 교수 주제는 이미 정해진 교육과정 지침에 따르기보다는 학생들과 교사가 함께 선택한다(Drake, 2004). 다교과(학문)나 간교과(학문)적 접근은 교과를 기초로 접근하는 반면에 탈교과(학문)적 접근은 학생의 심리적 경험 세계를 토대로 통합한다. 따라서 학습 주제는 교과에 얽매이지 않고 학생이 삶에서 자연스럽게 갖는 흥미나 관심, 문제들 중에서 자유롭게 선정된다. 탈교과(학문)적 접근에서는 교과의 내용과 학생의 요구가 상충할 때 학생의 요구를 우선시한다. 나아가 교수·학습은 더 적극적으로 교과의 경계를 넘나들며, 교사와 학생이 함께 만들고, 실행하고, 평가한다(교육과학기술부, 2009).

탈교과적 접근은 구조화된 절차를 사용하며 학생들이 찾아낸 광범위한 주제로 구성된다. 그리고 이러한 주제는 모든 학습의 초점이 된다. 학생들은 교사와 동료 학생들과 함께 통합적 접근에서 설명하였던 것과 유사한 방법을 계속 시도하는 동시에 소집단이나 개별적으로 다양한 학습 활동에 참여한다. 교사들은 단위 학교에서 학생, 부모, 행정가, 교사, 그 밖의 관련 인사들이 결정한 기술, 내용, 태도 등에 기초한 교육과정에 대해 자기 자신들이 기대하는 바를 먼저 결정해야 한다.

탈교과적 접근의 장점은 여러 가지다. 먼저 학생들은 실생활의 문제에 대해 유의미한 탐구를 한다. 다음으로 학생들은 교실 밖에서 활용될 수 있는 일반적 인지과정을 종합적으로 개발한다. 마지막으로 이러한 과정을 통해서 학생들은 그들이 살고 있는 세계에 대해서 자신의 지식을 구성하는 방법을 배운다. 하지만 탈교과적 접근을 시행하는 과정에서 몇 가지 고려할 점이 있다. 우선 교사들이 구조화되지 않는 교육과정에 더욱 익숙해질 필요가 있다. 그리고 교사들이 지역사회에 쉽게 접근할 수 있는 자유로운 시간과 지역사회의 협력과 지원이 필요하다. 마지막으로 교사들은 교과의 경계를 넘어서는 교수·학습관을 가져야 한다.

일반적으로 높은 수준의 통합은 이러한 통합적 설계에 내재되어 있는 새로운 교수방법에 대해 성공적인 경험을 하고 익숙함을 느낄 때 자연스럽게 발전될 수 있다. 학교에서는 동시에 여러 가지의 통합 모형을 선택할 수 있다. 또한 한 모형에 익숙해진 후에야 연속선상의 다른 모형으로 옮겨갈 수 있다는 점을 유념하면서, 어떤 단계에서든 시작할 수 있다. 하지만 어떤 경우든지 쉬운 답이나 비법은 없다. 교사들은 통합교육과정의 개념과 교과 중심 구조를 혼합하거나 혹은 적합한 지원 체계가 정착되지 않은 상황에서 통합교육과정을 시작해서는 안 된다.

3. 통합교육과정의 개발*

통합교육과정은 학습에 대한 총체적 접근으로 교과 내, 교과 간 혹은 학문 프로그램과 직업 프로그램 간의 관계와 관련성을 강조한다. 통합교육과정은 특정 지식 체계들을 경계지어 구분하는 대신 연결해 주는 수단이 된다. 전통적인 교과 중심 교육과정이 내용 목표에 초점을 두는 것과는 달리, 통합교육과정은 개념 중심적이며 학생들이 습득하도록 기대되는 일반적 지식, 기술, 지적 습관 등과 같은 수행 목표에 초점을 둔다. 통합교육과정의 핵심은 학생들의 필요와 흥미에 있다(교육과학기술부, 2009).

학교에서의 통합교육과정 개발은 단위학교 차원에서 교사, 학생, 학교 행정가, 학부모 등이 주축이 되어 통합적인 학습 프로그램을 계획, 설계, 실행, 평가하는 과정을 의미한다(김대현, 1993).

---

* 이영만, 홍영기(2006)의 『초등통합교육과정』(학지사)에서 발췌하여 수정, 재구성하여 게재하였다.

통합교육과정의 개발은 국가 수준의 교육과정의 기본 틀을 존중하면서 학교의 특성과 학습자의 요구에 따라 운영과 편성을 고려해야 한다. 통합 단원을 개발할 경우 학교 교육과정에서 가능한 영역으로 첫째, 교과서의 재구성을 통한 통합교육과정의 개발로, 이는 교과서의 내용을 중심으로 충실하게 이루어질 수 있다. 교과서는 교육과정을 실현하는 가장 영향력 있는 교수 · 학습자료로서 현재 많은 수업이 교과서를 중심으로 이루어지고, 학생과 학부모는 교과서의 모든 내용이 수업시간에 다루어지기를 기대하므로, 학교의 통합교육과정의 출발점은 교과서를 통합적으로 재구성하는 것이다(김대현, 1997). 둘째, 교육과정을 통한 통합교육과정의 개발로, 이는 단순히 교과서 내용 수준에만 국한하는 것이 아니라 국가 수준 교육과정의 교과별 내용을 비교 분석하여 관련 내용을 찾아 통합하고, 이에 따라 교수 · 학습 자료를 새롭게 만드는 것이다.

〈표 4-3〉 **통합교육과정 개발 영역별 특성**

	교과서 재구성	교육과정 재구성
의미	• 국가에서 제시하는 교수 · 학습 자료를 수정 · 보완하는 수준 • 가장 일반적인 교수 · 학습 자료인 교과서의 내용 재구성	• 국가에서 제시하는 국가교육과정의 각 교과 내용을 수정 · 보완하는 수준 • 국가교육과정 문서에 근거하여 각 교과의 학습 내용을 적절하게 재구성하고, 그에 따라 교수 · 학습 자료를 새롭게 만듦
(통합 방식에 따른) 유형	• 한 교과서의 특정 단원을 중심으로 하여, 다른 교과서에 관련된 내용을 끌어 오는 경우(다학문) • 각 교과서에서 다루는 공통된 소재를 중심으로, 여러 교과서의 내용을 관련시키는 경우(간학문)	• 사회나 과학 등의 교과 내용을 중심으로 다른 교과의 내용을 끌어오는 경우(다학문) • 각 교과 간의 공통된 개념, 원리, 법칙, 탐구 방법 등을 중심으로 여러 교과의 내용을 관련시키는 경우(간학문)

		• 학습자들의 흥미를 끌 수 있는 새로운 소재를 중심으로 여러 교과의 내용을 연관시키는 경우 (다학문, 간학문)
주도성	• 교사가 교과서의 내용을 참고로 하여, 학습 내용을 최종적으로 결정함 • 학습자들의 수준과 흥미는 고려하는 정도	• 교사가 국가교육과정의 문서를 근거로 하여, 학습 내용을 최종적으로 결정 • 학습자들의 수준과 흥미는 고려하는 정도

1) 교과서 내용의 통합

(1) 교과서 재구성의 필요성과 장단점

교과서 내용 통합을 위해 이루어지는 교과서 재구성은 교과서의 내용을 어떤 원칙에 의거하여 변경하는 것으로서 교과서 재구성이 필요한 이유는 다음과 같다.

첫째, 중앙집권적인 교과서 제도 때문에 발생할 수 있는 문제의 보완책이 될 수 있다. 지역에 따라 학교가 처한 상황이 동일하지 않으므로 전국 대상으로 제작된 교과서가 다른 방식으로 적용되기에는 한계가 있다. 따라서 지역 및 학교의 실정에 따라 교과서 내용 제시 순서나 내용별 비중을 변경하여 가르칠 필요가 있다. 둘째, 교사들은 교과서 재구성 작업을 통해 교육과정에 대한 교사의 권리와 전문성을 확보할 수 있다. 교사가 학교와 학생들의 특성과 요구를 반영하여 변경하여 사용함으로써 교육 내용 선정에 주도적인 참여 기회를 가지게 된다.

교과서 재구성을 통한 통합 방식은 몇 가지 장점이 있다. 우선, 교과별 학습과 비교하여 다양한 활동을 포함하므로 학생이 흥미 있게 학습하도록 하면서 교과서 내용을 충실하게 가르칠 수 있다. 또한 교과서의 내용을 중심으로 통합 단원을 구성하므로 이 때문에 교과서 내용을 다루지 않는 것을 우려하는 학부모, 교사, 학생에게 심리적인 안정감을 준다. 그리고 통합 대상이 되는 각 교과의 교과서 내용이 교사에게 친숙하여 통합에 대한 경험이 부족한 교사들도 부담이 적다.

하지만 실제 교과서 재구성의 과정에는 몇 가지 제약이 따른다. 즉, 교과서에 대한 내용과 방법이 지도서에 제시되어 지침 역할을 하기에 이를 고려하여 적용해야 하는 번거로움이 있다. 더구나 교과서 재구성 역할을 담당하는 교사들이 전문적인 지식과 기술을 충분히 갖추었다고 볼 수 없으므로 한계가 따른다.

(2) 교과서 내용 통합의 유형

교과서 재구성을 통한 통합은 교과들 간의 공통된 소재를 중심으로 단원을 재구성하는 통합 방식이다. 이는 한 교과의 특정 단원을 중심으로 하여 다른 교과에서 관련된 내용을 끌어오는 유형 1과 교과들 간의 공통 소재를 중심으로 여러 교과의 내용을 연결시켜 재구성하는 유형 2로 구분된다.

유형 1은 통합 단원의 중심 단원을 여러 교과의 측면에서 동시에 다루고자 할 때 이용할 수 있다. 즉, 한 교과의 단원을 중심으로 다른 교과에서 활동을 끌어와 통합 단원을 구성하는 경우다.

유형 2는 학습자들이 흥미 있어 하는 소재를 통해 교과서의 내용을 보다 재미있게 가르치고자 할 때 이용할 수 있다. 즉, 우리 몸이라는 소재를 다루고 있는 여러 교과의 내용을 연결시켜 통합 단원을 구성하는 경우다.

(3) 교과서 내용 통합의 절차

교과서 내용 통합의 절차는 4단계로 이루어진다.

첫째, 예비 단계로 팀 구성 및 교과별 지도 계획표 작성이다. 교과서의 내용을 통합하여 재구성할 때 가능한 한 동학년 교사들로 구성하는 것이 좋다. 팀이 구성되면 교사용 지도서와 학교교육 계획서를 참고하여 통합 단원을 구성하고자 하는 교과별 연도 지도계획표를 작성한다. 이는 교과서에 제시된 내용을 누락하지 않고 다루도록 하며, 교과수업과 교과통합적 수업 간에 적절한 균형을 유지하기 위한 것이다.

둘째, 1단계는 통합 단원의 학습 내용 결정이다. 통합 단원의 중심 내용을 선정하는 것으로서 중심내용은 여러 교과의 내용을 관련시킬 수 있는 것이 적당하다. 다음으로 여러 교과의 지도 계획을 살펴서 중심 단원과 관련된 내용을 찾으면 재구성 단원의 학습 내용 형태가 나타난다.

셋째, 2단계는 통합 단원의 단원 계획이다. 통합 단원의 주제를 중심으로 단원명을 결정하고, 설정 근거와 장단점 등 단원의 개관을 기술한다. 다음으로 단원의 목표를 확정하고 다루게 될 소단원과 학습 내용의 순서가 제시된 단원 전개도를 작성하여 상세한 수업 계획서를 첨부한다.

넷째, 3단계는 학교교육과정 조정이다. 통합 단원이 만들어지면 수업 시간표를 조정한다. 통합 단원의 운영 시수와 시기를 결정하고 통합의 대상이 된 교과별 단원에 원래 배당된 시간과 시기를 이에 맞추어 조정한다.

교과서 재구성 유형에 따른 단계별 활동을 제시하면 〈표 4-4〉와 같다.

〈표 4-4〉 **교과서에 따른 단계별 활동**

단계 \ 유형		유형 1	유형 2
예비 단계	팀 구성 및 교과별 지도 계획표 작성	통합 단원을 구성하고자 하는 학년의 연간 학습 지도 계획을 교사용 지도서와 학교교육과정을 참고하여 작성	통합 단원을 구성하고자 하는 학년의 연간 학습 지도 계획을 교사용 지도서와 학교교육과정을 참고하여 작성

1단계	통합 단원의 학습 내용 결정	중심 내용 선정	여러 교과의 내용을 관련시킬 수 있는 사회과 혹은 자연과 등에서 내용 교과의 한 단원 선정	여러 교과의 교과서 내용 중 학습자들이 흥미 있어 하는 공통적인 소재 선정
		관련 내용 선정	여러 교과의 지도 계획을 살펴 중심 단원과 관련된 내용 선정	여러 교과의 지도 계획을 살펴 중심 소재와 관련된 내용 선정
		특징	한 교과의 특정 단원을 중심으로 하여 다른 교과의 관련된 내용을 끌어오는 통합 방식이다. 통합 단원의 중심 단원을 여러 교과의 측면에서 동시에 다루고자 할 때 이용	교과들 간의 공통 소재를 중심으로 여러 교과의 내용을 연결시키는 통합 방식이다. 학습자들이 흥미 있어 하는 소재를 통해 교과서의 내용을 보다 재미있게 가르치고자 할 때 이용
2단계	통합 단원의 단원 계획	단원명 결정	통합 단원의 주제를 중심으로 결정	통합 단원의 주제를 중심으로 결정
		개관 작성	통합 단원의 설정 근거, 통합의 이점 등을 포함하여 기술	통합 단원의 설정 근거, 통합의 이점 등을 포함하여 기술
		목표 설정	중심 주제와 관련된 교사용 지도서의 단원 목표가 통합 단원의 목표	중심 주제와 관련된 교사용 지도서의 단원 목표가 통합 단원의 목표
		전개도 작성	통합 단원의 소단원 운영 순서와 학습 내용을 한눈에 볼 수 있도록 작성	통합 단원의 소단원 운영 순서와 학습 내용을 한눈에 볼 수 있도록 작성
3단계	학교교육과정 연간 계획 조정		통합 단원의 운영 시기를 결정하여 연간 계획표를 조정	통합 단원의 운영 시기를 결정하여 연간 계획표를 조정

2) 교육과정 내용의 통합

(1) 교육과정 내용 통합의 의미와 필요성

교육과정의 내용을 통합한다는 것은 통합의 대상이 되는 교육과정이 어떤 형태로든 존재하는 것을 기본으로 한다. 교육과정을 통합적으로 재구성하는 것은 학습을 통해 교육 목표를 달성할 수 있도록 만든 활동의 계획을 어떤 원칙에 의거하여 변경하는 것으로, 교과별 체계를 보여 주는 국가교육과정을 일정한 방법으로 재배열한 것이다. 여기서 교육과정은 국가교육과정에서 제시한 교육내용뿐 아니라 교과서나 교사용 지도서의 내용도 포함한다.

교육과정 내용 통합의 의미는 다음과 같다(이영만, 홍영기, 2006).

첫째, 교육과정의 통합은 교과서와는 다른 다양한 교육 내용이나 소재를 이용하여 국가교육과정을 통합하므로 교과서 내용의 통합이 갖는 한계를 극복할 수 있다.

둘째, 교육과정의 통합은 교과서 중심에서 벗어나 교육과정 중심으로 이행하는 데 상당한 도움을 준다. 왜냐하면 교육과정 내용의 통합을 위해서는 국가교육과정 문서 분석이 선행되어야 하며 나아가 교과서 내용과는 상관없이 학습자에게 중요하고 필요한 학습 내용을 교육과정에 기초하여 결정할 수 있어야 하기 때문이다.

(2) 교육과정 내용 통합의 유형

교육과정 통합 유형은 재구성 단원의 중심내용을 결정하는 방법에 따라 구분되는데, 이는 중심내용의 성격에 따른 것이다. 유형으로 우선 국가교육과정의 교과별 내용 중의 특정 부분을 그대로 중심내용으로 선택하여 교과별 내용이 중심내용이 된 유형 1과, 국가교육과정의 교과별 내용을 학습하면서 획득해야 하는 상위개념, 원리, 법칙, 탐구방법 등이 중심내용이 되는 유형 2, 그리고 국가교육과정에서 제시하는 교과별 체계와는 다른 체계를 가진 학습자 중심의 학습내용인 유형 3이 있다. 각 유형의 특징을 살펴보면 다음과 같다.

유형 1은 사회나 자연 등의 교과내용에서 다른 교과의 내용과 관련이 쉬운 내용을 골라 교육과정을 재구성시킨다. 교육과정 통합방법 중에서는 국가교육과정을 가장 충실하게 가르칠 수 있지만, 학습내용의 통합 정도에 한계가 있다.

유형 2는 각 교과에서 중요하게 다루는 개념, 원리, 법칙, 탐구방법 등을 찾아내고 이들 중 교과의 구분과 상관없이 중요하게 다루는 개념, 원리, 법칙, 탐구방법 등을 골라 교육과정으로 통합한다. 이 유형은 중심내용을 논리적으로 분석하여 주요 학습내용을 결정하기 때문에 통합성이 대단히 강하다.

유형 3은 학습자의 흥미를 끌 수 있는 제재를 선정하여 그 제재에 관련된 학습내용을 교과의 구분 없이 결정한다. 이러한 유형은 소재를 중심으로 학습내용을 결정한 후, 국가교육과정과 관련된 부분이 있는지를 보기 때문에 비교적 쉽고 간단하다.

(3) 교육과정 내용 통합의 절차

교육과정 통합의 절차는 다음의 4단계로 이루어진다(김대현, 1997).

첫째, 예비 단계로 팀 구성 및 국가교육과정 문서 분석이다. 팀 구성은 교육과정 종합 단원을 만들고자 하는 사람들로 이루어진다. 따라서 통합 단원을 학습하게 되는 특정 학년의 담당교사들이 중심이 되며 교육과정 전문가, 행정담당 등의 인력이 팀의 구성원이 될 수 있다. 분석 대상은 각 교과별 내용, 즉 국가교육과정의 각론 부분이 주된 분석 대상이 된다.

둘째, 1단계로 통합 단원의 학습내용 결정이다. 하나의 통합 단원에서 다루게 될 학습내용을 국가교육과정 교과별 내용을 토대로 결정한다. 재구성 단원에서는 무엇을 단원의 중심내용으로 삼을 것인가에 따라 학습내용에 많은 차이가 있으며, 단원의 중심내용은 그 성격에 따라 여러 가지로 나눌 수 있다.

셋째, 2단계로 통합 단원의 단원계획이다. 통합 단원에서 다루어야 하는 학습내용(1단계 결정)을 토대로 단원 계획을 세운다. 단원 계획에는 단원의 이름, 단원의 개관, 단원의 목표, 단원의 전개도 등이 포함된다. 또한 교육과정 통합 단원의 시간을 어디서 확보할 것인지를 결정한다.

넷째, 학교교육과정 연간 계획 조정이다. 하나 이상의 통합 단원이 만들어지면, 이를 위해 시간표를 조정할 필요가 있다. 왜냐하면 새로 만들어진 통합 단원에서는 여러 교과의 내용을 다룸과 동시에, 단원의 학습 내용들이 교과 간의 구분이 없이 전개되고 있기 때문이다.

교육과정 내용 통합의 교육과정 재구성 유형에 따른 단계별 활동을 제시하면 〈표 4－5〉와 같다.

〈표 4－5〉 **교육과정 내용 통합에 따른 단계별 활동**

단계 \ 유형			유형 1	유형 2	유형 3
예비 단계	팀 구성 및 국가교육과정 분석		학습자가 1년간 배우게 될 교과별 내용이 무엇인지 가능한 정확하게 분석	교과의 구분과는 상관없이 여러 교과에 공통적으로 들어 있는 학습 내용 분석	학습자가 1년간 배울 교과별 내용을 대략적으로 분석
1단계	통합 단원의 학습 내용 결정	중심 내용 선정	사회과나 자연과 등의 내용에서 다른 교과와 관련이 쉬운 내용 선정	각 교과에서 공통적으로 중요하게 다루는 개념, 원리, 법칙 탐구방법 선정	학습자들이 흥미 있어 할 만한 중심 제재 선정

		관련 내용 선정	국가교육과정의 교과 내용 중에서 중심 내용과 관련된 내용 선택	선정한 중심 내용을 잘 보여 줄 수 있는 현상이나 내용을 백과사전, 교사용 지도서, 교과서 등에서 선택	국가교육과정은 염두에 두지 않으며, 중심 제재에 관련된 여러 가지 학습 내용 선택
		특징	중심 내용과 관련 내용을 모두 국가교육과정에서 찾음	국가교육과정에 직접적으로 드러난 교과별 내용을 중심 내용으로 선택하는 것이 아니라, 교과별 내용을 넘어서서 중요한 학습 내용을 중심 내용으로 선택	관련 내용을 결정한 후, 국가교육과정에 포함되어 있는지 확인
2단계	통합 단원의 단원 계획	단원명 결정	통합 단원의 주제를 중심으로 결정	통합 단원의 주제를 중심으로 결정	통합 단원의 주제를 중심으로 결정
		개관 작성	통합 단원의 설정 근거, 통합의 이점 등 포함	통합 단원의 설정 근거, 통합의 이점 등 포함	통합 단원의 설정 근거, 통합의 이점 등 포함
		목표 설정	중심 내용과 관련 내용을 아는 것 국가교육과정의 교과별 목표와 동일	선정한 중심 내용을 이해하는 것 교과별 내용을 이해하는 것과 다름	중심 제재 및 관련 내용과 연관된 국가교육과정의 교과별 내용을 아는 것
		전개도 작성	통합 단원의 소단원 운영 순서와 학습 내용을 한눈에 볼 수 있도록 작성	통합 단원의 소단원 운영 순서와 학습 내용을 한눈에 볼 수 있도록 작성	통합 단원의 소단원 운영 순서와 학습 내용을 한눈에 볼 수 있도록 작성
3단계	학교교육과정 연간 계획 조정		통합 단원의 운영 시기를 결정해 연간 계획표 조정	통합 단원의 운영 시기를 결정해 연간 계획표 조정	통합 단원의 운영 시기를 결정해 연간 계획표 조정

이 같은 통합교육과정을 개발하여 운영하기 위해서는 사전에 고려할 점들이 있다. 첫째, 통합교육과정 개발을 위한 시간 확보의 문제다. 통합교육과정 개발을 위해서는 통합적 관점에서 재조명하기 위한 시간이 요구되며, 상호 연관시키기 위한 연구 시간이 소요된다. 따라서 학교관리자는 통합교육과정의 가치를 인식하고, 교사들이 이를 계획하고 운영하도록 유인 체제를 구축하고 필요한 시간을 마련하여 제공한다. 둘째, 통합교육과정 개발에 필요한 전문적 자질의 미흡이다. 교육과정이 주로 국가 수준의 중앙집권식 형태로 개발되었기에 실제 교육과정 개발에 대한 경험을 갖지 못했으므로 교사들이 통합교육과정을 계획하고 운영하는데 필요한 전문적 자질을 갖출 수 있도록 양성과정과 현직연수를 강화해야 한다. 셋째, 통합교육과정 개발에 필요한 예산 확보의 어려움이다. 질 높은 통합교과 수업을 계획하고 운영하기 위해서는 교사들이 팀을 만들어 작업하고 자료를 구입해야 하며, 안락한 작업환경이 마련되어야 하므로 적정한 예산이 뒷받침되어야 한다. 따라서 학교는 이런 비용 마련에 노력해야 한다. 넷째, 통합교육과정에 대한 부정적 인식이다. 행정가나 학부모들은 통합교육과정에 대한 경험이 적기 때문에 통합교육과정의 가치에 의혹을 가진다. 따라서 학교는 이에 대비하여 학부모를 위한 홍보계획을 마련해야 한다.

제 5 장

통합교과의 통합적 운영

1. '우리들은 1학년'의 통합적 운영
2. '바른 생활'의 통합적 운영
3. '슬기로운 생활'의 통합적 운영
4. '즐거운 생활'의 통합적 운영

'통합교과의 통합적 운영'에서는 '우리들은 1학년' '바른 생활' '슬기로운 생활' '즐거운 생활' 교과의 효율적인 현장 적용이 가능하도록 구체적인 활동을 초등학교 교육과정 해설서에 제시된 대주제를 중심으로 구성하였다. 기본 제시 내용은 각 교과의 특성을 고려한 수업 계획, 교수방법 설정, 자료 선정에 대한 이론적 내용을 먼저 소개하고, 대주제를 통합적으로 어떻게 접근할 수 있는지 교과별 주제망과 타 통합교과와의 연계 주제망을 제시하여 통합교과 지도에 대한 이해를 돕도록 하였다. 교과별로 제시한 활동은 2007년 개정 초등학교 교사용 지도서에 제시된 활동을 재구성하거나, 연구진이 대주제에 적합한 활동을 개발하여 제시한 것이다. 아울러 활동의 활용도를 높이기 위해 구체적인 활동 자료를 부록에 제시하였다.

제 5 장

통합교과의 통합적 운영

1. '우리들은 1학년'의 통합적 운영

1) 수업설계를 위한 기본원칙 이해하기

'우리들은 1학년' 교과의 통합적 운영에 앞서 수업설계를 위한 기본원칙 및 유의사항을 수업 계획, 교수방법 설정, 자료 선정으로 나누어 평가 제시하면 다음과 같다.

(1) 수업 계획

1	학습 목표는 '우리들은 1학년'의 교과 성격을 반영하여 교육과정에 제시된 목표와 일관성을 유지할 수 있도록 설정한다.
2	활동 주제별 세부 내용은 지역의 특수성, 학교와 학급의 실정, 학생의 학습 경험과 요구, 성장 발달 상황 등을 고려하여 재구성할 수 있다.
3	세부 내용별 활동 시간의 길이는 제재의 특성과 활동의 효과, 학생의 흥미를 고려하여 융통성 있게 계획한다.
4	학생들이 새로운 학교 환경과 생활에서 다양한 경험을 할 수 있도록 학급의 실정과 학생의 요구에 따라 창의적인 교육 활동 계획을 수립한다.
5	학생 개인에게 풍부한 활동과 표현의 기회를 제공할 수 있도록 교수 · 학습 계획을 수립한다.

(2) 교수방법 설정

1	놀이, 표현, 조작, 탐구 활동 등 다양한 활동을 통해 즐거운 수업이 이루어지도록 한다.
2	학생의 경험, 인지 양식, 정서적 특성, 사회·문화적 배경 등에 따른 차이를 충분히 파악하고 그에 적합한 지도를 하여, 학생들이 즐거운 학교생활을 시작할 수 있도록 돕는다.
3	다양하고 구체적인 교수·학습 자료를 사용하고 전체 학습, 소집단 학습, 개별 학습 등의 학습 조직을 융통성 있게 활용한다.
4	짝 활동이나 소집단 활동 등을 통해 학생들이 친밀한 인간관계를 형성하도록 한다.
5	학생들의 관심과 흥미를 고려하여 학습 내용을 다양하게 제공하고, 이를 통해 학생들이 자기 주도적인 학습 능력 및 태도의 기초를 형성할 수 있도록 지도한다.
6	기초 학습 기능을 습득하는 것이 성공적인 후속 학습을 위한 토대가 된다는 점을 고려하여 모든 학생이 자신의 능력과 수준, 필요에 적합한 최소한의 기초 학습 기능을 익힐 수 있도록 지도한다.
7	학생들과 개방적이고 자유로운 대화를 함으로써 학생들이 교사와 심리적으로 친밀한 유대감을 형성하도록 한다.
8	습관 형성이 필요한 내용은 반복 지도하여 습관화가 이루어지도록 하고, 가정과 연계하여 지도가 필요한 경우 가정에서도 지도가 함께 이루어지도록 한다.

(3) 자료 선정

1	학생의 정서적 안정을 위해 교실의 환경을 친밀감 있게 꾸미고 학습의 효과를 높일 수 있는 교육 환경을 조성한다.
2	학습의 효율화를 위해 다양한 학습 자료를 이용하되, 가능한 학교에서 볼 수 있거나 접할 수 있는 실물 자료, 시설 및 기구를 활용하도록 하고 놀이, 표현, 조작, 탐구 활동 등의 효과를 높이기 위해 개별 및 소집단별로 다양한 구체물 자료를 활용하도록 한다.

(4) 평가

① 평가 계획

1	학생 개인의 학교생활 적응을 돕는 차원에서 평가 계획을 수립한다.
2	학생에 대한 이해에 초점을 둔다.
3	가급적 학생의 흥미와 호기심, 자발적인 활동, 창의적 사고 등을 진작하는 과정이 될 수 있도록 계획한다.

② 평가 목표와 내용 설정

1	학생 개인의 관심이나 흥미, 적응과정 등 개별적인 특성을 파악하여 학생의 학교생활 적응 및 성장을 돕는다.
2	학교생활 적응, 바른 생활 습관 형성, 바르고 원만한 인간관계 형성, 기초 학습 기능 습득과 관련하여 학생 개인의 발달 정도를 파악한다.

③ 평가 방법 설정

1	학교생활 전반에 나타나는 학생의 행동과 학습 결과물을 주의 깊게 관찰하고 자연스러운 대화 등을 통해 학생의 성장을 돕기 위한 학습 과정 평가를 실시한다.
2	평가 결과를 서술식으로 기록한다.

④ 평가 결과 활용

1	학생들의 특성을 파악하고 적응에 어려움이 있는 학생은 즉시 개별적인 지도를 한다. 또한 가정 통신이나 부모 면담 등을 통해 학생의 행동을 학부모에게 이해시키고, 가정과 연계하여 지도가 이루어지도록 한다.
2	평가 결과는 후속 학습을 위한 기초 자료로 활용한다.
3	학생들의 학습과정에 대한 평가를 통해 지도 방법의 적합성을 평가하고 이에 대한 지속적 개선이 이루어지도록 한다.

2) '우리들은 1학년' 통합적으로 운영하기 실제

(1) 주제망 구성하기

통합교과 내의 주제를 전개하고자 할 때에는 우선 주제와 관련된 통합교과 내, 통합교과 간 내용을 분석하여 주제망을 구성하여야 한다. '우리들은 1학년' 교과에는 네 가지 주제가 구성되어 있으며, 그중 하나가 '바른 학교생활'이다. '바른 학교생활' 대주제를 중심으로 활동 주제와 내용을 주제망으로 구성하면 다음과 같다.

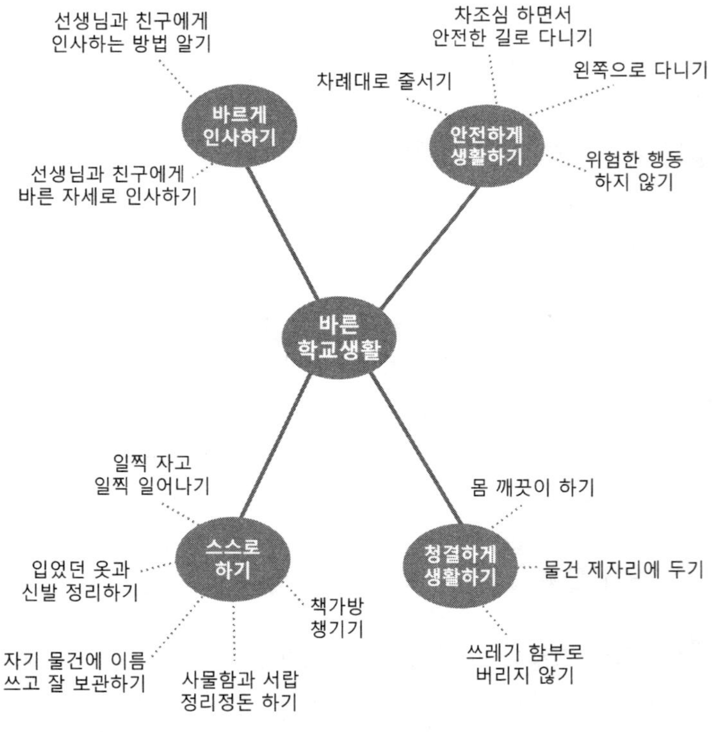

[주제망 구성하기의 예 – '바른 학교생활']

(2) 다른 통합교과를 연계하여 주제망 구성하기

'바른 학교생활' 주제와 연계할 수 있는 내용들을 다른 통합교과를 중심으로 분석하여 주제망을 구성하면 다음과 같다.

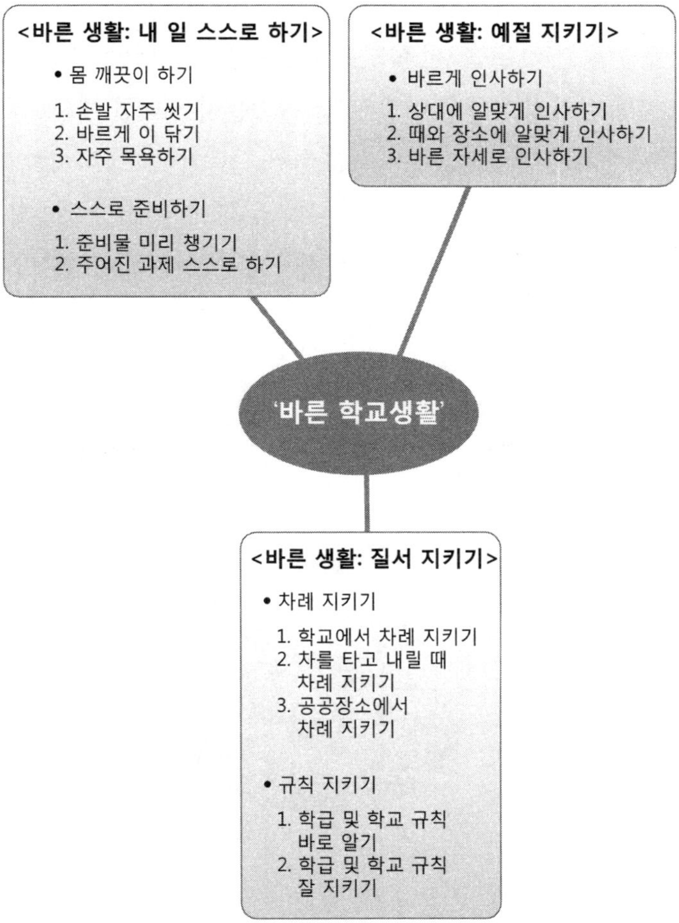

[통합교과와 연계하여 주제망 구성하기 예 – '바른 학교생활']

(3) 통합적으로 활동 구성하기

통합교육과정은 통합교과 내, 통합교과 간 주제망을 구성하고 이를 기초로 교육과정을 운영하여야 한다. 또한 교과서에 제시되어 있지 않은 활동이라도 효율적인 학습을 위해 본 활동과 연계하여 교육과정 재구성을 통해 통합적으로 운영할 수 있다.

여기에 제시한 것은 '조심조심'이라는 활동을 진행할 때 교육과정 재구성을 통해 통합적 운영을 어떻게 할 수 있는지에 대한 예시로, '조심조심' 활동을 본 활동으로, '교통안전 표지판 만들기' '교통놀이하기' '교통안전 글짓기' '정거장에 줄 서 있는 사람 수세기' 등을 교육과정 재구성을 통해 교과 간에 통합적으로 진행함으로써 '안전하게 생활하기'라는 활동 주제를 보다 효율적으로 전개해 나갈 수 있다.

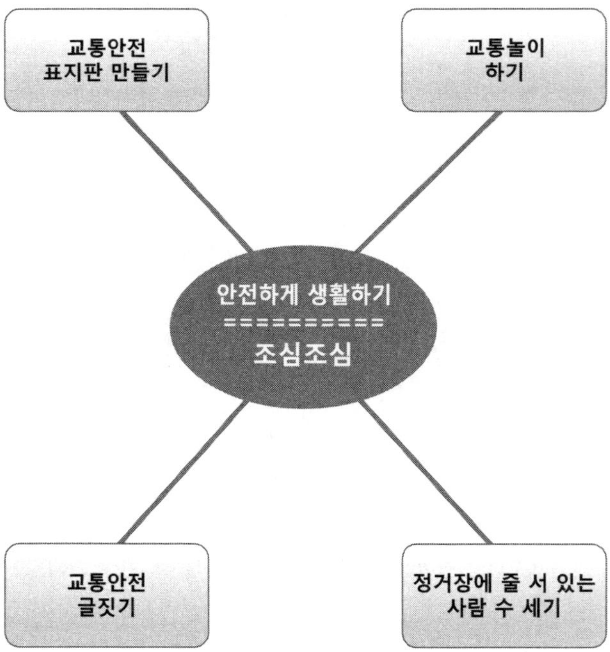

[통합적으로 활동 구성하기 예－'조심조심']

교수 · 학습 과정안

관련 학년	1학년	관련 교과	
활동 제목	조심조심	본시 주제	안전하게 생활하기

교수 · 학습 목표

- 위험한 길과 안전한 길을 구별할 수 있다.
- 차 조심을 하면서 안전하게 다니는 방법을 말할 수 있다.

교수 · 학습 자료

- 교과서 확대 삽화, 교통안전 표지판 그림 자료

교수 · 학습 과정

- 학습 동기 유발
  - ㅇ 교통 표지판 이야기 나누기
    - –학교 주변에 있는 교통안전 표지판의 사진을 보고 이야기한다.
    - –이런 표지판은 무엇을 의미하는 걸까?
- 학습 문제 확인
  - –오늘 우리가 배울 내용은 무엇일까요?
- 학습 활동
  - ㅇ 이야기 듣고 말하기
    - –'위험한 골목길' 이야기를 듣고 말해 본다.
    - –자신의 생각이나 느낌을 간단하게 말해 본다.
  - ㅇ 다 함께 노래 부르기
    - –'사랑의 골목길' 노래 부르기를 한다.

> 우리 동네 골목길은 사랑의 골목길
> 아침마다 청소하며 인사합니다.
> 학교 갔다 돌아오면 골목길에 모여서
> 고운 꿈을 키우면서 살아갑니다.
>
> 우리 동네 골목길은 사랑의 골목길
> 너도나도 깨끗하게 돌아봅니다.
> 이웃 간에 사이좋게 서로 돕고 나누며
> 웃음꽃을 피우면서 살아갑니다.

○ 위험한 길과 안전한 길 알아보기

– 위험한 길과 안전한 길에 대해 이야기해 본다.

- 위험한 길: 공사 중인 길, 모퉁이 길, 언덕길 등
- 안전한 길: 신호등이 있는 길, 횡단보도, 육교, 지하도 등

○ 안전하게 다니는 방법 알아보기

– 등 · 하교 때 안전한 길을 생각해 본다.

– 신호등이 있는 횡단보도를 이용한다.

– 육교나 지하도, 인도를 이용한다.

– 교통 신호등을 잘 구별하여 지키며 건넌다.

○ 교통안전 표지판의 내용 살피기

– 교통안전 표지판의 종류를 간단히 살펴본다.

– 교통안전 표지판의 뜻을 간단히 알아본다.

○ 안전하게 다니기 위해 꼭 지킬 일 말하기

– 한눈 팔지 않고 다닌다.

– 무단 횡단을 절대로 하지 않는다.

– 골목길에서는 위험한 놀이를 하지 않는다.

– 차량의 움직임을 잘 보면서 다닌다.

• 정리

– 친구들의 작품을 감상해 본다.

– 어떤 점이 재미있나요?

– 여러 가지 교통 표지판을 알아보고 정리한 후 만들어진 작품을 전시한다.

참고 자료

위험한 골목길

세영이는 아침에 일찍 책가방을 메고 학교로 갔습니다.

학교로 가는 길에 친구인 동수를 만났습니다. 둘은 손잡고 골목길로 들어가서 장난감 가게에 들러 구경을 했습니다. 신기한 것들을 보니 기분이 좋아졌습니다.

가게에서 나와 학교 가는 길 근처 공사장에 다다랐습니다. 웅덩이를 파 놓고 철근을 깊이 박아 놓은 곳입니다. 재미있을 것 같아 그곳에다 신발주머니를 넣고 흔들어 보았습니다. 또 웅덩이에 돌멩이도 던져 보았습니다.

그런데 그만 '앗' 하는 순간에 신발주머니를 빠뜨리고 말았습니다. 세영이는 얼굴이 빨개져서 막 울었습니다. 지나가던 아저씨의 도움으로 세영이와 동수는 신발주머니를 겨우 건져낼 수 있었습니다.

학교 근처까지 왔는데 교문 앞에는 아무도 없었습니다. 다른 때였으면 녹색어머니회 어머니께서 깃발을 들고 계셨을 텐데 너무 늦어서 들어가셨나 봅니다.

"야, 세영아, 우리 지각이야." 하고 동수가 소리를 치며 학교 앞 모퉁이 길로 뛰어 건너갔습니다.

그때 모퉁이 길을 돌아 나오던 큰 트럭이 '끼-익' 하고 날카로운 소리를 내며 급히 멈춰 섰습니다.

"동수야, 위험해!"

세영이가 외치는 소리에 동수는 깜짝 놀라며 멈칫했습니다.

다행히 사고는 나지 않았지만, 너무 위험한 일이었습니다.

세영이와 동수는 결심했습니다.

'골목길을 건널 때는 좌우를 잘 살피며 건너자!'

교통안전 표지 자료					
표지의 종류		표시하는 곳	표지의 종류		표시하는 곳
지시표지	보행자 전용도로 	보행자 전용 도로임을 지시하는 것	규제표지	자전거 통행 금지 	자전거의 통행을 금지하는 것
	횡단보도 	보행자가 횡단보도로 통행할 것을 지시하는 것		일시 금지 	자동차가 일시 정지하여야 할 장소임을 지정하는 것
	아동 보호 	아동 또는 유아의 보호를 지시하는 것		진입 금지 	자동차의 진입을 금지하는 것
	자전거 횡단도 	자전거의 횡단도임을 지시하는 것	주의표지	철길 건널목 	철길 건널목이 있음을 알리는 것
	자전거 전용도로 	자전거 전용 도로 또는 전용 구간임을 지시하는 것		아동 보호 	아동 또는 유아의 통행로나 횡단보도가 있음. 학교, 유치원 등의 통학, 통원로 및 어린이 놀이터 등이 있음을 알리는 것
금지표지	보행자 횡단 금지 	보행자의 횡단을 금지하는 것		횡단보도 	횡단보도가 있음을 알리는 것
	통행 금지 	보행자 또는 자동차 등의 통행을 금지하는 것		도로공사중 	도로상이나 도로 연변에서 공사나 작업을 하고 있음을 알리는 것

* 본 활동은 2007년 개정 초등학교 교사용 지도서에 제시된 활동을 재구성한 것임.

교수 · 학습 과정안

관련 학년	1학년	관련 교과	
활동 제목	교통안전 표지판 만들기	본시 주제	안전하게 생활하기

교수 · 학습 목표

- 여러 가지 교통 신호등을 구분할 수 있다.
- 여러 가지 교통 표지판을 만들어 보고 내용을 알고 지킬 수 있다.

교수 · 학습 자료

- '교통안전 표지판 만들기' 활동지, 가위, 풀

교수 · 학습 과정

- 학습 동기 유발
  - ○ 교통사고에 대한 VTR 자료 보고 이야기하기
    - –왜 사고가 났을까?
    - –교통사고를 당하지 않기 위해서는 어떻게 해야 할까?
- 학습 문제 확인
  - –오늘 우리가 배울 내용은 무엇일까요?
- 학습 활동
  - ○ 이야기 나누기
    - –보행자용 신호등과 자동차용 신호등이 있음을 알고 구분하는 방법에 대하여 이야기를 나눈다.
    - –보행자용 신호등은 어디에 설치되어 있나요?
    - –자동차용 신호등은 어디에 설치되어 있나요?
    - –보행자용 신호등과 자동차용 신호등은 어떤 점이 다른가요?
  - ○ 신호등의 개수와 색깔 비교하기
    - –여러 가지 교통 표지판의 그림을 보여 주고 언제 사용되는 것인지 이야기를 나눈다.

○ 교통 표지판 만들기 (활동지 활용)

- 활동지를 나누어 주고 교통 표지만을 만든다.
- 내가 만든 교통 표지판을 언제 사용하는지 친구들에게 발표한다.
- 준비물을 이용하여 나만의 교통 표지판을 만들어 본다.
- 언제 사용하는 교통 표지판을 만들까요?

• 정리

○ 친구들의 작품 감상하기

- 어떤 점이 재미있나요?
- 여러 가지 교통 표지판이 있음을 확인한다.

○ 만든 작품 전시하기

지도상의 유의점

• 교통안전협회에서 제작 배부한 VTR 자료를 활용하면 효과적이다.

교통표지판 만들기

월 일 요일 | 학년 반 이름:

★ 아래의 교통표지판을 알맞은 곳에 붙여주세요.

어린이 보호 구역입니다	천천히 가야 합니다	자전거만 다닐 수 있는 길입니다
버스 전용 도로 입니다	위험하므로 보행자나 차가 다녀서는 안됩니다	이곳으로 건너면 위험합니다

* 본 활동은 2007년 개정 초등교육과정에서 제시된 주제를 중심으로 구성한 것임.

교수 · 학습 과정안

관련 학년	1학년	관련 교과	
활동 제목	교통놀이 하기	본시 주제	안전하게 생활하기

교수 · 학습 목표

- 내가 만든 교통 신호등을 이용하여 교통놀이를 할 수 있다.
- 교통 규칙을 지켜 안전한 길로 등 · 하교를 할 수 있다.

교수 · 학습 자료

- 막대 인형 자료, 교통안전 표지판, '안전하게 길을 건너요' 활동지

교수 · 학습 과정

- 학습 동기 유발
  - ○ 막대 인형극 보여 주기
    - –교통질서를 잘 지키는 아이와 그렇지 않은 아이를 비교하는 막대 인형극을 보여 준다.
    - –무슨 일이 일어났나요?
    - –교통안전을 지키지 않으면 어떤 일이 일어날까요?
- 학습 문제 확인
  - –오늘 우리가 배울 내용은 무엇일까요?
- 학습 활동
  - ○ 이야기 나누기
    - –등하교 길에서 안전하다고 생각되는 길은 어디인지 이야기해 본다.
      - ⇨ 신호등이 있는 곳
      - ⇨ 횡단보도, 육교, 지하도, 인도 등
    - –등하굣길에 위험하다고 생각되는 길을 찾아본다.
      - ⇨ 공사 중인 길, 모퉁이 길, 신호등이 없는 찻길, 언덕길, 횡단보도

가 없는 길, 차도와 인도가 구분이 안 된 곳

–등하교할 때 어떤 길로 다니는 것이 안전할까요?

⇨ 신호등이 있는 횡단보도

⇨ 육교, 지하도, 인도

○ 교통놀이 하기

–내가 만든 교통 표지판을 이용하여 교통놀이를 해 본다.

–자동차, 사람 역할을 나누어 볼까요?

–놀이를 하고 난 느낌을 이야기한다.

–어떤 생각이 드나요? 교통 표지판을 지키지 않으면 어떻게 되나요?

• 정리 (활동지 활용)

–'안전한 길로 다녀요' 활동지를 하면서 교통질서를 지켜야 하는 이유를 정리한다.

지도상의 유의점

• 교통놀이를 할 때에는 역할을 확실하게 나누어 효과적인 체험이 될 수 있도록 지도한다.

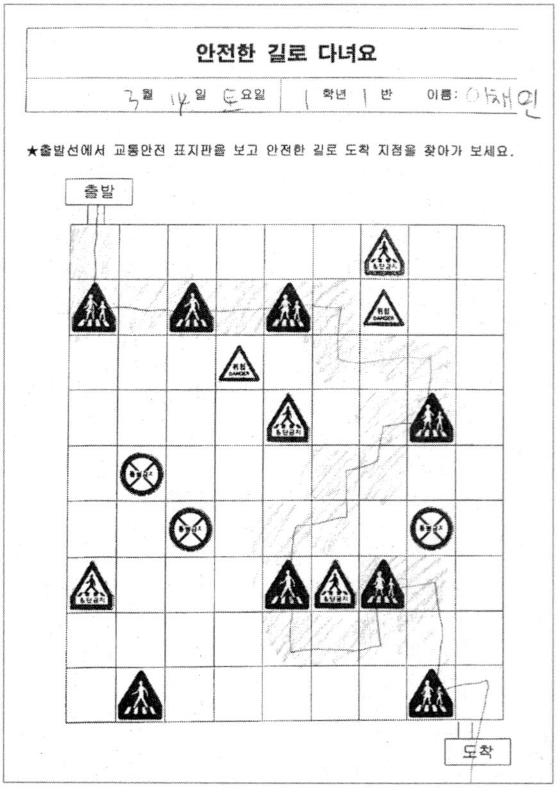

교수 · 학습 과정안

관련 학년	1학년	관련 교과	
활동 제목	교통안전 글짓기	본시 주제	안전하게 생활하기

교수 · 학습 목표

- 교통 규칙을 지켜야 하는 이유를 알고 글짓기를 할 수 있다.

교수 · 학습 자료

- 교통안전 삽화, 교통안전 글짓기 활동지

교수 · 학습 과정

- 학습 동기 유발
  - ○ 노래 부르기
    - –'따르릉' 노래를 부른다.

따르릉 따르릉 비켜나세요.
자전거가 나갑니다. 따르르르릉
저기 가는 저사람 조심하세요.
우물쭈물 하다가는 큰일 납니다.

  - –노래를 부르며 신체 표현을 해 본다.
- 학습 문제 확인
  - –오늘 우리가 배울 내용은 무엇일까요?
- 학습 활동
  - ○ 생각 나누기
    - –교통안전을 지키는 그림과 그렇지 않은 그림을 보여 주고 이야기를 나눈다.
    - –교통안전을 지키지 않아 사고가 날 뻔했던 경험을 발표한다.

– 안전하게 등하교하는 방법은 무엇인가요?

– 등하교 길에 어떤 길로 다니는 것이 안전할까요?

⇨ 육교, 지하도, 인도

– 교통안전을 지켜야 하는 이유에 대해 이야기를 나누어 본다.

○ 글짓기

– 교통안전을 지키자는 주제로 글을 써본다.

– 내 생각을 적고 그 이유를 적는다.

– 어떤 이유를 적어야 할까요?

• 정리

– 친구의 글을 들어본다.

– 친구의 글에서 교통 규칙을 지켜야 하는 이유가 무엇이었나요?

지도상의 유의점

• 어린이 교통안전에 대한 가정 통신문을 발송하여 가정에서도 함께 연계 지도가 이루어질 수 있도록 한다.

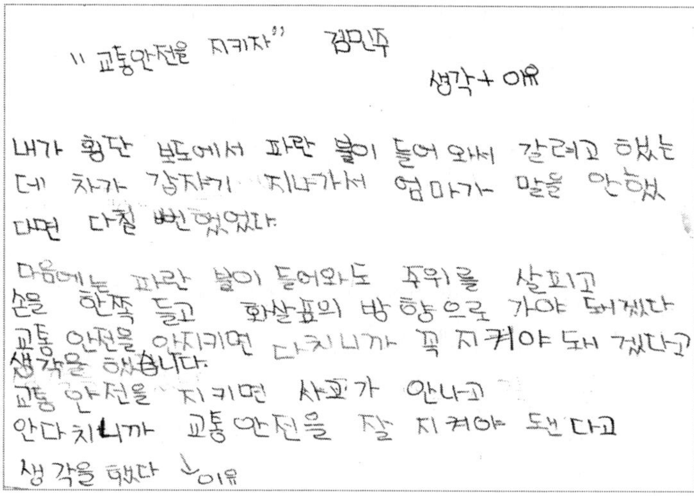
"교통안전을 지키자" 김민주
생각+이유

내가 횡단 보도에서 파란 불이 들어 와서 갈려고 했는데 차가 갑자기 지나가서 엄마가 말을 안했다면 다칠 뻔했었다.

다음에는 파란 불이 들어와도 주위를 살피고
손을 한쪽 들고 화살표의 방향으로 가야 되겠다
교통 안전을 안지키면 다치니까 꼭 지켜야 되겠다고 생각을 했습니다.
교통 안전을 지키면 사고가 안나고
안다치니까 교통 안전을 잘 지켜야 된다고
생각을 했다 ↳이유

교수 · 학습 과정안

관련 학년	1학년	관련 교과	
활동 제목	정거장에 줄 서 있는 사람 수 세기	본시 주제	안전하게 생활하기

교수 · 학습 목표

- 여러 가지 교통기관을 이용할 때 줄을 서야 하는 이유를 알고 수를 셀 수 있다.

교수 · 학습 자료

- '버스 정거장의 사람 수 세기' 활동지

교수 · 학습 과정

- 학습 동기 유발
  - 교통기관 이용 경험 이야기 나누기

-버스, 지하철을 이용했던 경험을 이야기해 본다.
-그 밖의 다른 교통기관을 탔던 경험도 있나요?

• 학습 문제 확인
 -오늘 우리가 배울 내용은 무엇일까요?

• 학습 활동
 ○ 규칙 이야기하기
  -버스를 탈 때 지켜야 할 점은 무엇인지 발표한다.
  -줄을 설 때는 어떻게 해야 할까요?
  -버스를 탈 때는 어떻게 해야 할까요?
  -버스나 지하철을 탈 때 줄을 서야 하는 이유는 무엇인가요?
 ○ 사람 수 세기 (활동지 활용)
  -버스나 지하철에 줄 서 있는 사람이 그려져 있는 활동지를 해결해 본다.
  -줄 서 있는 사람의 수를 세어 본다.
  -몇 명인가요? 다 함께 세어 봅시다.
  -짝과 함께 풀어 본다.
  -사람 밑에 숫자를 써 본다.
  -어떻게 써야 하나요? 나와서 칠판에 써 봅시다.

• 정리
 ○ 활동지 확인하기
  -선생님이 칠판에 쓴 숫자를 다 함께 읽는다.
  -친구와 1~9까지 손가락으로 세어 본다.

지도상의 유의점

• 줄 서 있는 사람의 수 개념뿐만 아니라 첫째, 둘째, 셋째 등 순서의 개념도 알 수 있도록 지도한다.

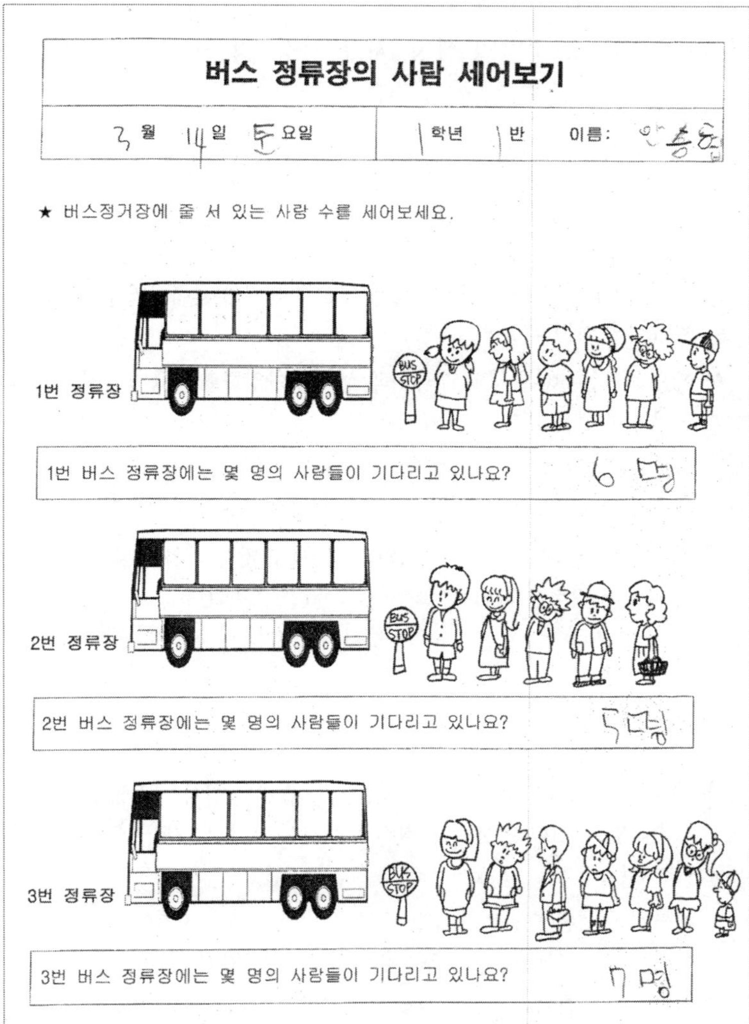

버스 정류장의 사람 세어보기

3 월 14 일 토 요일	1 학년 1 반 이름:

★ 버스정거장에 줄 서 있는 사람 수를 세어보세요.

1번 정류장

1번 버스 정류장에는 몇 명의 사람들이 기다리고 있나요? 6 명

2번 정류장

2번 버스 정류장에는 몇 명의 사람들이 기다리고 있나요? 5 명

3번 정류장

3번 버스 정류장에는 몇 명의 사람들이 기다리고 있나요? 7 명

2. '바른 생활'의 통합적 운영

1) 수업설계를 위한 기본원칙 이해하기

'바른 생활'의 통합적 운영에 앞서 수업설계를 위한 기본원칙 및 유의사항을 수업 계획, 교수방법 설정, 자료 선정, 평가로 나누어 제시하면 다음과 같다.

(1) 수업 계획

1	교수 · 학습 계획은 학생들의 발달 수준과 흥미를 고려하여 일상생활과 밀접하게 관련되도록 구성한다.
2	학습 목표는 '바른 생활'과의 교과 성격을 반영하여 교육과정에 제시된 목표와 일관성을 유지할 수 있도록 설정한다.
3	학교와 지역사회의 특성, 학교 및 국가 행사 등을 고려하여 교수 · 학습 계획을 수립한다.
4	활동 주제별 수업 시간은 주제의 특성, 학교 및 지역의 특성, 학생들의 흥미 등을 고려하여 탄력적이고 융통성 있게 계획한다.

(2) 교수방법 설정

1	'바른 생활'과 수업에서는 바람직한 생활 습관의 형성을 위해 설명해 주기, 모범적인 행동 따라 배우기, 직접 해보면서 익히기 등 다양한 학습 방법을 적용한다.
2	바람직한 생활 습관의 형성을 위해 구체적인 행동 지침이나 절차를 예시하거나 모범 행동을 강화하는 방법 등을 적용한다.
3	기본적인 생활 습관, 예절, 규범의 실천은 가능한 한 학생들이 스스로 느끼고 생각하여 행동에 옮길 수 있도록 학생들과의 개방적인 대화의 기회를 마련하면서 깊이 생각해 보기, 서로 이야기해 보기 등의 방법을 활용한다.
4	초등학교 1, 2학년의 발달 특징을 감안하여 구체적인 체험과 실천을 강조하고 반복적, 지속적으로 지도한다.

5	초등학교 1, 2학년 학생들은 기본적인 생활 태도와 가치관을 형성하는 데 담임교사의 영향을 크게 받으므로, 교사는 일상적인 언행, 태도, 사고방식 등에서 모범이 되도록 지도한다.
6	교수 · 학습의 효과를 높이기 위해 적절한 극화 자료 및 멀티미디어 자료를 활용하여 지도한다.
7	바른 행동의 실천 의지를 높이기 위해 가능한 한 학부모와 지역사회 인사가 수업에 참여하도록 하여 학생들에게 간접 경험의 기회를 제공한다.
8	바른 생활과 수업에서 배운 내용들을 실천하면서 몸에 익히도록 실제 생활에서 해야 할 일을 제시하여 실천 여부를 확인하고 반성하며 개선해 가도록 지도한다.
9	학생들의 바람직한 태도의 습관화를 위해서는 가정생활과의 연계 지도가 필요하다. 따라서 가정 통신 등을 통해 교사와 학부모의 협동적인 지도가 이루어지도록 운영한다.

(3) 자료 선정

1	학교와 지역사회의 특성, 학교 및 국가의 행사 등을 고려하여 적절한 교수 · 학습 자료를 수집, 활용한다.
2	활동 주제에 따라 적절한 읽기 자료와 극화 자료, 멀티미디어 자료 등을 활용한다.
3	초등학교 1, 2학년 학생들의 발달 단계에 어울리는 노래, 놀이 등 다양한 활동 자료를 활용한다.

(4) 평가

① 평가 계획

1	평가가 교수 · 학습 활동이나 과정과 분리되지 않고 자연스럽게 이루어지도록 계획한다.
2	학생들의 발달 특성과 흥미 등을 고려하여 다양한 평가 방법을 사용할 수 있도록 계획한다.

3	학생들의 자아 개념과 자기 이해, 자기 존중에 긍정적으로 기여할 수 있는 방향으로 계획한다.

② 평가 목표와 내용 설정

1	학생의 기본 생활 습관과 예절 및 규범에 대한 이해와 초보적인 판단 능력, 태도 및 행동 성향 등을 종합적으로 평가하도록 한다.
2	학생들을 등급화하고 서열화하기보다 학생들의 인격적인 성장을 돕는다.
3	학생들의 과제 해결이나 활동 결과물만을 평가하지 말고, 과제를 수행하는 과정에서 접하게 되는 모든 경험이나 활동을 대상으로 평가가 이루어지도록 한다.

③ 평가 방법 설정

1	개인의 성장과 학습 성과를 높이기 위한 과정과 활동의 하나로서 평가를 실시한다.
2	평가의 대상과 내용의 특성을 고려하여 누가 관찰 기록, 자기 보고, 학생 상호 평가, 면담 등 다양한 방법으로 평가한다.

④ 평가 결과 활용

1	평가 결과는 학생 개개인의 인격적 성장을 촉진하고 '바른 생활'과 교육과정, 수업의 목표, 내용, 방법 등을 개선하기 위한 근거 자료로 활용한다.
2	평가 결과를 가정과 공유함으로써 학교와 가정의 연계를 통한 학생의 인격적 성장을 도모한다.

2) '바른 생활' 통합적으로 운영하기 실제 – 1학년

(1) 주제망 구성하기

통합교과 내의 주제를 전개하고자 할 때에는 우선 주제와 관련된 통합교과 내, 통합교과 간 내용을 분석하여, 주제망을 구성하여야 한다. '바른 생활' 1학년 교과에는 다섯 가지 주제가 구성되어 있으며, 그중 하나가 '다른 사람 생각하기'다. '다른 사람 생각하기' 대주제를 중심으로 활동 주제와 내용을 주제망으로 구성하면 다음과 같다.

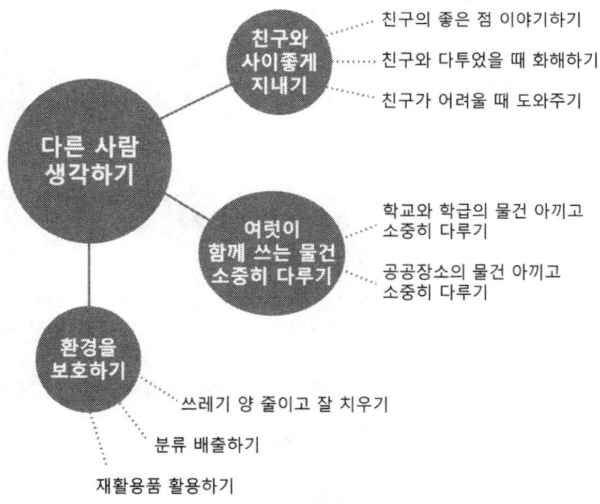

[주제망 구성하기의 예 – '다른 사람 생각하기']

(2) 다른 통합교과와 연계하여 주제망 구성하기

'다른 사람 생각하기' 주제와 연계할 수 있는 내용들을 다른 통합교과를 중심으로 분석하여 주제망을 구성하면 다음과 같다.

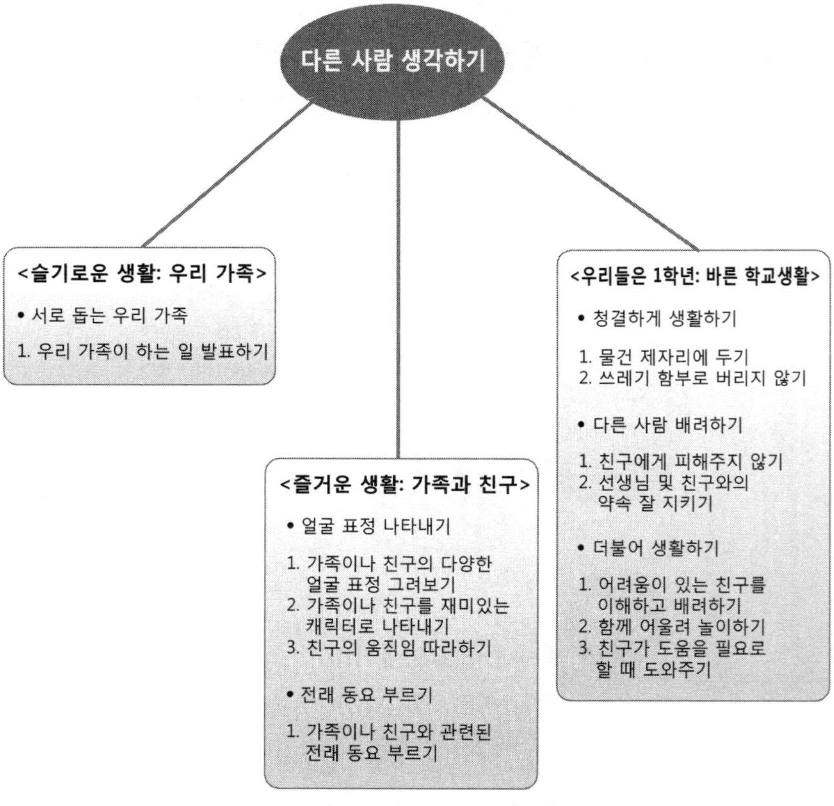

[통합교과와 연계하여 주제망 구성하기 예 – '다른 사람 생각하기']

⑶ 통합적으로 활동 구성하기

통합교육과정은 통합교과 내, 통합교과 간 주제망을 구성하고 이를 기초로 교육과정을 운영하여야 한다. 또한 교과서에 제시되어 있지 않은 활동이라도 효율적인 학습을 위해 본 활동과 연계하여 교육과정 재구성을 통해 통합적으로 운영할 수 있다.

여기에 제시한 것은 '쓰레기 분리수거'라는 활동을 진행할 때 교육과정 재구성을 통해 통합적 운영을 어떻게 할 수 있는지에 대한 예시로, 여기에 통합적으로 구성한 활동들은 교과서에 제시된 활동이 아니다. 교사는 '쓰레기 분리수거' 활동을 본 활동으로 '환경보호 스티커 만들기' '음식을 줄이는 방법 조사하기' '아픈 지구에게 편지 쓰기' 등을 교육과정 재구성을 통해 교과 간에 통합적으로 진행함으로써 '환경보호'라는 활동 주제를 보다 효과적으로 전개해 나갈 수 있다.

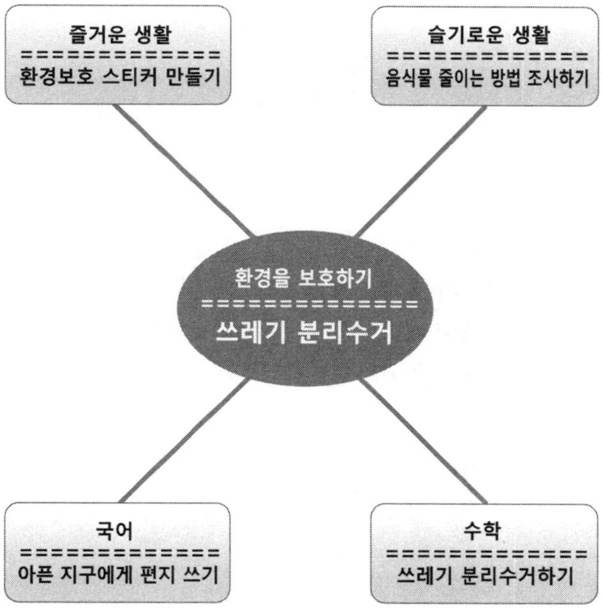

[통합적으로 활동 구성하기 예 – '쓰레기 분리수거']

교수 · 학습 과정안

관련 학년	1학년(1학기)	관련 교과	바른 생활
활동 제목	쓰레기 분리수거	본시 주제	환경을 보호하기

교수 · 학습 목표

- 분리수거 활동을 통해 쓰레기 재활용의 필요성을 알고 자원 재활용의 소중함을 느낄 수 있다.

교수 · 학습 자료

- 환경 오염 사진, 활동지

교수 · 학습 과정

- 학습 동기 유발
  - ○ 이야기 나누기
    - –쓰레기로 오염된 사진 자료를 보고 이야기를 나눈다.
- 학습 문제 확인
  - –오늘 우리가 배울 내용은 무엇일까요?
- 학습 활동
  - ○ 쓰레기 분리수거의 필요성에 대해 이야기하기
    - –쓰레기가 많으면 어떤 일이 생길까요?
    - –쓰레기는 왜 분리수거를 해야 할까요?
    - –쓰레기를 잘 분리하여 버리면 어떤 점이 이로울까요?
  - ○ 쓰레기 분리수거의 방법에 대해 이야기하기
    - –쓰레기 분리수거는 어떻게 하는 걸까요?
    - –집에서 분리수거하여 버릴 수 있는 물건에는 무엇이 있을까요?
    - –우리가 아껴 쓸 수 있는 물건에는 어떤 것이 있을까요?

• 정리

－쓰레기 재활용이 우리 생활에 이로운 점을 발표한다.

참고 자료

• 재활용 관련 자료

• 에너지 절약 실천이 중요해요.
에너지 수입 해외 의존도 97% (석유 소비량－세계 6위)
한 해 에너지 수입: 1995년 187억 불, 1996년 244억 불(세계 4위)
에너지 소비 증가율: 한국 9.4%, 미국 1.7%, 일본 2.5%
에너지 10%만 절약해도 경제 위기 극복 가능

• 버릴 것이 없어요.
생활 쓰레기 처리 비용 연 1조 2,000억 원
헌 종이 수입: 1년에 3,000억 원
우유팩 30개를 모으면 화장지 5개를 만듦

• 분수에 맞는 생활을 해요.
수입한 외제 옷값: 2조 1,450원
1년에 1인당 해외 경비: 한국 1,612달러, 독일 640달러, 미국 937달러
경승용차 비율: 한국 3.9%, 일본 23%, 프랑스 38.6%, 이탈리아 40.3%

• 오래 오래 사용하세요.
승용차: 한국 3.3년, 미국 7.8년, 일본 9.4년
냉장고: 한국 7.1년, 미국 15년
컬러 TV: 한국 7.1년, 미국 11년
세탁기: 한국 6.0년, 미국 13년

• 이렇게 오랜 시간이 걸린대요(폐기물 분해 기간).
종이 2～5개월, 우유팩 5년, 일회용 컵 20년
가죽구두 25～40년, 나일론천 · 플라스틱 50～80년
스티로폼 500년 이상
알루미늄 캔 100년 이상

지도상의 유의점

• 분리수거의 경제적 이로움을 알도록 지도한다.

• 가정에서 쓰레기 분리수거를 실천하도록 한다.

아껴 쓰고 다시 쓰고

▣ 집에서 분리수거하여 버릴 수 있는 물건에는 무엇 무엇이 있을까요?

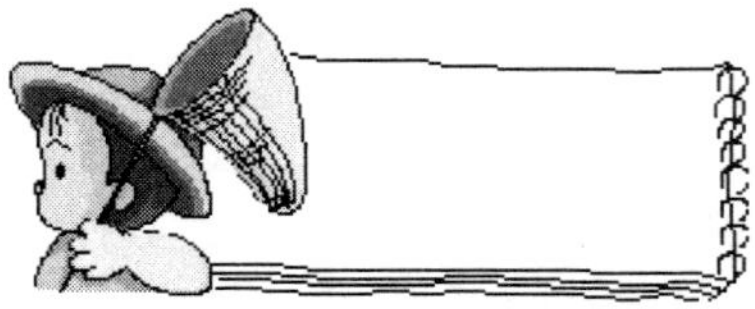

▣ 위에 쓴 물건들을 분리수거해 보세요.

* 본 활동은 2007년 개정 교육과정에 제시된 주제를 중심으로 구성한 것임.

교수 · 학습 과정안

관련 학년	1학년	관련 교과	즐거운 생활
활동 제목	환경보호 스티커 만들기	본시 주제	환경을 보호하기

교수 · 학습 목표

• 환경보호 마크를 스티커로 만들고 활동지에 붙인 뒤 의미를 쓸 수 있다.

교수 · 학습 자료

• 라벨지, '환경보존 마크 만들기' 활동지

교수 · 학습 과정

• 학습 동기 유발

◦ 환경보호 마크 의미 알아보기

– 선생님이 보여 주는 환경보호 마크 그림이 어떤 의미인지 이야기해 본다.

– 이 마크는 무슨 뜻인가요?

• 학습 문제 확인

– 오늘 우리가 배울 내용은 무엇일까요?

• 학습 활동

◦ 마크 구상하기

– 나만의 환경보호 마크를 만들어 본다.

– 어떤 마크를 만들어 볼까요?

– 무슨 의미를 넣어 볼까요?

◦ 환경보호 마크 그리기 (활동지 활용)

– 색연필을 이용하여 마크를 색칠한다.

– 색칠이 끝나면 가위로 오린다.

– 내가 만든 환경 마크를 활동지에 붙여 볼까요?

– 어떤 의미가 있는지도 적어 주세요.

– 나만의 환경 마크를 친구들에게 이야기해 본다.

• 정리

– 친구들과 마크를 바꾸어 본다.

– 어떤 점이 재미있게 표현되었나요?

참고 자료

※ 한국의 환경 마크: 녹색 잎과 사람의 손이 어울려 친환경을 상징한다.

지도상의 유의점

• 작품의 디자인뿐만 아니라 훌륭한 의미가 담긴 환경 스티커를 제작한 학생도 칭찬하도록 한다.

환경보존 마크 만들기

10 월 13 일 월 요일	1 학년 1 반 이름: 김민우

ᄼ 아래의 표에 자신이 생각하는 환경보존 마크를 만들어보고 뜻을 글로 적어보세요.

환경보존 마크	뜻
	나라가 깨끗한 환경을 만드는데 도움을주는 제품에 붙인다
	깨끗한 환경에서 깨끗하고 싱싱한 농산 물이 있는곳에 붙인다.
	깨끗한 나무에서 깨끗한 종이로 사람들이 직접 힘써서 만들때 붙인다.

교수 · 학습 과정안

관련 학년	1학년	관련 교과	슬기로운 생활
활동 제목	음식물 쓰레기 줄이는 방법 조사하기	본시 주제	환경을 보호하기

교수 · 학습 목표

- 음식물 쓰레기를 줄일 수 있는 방법을 조사하고 종류와 방법을 말할 수 있다.
- 자신이 집에서 음식물 쓰레기를 줄일 수 있는 일을 골라 스스로 실천할 수 있다.

교수 · 학습 자료

- 음식물 쓰레기 줄이기 조사 활동지, 음식물 쓰레기 줄이기 관련 동영상 자료(http://www.keep.go.kr/www/1196942107052/index.csp)(쓰레기를 줄여요)

교수 · 학습 과정

- 사전 과제 학습
  - 음식물 쓰레기 줄이기 조사 활동지를 주고 가정에서 어떤 방법으로 음식물 쓰레기를 줄이고 있는지 조사해 오도록 한다.
- 학습 동기 유발
  - ○ 이야기 나누기
    - 집에서 음식물 쓰레기를 줄일 수 있는 방법은 무엇일까요?
  - ○ 동영상 보기
    - 음식물 쓰레기 줄이는 방법 동영상 '쓰레기를 줄여요'를 시청한다.
- 학습 문제 확인
  - 오늘 우리가 배울 내용은 무엇일까요?
- 학습 활동

○ 모둠활동하기

- 4인 1모둠으로 조직하여 모둠원을 이끔이, 기록이, 발표자, 도움이로 나눈다.
- 이끔이는 모둠별 의논 시 이끌고, 기록이는 간단하게 기록한다. 발표자는 모둠별로 기록된 내용을 발표하고, 도움이는 이끔이, 기록이, 발표자 중 도움이 필요한 친구를 돕는다.
- 모둠별로 본인이 조사한 활동지를 모둠원들과 토의한다.
- 어떻게 하면 음식물 쓰레기를 줄일 수 있었나요?
- 모둠 친구들의 생각을 모은다.

○ 발표하기

- 모둠별로 토의한 내용을 발표한다.
- 다른 모둠의 발표를 잘 듣고 나와 다른 점은 무엇인지 생각해 본다.
- 어떤 모둠의 발표가 특이하였나요?
- 우리 집에서 할 수 있는 방법은 무엇이 있을까요?

• 정리

- 음식물 쓰레기를 줄이는 방법을 다시 한 번 생각해 본다.
- 음식물 쓰레기를 줄이는 방법 중 내가 할 수 있는 일은 무엇일까요?
- 집에서 음식물 쓰레기 줄이는 일을 다짐해 본다.

참고 사항

[음식물 쓰레기 줄이는 방법]

- 식단 계획을 생활화하고 냉장고 안의 식품을 정리한 후 반드시 필요한 식품만 구입한다.
- 식품 구입 시 신선도가 좋은 식품을 선택한다.
- 멸치 머리, 표고버섯, 무꼬리, 파뿌리, 양파 밑동, 다시마 줄기 등은 따로 모았다가 자연 조미료를 만들어 먹으면 건강에도 좋다.
- 음식 조리 시 식사량에 알맞게 조리한다.
- 관혼상제나 손님 접대 시 약간 모자란 듯이 음식을 준비하고, 대신 기념품을 제공하는 풍토를 만든다.
- 음식물 쓰레기는 물기를 최대한 제거하고(수분 함유량 40% 미만) 이물

질이 섞이지 않도록 철저히 분리 배출한다.
- 자녀들에게 음식을 남기지 않는 식습관을 기르도록 가르친다.
- 소형 찬그릇을 마련하여 남겨 버리는 반찬이 없도록 한다.
- 여행 시에는 도시락을 먹을 만큼만 준비한다.
- 음식점에서 남긴 음식은 청결하게 포장하여 싸가지고 온다.

지도상의 유의점

- 모둠 학습 시 상호 간에 예의를 갖추고 참여하도록 한다(마이크를 만들어 마이크를 잡은 사람이 발표하도록 하면 골고루 말하게 할 수 있다).
- 음식물 쓰레기 줄이는 방법 중 본인이 실천할 수 있는 것을 한 가지씩 정하여 실제 활동하게 한다.

교수 · 학습 과정안

관련 학년	1학년	관련 교과	국어
활동 제목	아픈 지구에게 편지 쓰기	본시 주제	환경을 보호하기

교수 · 학습 목표

- 지구의 환경 문제와 사람 사이의 관계를 설명할 수 있다.
- 지구에게 편지를 씀으로써 환경 문제에 관심을 갖고 환경을 보호하는 마음을 가질 수 있다.

교수 · 학습 자료

- 병든 지구에 관한 읽기 자료, '아픈 지구에게 편지 쓰기' 활동지, 편지 봉투

교수 · 학습 과정

- 학습 동기 유발

○ 편지 들려주기

– 병든 지구가 어린이들에게 보내는 편지를 들어본다.

※ 자료를 읽어 줄 때는 병든 지구에 관한 사진을 프로젝션 TV를 통해 보여 주도록 한다.

• 학습 문제 확인

– 오늘 우리가 배울 내용은 무엇일까요?

• 학습 활동

○ 지구 위로해 주기

– 지구에게 위로하는 말을 돌아가면서 한다.

– 사람들이 지구를 계속 괴롭힌다면 지구가 어떻게 될까요?

– 지구의 환경을 지키려면 우리가 어떻게 해야 할까요?

○ 지구에게 편지 쓰기 (활동지 활용)

– 지구에게 어떤 편지를 써 볼까요?

– 무슨 이야기를 하면 지구가 좋아할까요?

– 나의 다짐도 적어 주세요.

– 편지를 다 쓴 후 큰 목소리로 읽어 본다.

– 편지 봉투에 편지를 담고 보내는 사람에 학생의 이름을 받는 사람에 지구라고 쓰고 통합교과 '즐거운 생활'에서 만든 환경보호 스티커를 우표로 붙인다.

• 정리

– 우체통에 편지를 넣는다.

– 미리 만들어 둔 우체통에 편지를 넣고, 환경을 지키려면 우리가 어떻게 해야 하는지 다시 한 번 정리한다.

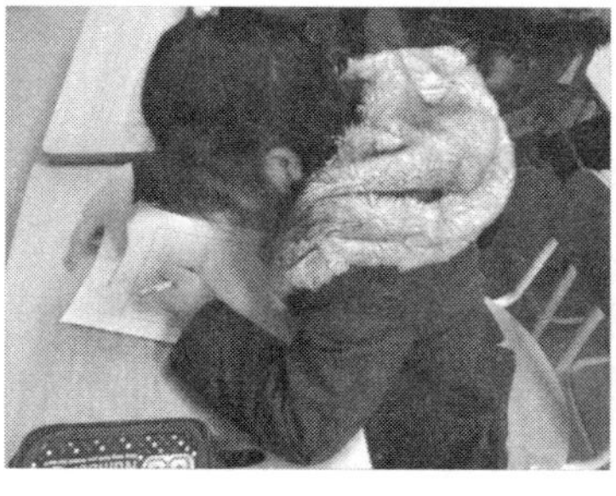

참고 자료

병들고 있는 지구에게 편지 쓰기 – 읽기 자료

지구가 전 세계 어린이들에게

교사: 우리가 살고 있는 지구는 하루가 지날수록 많이 아파지고 있어요. 지구가 말하는 것을 잘 들어보세요.

난 지구야. 요즘 난 많이 아파. 그래서 우리 어린이들이 날 도와주어야 해. 어디가 아프냐고?

난 물이 많은 푸른색의 별이야. 그런데 사람들이 소나 돼지 같은 가축을 기르면서 물이 사라지기 시작했어. 미국에서 쓰는 물의 절반이 소나 가축을 기르는 데 쓰이고 있어. 과학자들은 이대로 가다가는 몇십 년 안에 내 몸에 흐르는 물이 고갈될지도 모른대. 물이 없으면 나무도 없어지고 사막이 펼쳐질 텐데……. 그럼 난 아름다운 푸른색을 잃어버리겠지?

또 상쾌한 산소를 만들어 주던 나무들이 잘려나가고 있어. 전 세계 숲의 25% 이상이 여러 가지 건물을 짓고 사람들이 살기 위해 없어져 버렸어. 사람들은 그런데도 아파트와 공장을 짓기 위해 계속 숲을 없애고 있어. 이대로 가다간 지구에 사는 모든 생명체가 산소통을 짊어지고 다녀야 할지 몰라.

그런가 하면 가축을 키우기 위해 산의 나무 및 초원을 태우는 과정에서 엄청난 양의 이산화탄소가 공기 중에 나온단다. 또한 공장에서 나오는 가스 때문에 온도가 계속 올라가고 있어. 이걸 온실 효과라고 해. 온실 효과가 계속되면 북극에 있던 빙하가 녹아 우리가 사는 곳이 물바다가 될지도 모르고, 차가운 곳에 살던 생물이 다 죽을지도 몰라. 한 살 먹을 때마다 온도가 높아져서 큰일이야. 너희들도 열이 나봐서 알지? 나 지구도 열이 많이 난단다. 나 좀 도와주렴. 너희들이 날 도와주지 않으면 난 많이 아파 쓰러질지도 몰라.

지도상의 유의점

- 우리가 지구를 살릴 수 있는 방법은 쓰레기 분리수거와 같은 작은 일부터 시작임을 강조한다.

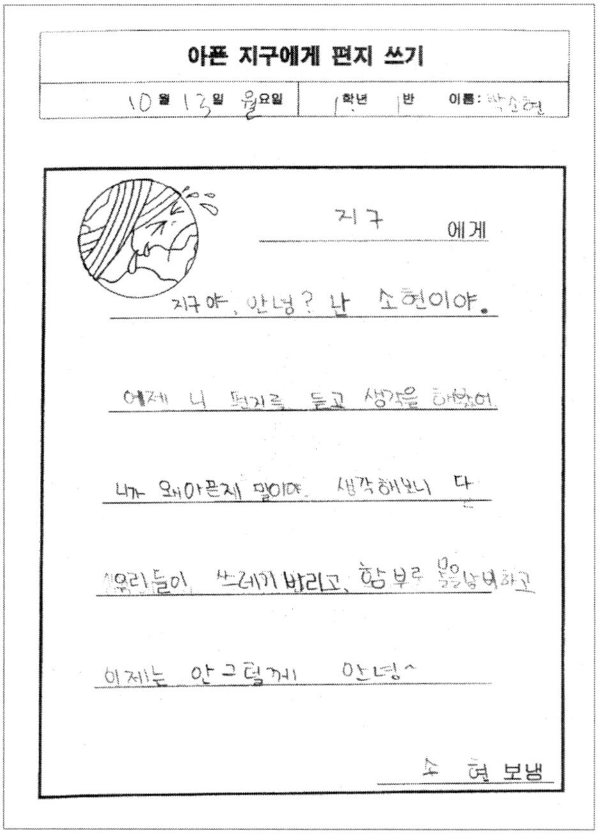

아픈 지구에게 편지 쓰기

10월 13일 월요일	1학년 1반 이름: 박소현

지구 에게

지구야, 안녕? 난 소현이야.

어제 너 편지를 듣고 생각을 해봤어.

너가 왜 아픈지 말이야. 생각해보니 다

우리들이 쓰레기 버리고, 함부로 물을 낭비하고

이제는 안 그럴게 안녕^

소현 보냄

교수 · 학습 과정안

관련 학년	1학년	관련 교과	수학
활동 제목	쓰레기 분리수거하기	본시 주제	환경을 보호하기

교수 · 학습 목표

- 쓰레기의 종류와 분류 방법을 알고 쓰레기를 바르게 처리할 수 있다.

• 쓰레기를 종류별로 분류하는 게임을 해 보고, 종류마다 몇 개의 쓰레기가 있는지 세어 보는 활동을 통해 수 개념을 익힌다.

교수 · 학습 자료

• 쓰레기 분리수거하기 활동지, 주사위

교수 · 학습 과정

• 학습 동기 유발

○ 노래 부르기

– '휴지는'이라는 노래를 불러 본다.

> 쫄깃쫄깃 껌들은 종이에 꽁꽁 싸고
> 아이스바 막대도 달콤한 껍질도
> 휴지통에다가 쏘옥 집어넣어요.
> 골목길도 큰길도 모두모두 깨끗해

• 학습 문제 확인

– 오늘 우리가 배울 내용은 무엇일까요?

• 학습 활동

○ 분리수거 경험 이야기하기

– 여러분은 쓰레기를 분리수거해 본 경험이 있나요?

– 어떻게 나눌 수 있을까요?(종류별로 나누어 버리는 방법과 까닭을 말해 본다.)

⇨ 방법: 다시 쓸 수 있는 것과 버리는 것

⇨ 까닭: 쓰레기 줄이기, 자원 아껴 쓰기

– 쓰레기를 바르게 분류하려면 어떻게 해야 할까요?

○ 4명씩 모둠을 나누고 쓰레기 분리수거 게임하기 (활동지 활용)

– 주사위를 던져 수가 가장 많이 나온 사람은 쓰레기차에 분리수거한다.

– 반복적으로 하여 가장 먼저 분리수거를 끝낸 사람이 이긴다.

– 바르게 분리수거를 하고 각각의 종류별로 몇 개의 쓰레기가 담겼는지 센다(쓰레기의 종류: 플라스틱류, 캔류, 병류, 종이류 등).

• 정리

-분리수거가 잘 되었나요?

-우리 생활 주변을 깨끗하게 하는 나의 다짐을 발표해 본다.

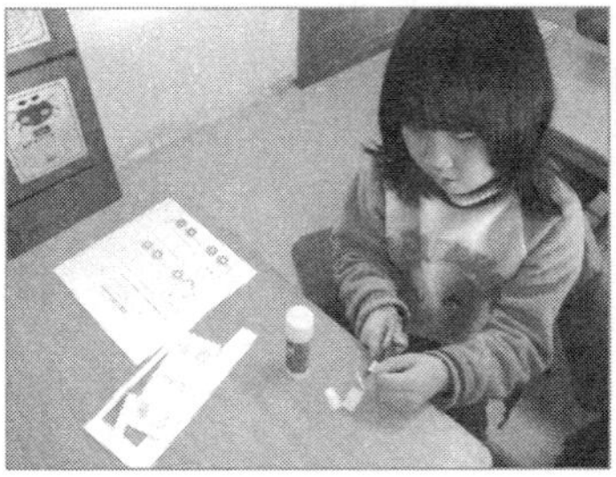

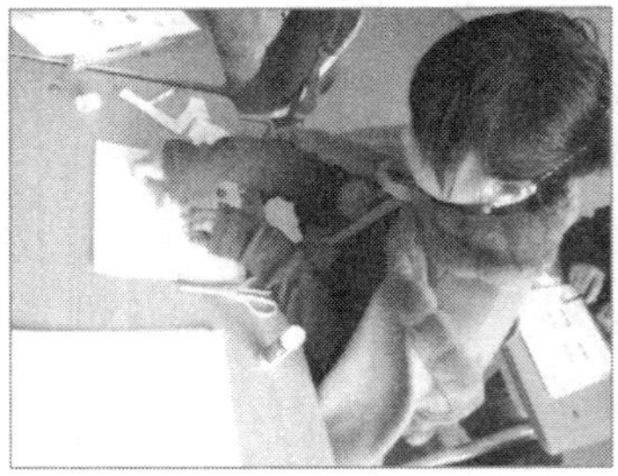

지도상의 유의점

• 가정에서 쓰레기를 버리는 모습을 관찰하여 발표하도록 하고 게임에 적극 참여하게 한다.

• 모든 학생이 구체적인 경험을 상기하면서 게임을 재미있게 할 수 있도록 한다.

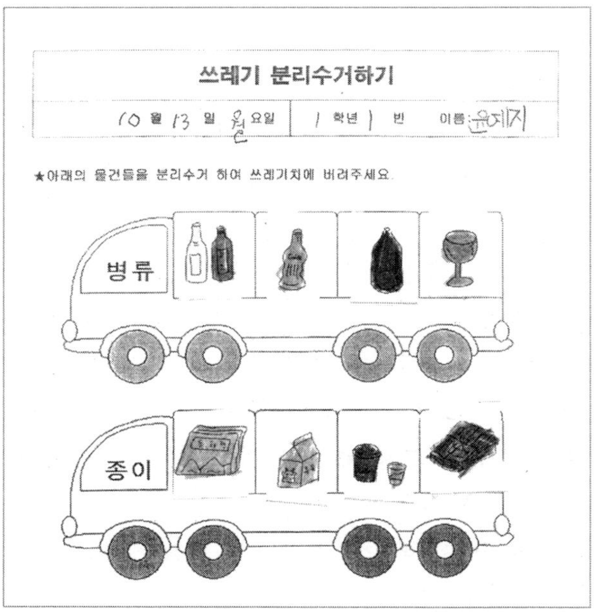

쓰레기 분리수거하기

10 월 13 일 월 요일 | 1 학년 1 반 이름: 윤제지

★아래의 물건들을 분리수거 하여 쓰레기차에 버려주세요.

3) '바른 생활' 통합적으로 운영하기 실제－2학년

(1) 주제망 구성하기

'바른 생활' 2학년 교과에는 다섯 가지 주제가 구성되어 있으며, 그중 하나가 '나라 사랑하기'다. '나라 사랑하기' 대주제를 중심으로 활동 주제와 내용을 주제망으로 구성하면 다음과 같다.

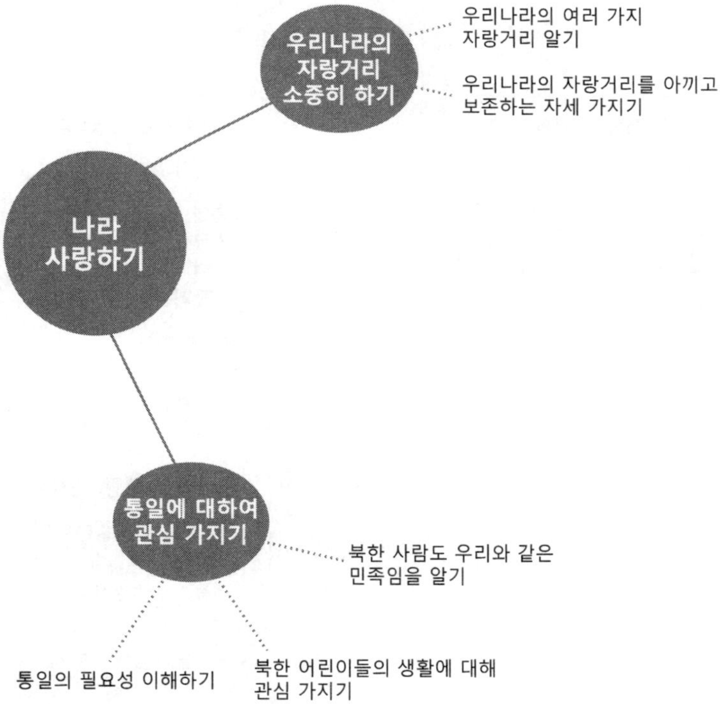

[주제망 구성하기 예－'나라 사랑하기']

(2) 다른 통합교과와 연계하여 주제망 구성하기

'나라 사랑하기' 주제와 연계할 수 있는 내용들을 다른 통합교과를 중심으로 분석하여 주제망을 구성하면 다음과 같다.

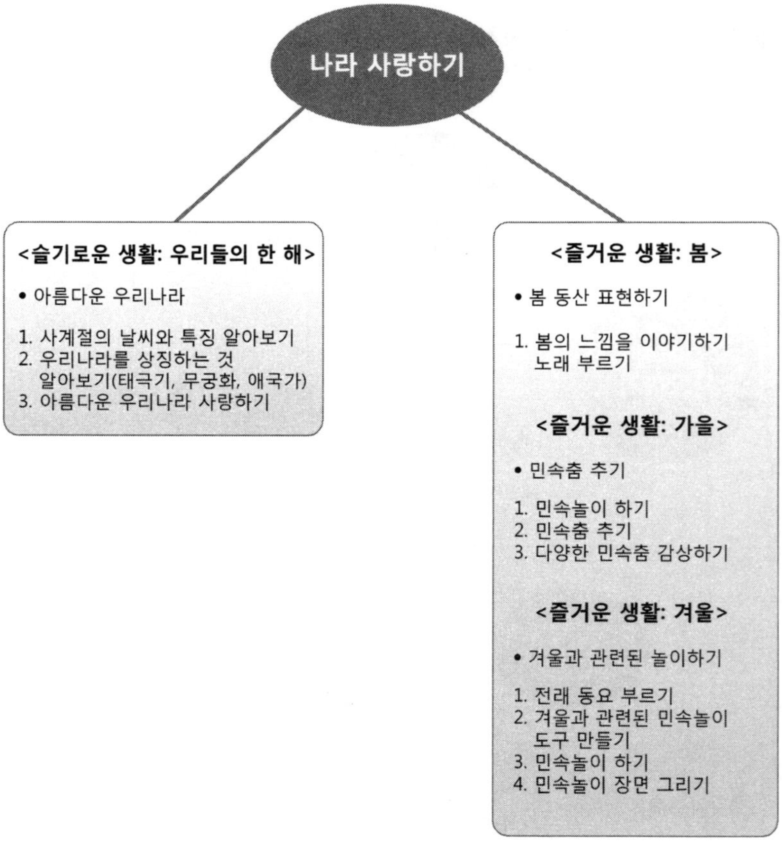

[통합교과와 연계하여 주제망 구성하기 예—'나라 사랑하기']

(3) 통합적으로 활동 구성하기

여기에 제시한 것은 '문화재 지키기'라는 활동을 진행할 때 교육과정 재구성을 통해 통합적 운영을 어떻게 할 수 있는지에 대한 예시로 여기에 통합적으로 구성된 활동들은 교과서에 제시되어 있는 활동이 아니다. 교사는 '문화재 지키기' 활동을 본 활동으로, '단청 꾸미기' '해시계 만들기' '우리나라 자랑거리 책 만들기' '전통문양 규칙 만들기' 등을 교육과정 재구성을 통해 교과 간에 통합적으로 진행함으로써 '우리나라의 자랑거리 소중히 하기'라는 활동 주제를 보다 효과적으로 전개해 나갈 수 있다.

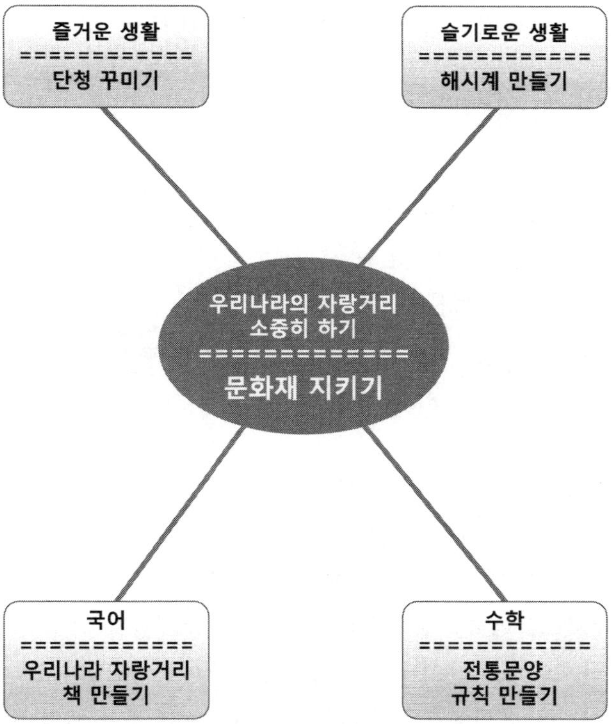

[통합적으로 활동 구성하기 예–'문화재 지키기']

교수 · 학습 과정안

관련 학년	2학년	관련 교과	바른 생활
활동 제목	문화재 지키기	본시 주제	우리나라의 자랑거리 소중히 하기

교수 · 학습 목표

• 세계적으로 인정받는 우리나라 문화재를 소중하게 생각한다.
• 문화재를 보호하고 사랑하는 태도를 기른다.

교수 · 학습 자료

• 세계 유네스코 지정 문화재 사진, 훼손된 문화재 사진

교수 · 학습 과정

• 학습 동기 유발
  ○ 문화재 사진 자료 제시하기
    – 이 문화재를 본 적이 있니?
    – 이 문화재의 이름은 무엇일까?
• 학습 문제 확인
  – 오늘 우리가 배울 내용은 무엇일까요?
• 학습 활동
  ○ 세계유네스코에 대해 이야기하기
    – 유네스코라는 말을 들어본 적이 있니?
    – 유네스코에서 하는 일에 대해 이야기한다.
  ○ 세계유네스코에서 지정한 우리나라 문화재 소개하기
    – 사진 속에 있는 문화재를 본 적이 있는지 이야기해 본다.
    – 사진 속의 문화재가 세계유네스코에서 지정한 문화재임을 이야기해 준다.
  ○ 훼손된 문화재에 대해 이야기 나누기

–훼손된 문화재를 보고 느낌을 이야기해 본다.

• 정리

–세계유네스코에서 지정한 문화유산을 보니 어떤 마음이 드나요?

–문화재를 보호하기 위해서 어떻게 해야 할까요?

참고 자료

• 유네스코 문화유산

세계유산 상징로고: 유네스코가 인류의 소중한 문화 및 자연유산을 보호하기 위해 1978년 만든 것으로 미셸 올립(Michel Olyff)이 도안함.

〈상징〉

• 가운데 사각형은 인간이 만든 형상이며 단(원)은 자연을 의미함.
• 사각형과 원이 서로 연결되어 있는 것은 인간과 자연이 밀접하게 연관지어져 있음을 나타내며 둥근 로고는 세계의 표상이며 보호의 상징임.
• 전체적으로 인간이 만든 문화유산과 자연유산의 상호 보존 및 자연과 인간의 연관성을 상징함.

〈목적〉

자연재해나 전쟁 등으로 파괴의 위험에 처한 유산의 복구 및 보호 활동 등을 통해 보편적 인류 유산의 파괴를 근본적으로 방지하고, 문화유산 및 자연유산의 보호를 위한 국제적 협력 및 각 나라별 유산 보호 활동을 고무하기 위함.

(출처: http://www.unesco.or.kr/whc/about_whc.html)

• 한국의 세계유산

창덕궁

수원화성

석굴암 · 불국사

해인사 장경판전

이 외에도 종묘, 경주역사유적지구, 고창 · 화순 · 강화 고인돌 유적, 제주 화산섬과 용암동굴이 있다.

지도상의 유의점

- 친숙한 문화재를 중심으로 소개하고, 익숙해지면 다양한 문화재를 소개한다.

* 본 활동은 2007년 개정 초등교육과정에 제시된 주제를 중심으로 구성한 것임.

교수 · 학습 과정안

관련 학년	2학년	관련 교과	슬기로운 생활
활동 제목	해시계 만들기	본시 주제	우리나라의 자랑거리 소중히 하기

교수 · 학습 목표

- 그림자를 표시하여 해시계를 만들 수 있다.

교수 · 학습 자료

- 도화지, 수수깡, 사인펜, 시계, '해시계 관찰하기' 활동지

교수 · 학습 과정

• 학습 동기 유발

○ '시계가 없다면?' 창작동화 들려주기

– 시계가 없다면 우리에게 어떤 일이 일어날까요?

– 시계가 없다면 시간의 변화를 어떻게 알 수 있을까요?

– 우리나라에서는 언제 처음 시계를 만들었을까요?

• 학습 문제 확인

– 오늘 우리가 배울 내용은 무엇일까요?

• 학습 활동

○ 앙부일구(해시계) 관찰하기

– 누가 만들었을까요?

– 이것으로 어떻게 시간의 변화를 알 수 있을까요?

– 야외에서 직접 관찰해 볼까요?

○ 해시계 만들기 (활동지 활용)

– 조선시대의 과학자가 되어 해시계를 만들어 봅시다.

– 먼저 넓은 도화지에 수수깡을 세운다.

– 운동장에 수수깡을 세운 도화지를 햇볕이 잘 드는 곳에 고정시킨다.

– 1시간마다 그림자의 끝부분을 활동지에 표시한다(2~3시간 동안 표시한다).

– 이제 매일 직접 만든 해시계가 가리키는 그림자의 위치를 보며 시간을 알 수 있게 된다.

• 정리

○ 서로의 작품 감상하기

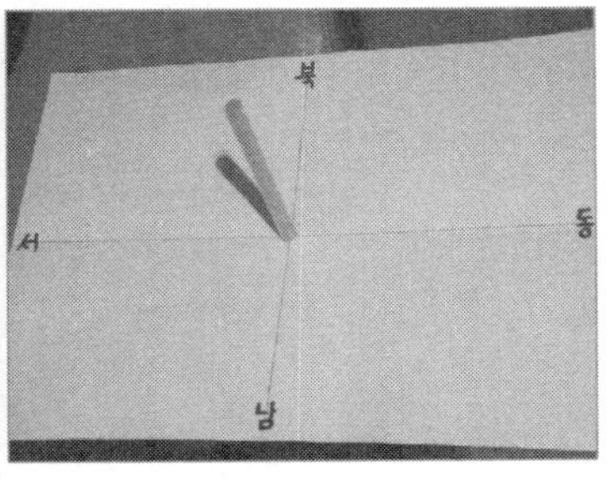

–다른 친구의 해시계도 감상해 본다.

–알게 된 점을 이야기 나눈다.

참고 자료

- 해시계, 물시계, 자명종, 시계와 관련된 동화

지도상의 유의점

- 그림자의 길이 변화는 무시한다.
- 활동 간 야외 수업, 체육 활동을 병행한다.

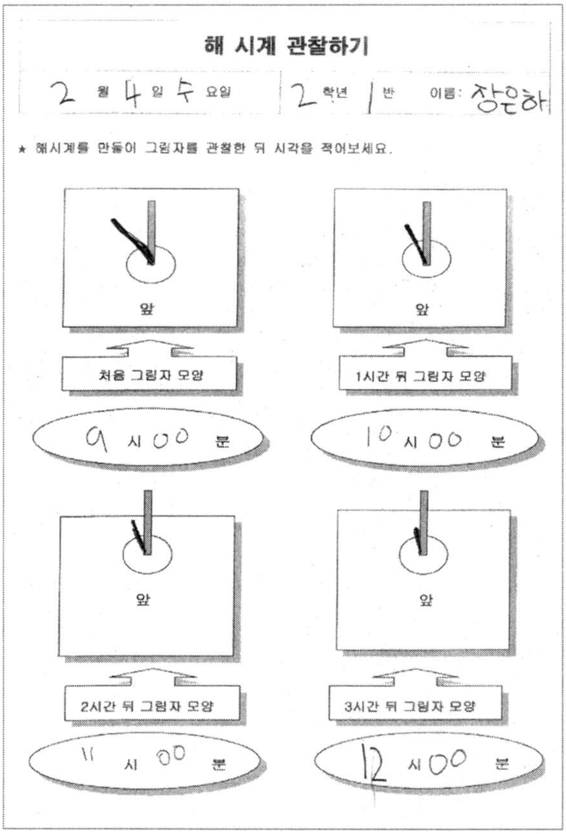

교수 · 학습 과정안

관련 학년	2학년	관련 교과	즐거운 생활
활동 제목	단청 꾸미기	본시 주제	우리나라의 자랑거리 소중히 하기

교수 · 학습 목표

- 여러 가지 색을 사용하여 단청을 꾸밀 수 있다.

교수 · 학습 자료

- 여러 가지 단청 문양 프린트, 크레파스, 색연필, 사인펜, '단청 꾸미기' 활동지

교수 · 학습 과정

- 학습 동기 유발
  - ○ 숭례문, 경복궁 등의 단청 감상하기
    - –여러분은 이런 것을 본 적 있나요?
    - –어떤 색을 사용하였나요?
    - –어떤 문양이 있나요?
- 학습 문제 확인
  - –오늘 우리가 배울 내용은 무엇일까요?
- 학습 활동
  - ○ 단청 문양 관찰하기(단청을 관찰한 느낌 이야기하기)
    - –왜 이런 문양으로 꾸몄을까요?
    - –어떤 느낌이 드나요?
  - ○ 단청 꾸미기 (활동지 활용)
    - –이번에는 여러분이 직접 단청을 꾸며 볼까요?
    - –자기가 꾸미고 싶은 단청 문양을 골라 보세요.
    - –먼저 어떤 색으로 칠하면 좋을지 생각해 보세요.
    - –몇 가지 색을 사용하면 좋을지도 생각해 보세요.

  - 어떤 색깔이 들어가면 예쁠까요?
  - 이제 여러분은 조선시대의 단청을 그리는 예술가가 되었어요.
  - 이 세상에서 하나뿐인 나만의 멋진 단청을 꾸며 봅시다.

- 정리
  - ○ 서로의 작품 감상하기
    - 내가 꾸민 단청을 친구들에게 소개한다.
    - 재미있는 표현에 대하여 이야기 나눈다.

참고 자료

- 단청이 있는 전통 건물 사진, 단청을 칠하는 모습

지도상의 유의점

- 다양한 색깔을 사용하도록 한다.
- 너무 세밀하지 않은, 2학년 수준에 맞는 자료를 준비한다.

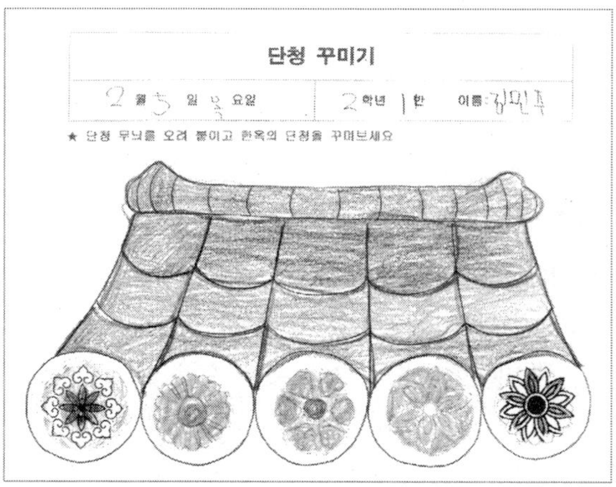

교수 · 학습 과정안

관련 학년	2학년	관련 교과	국어
활동 제목	우리나라 자랑거리 책 만들기	본시 주제	우리나라의 자랑거리 소중히 하기

교수 · 학습 목표

• 우리나라를 자랑하는 글을 쓸 수 있다.

교수 · 학습 자료

• 영상 자료, 종이, 사인펜, 크레파스, 색연필, '우리나라 자랑 책 만들기' 활동지

교수 · 학습 과정

• 학습 동기 유발
  ○ 우리나라의 자랑거리 찾기
    – 우리나라 하면 생각나는 것이 무엇이 있을까요?
    – 왜 그런 생각이 드나요?
• 학습 문제 확인
  – 오늘 우리가 배울 내용은 무엇일까요?
• 학습 활동
  ○ 우리나라 자랑거리 이야기하기
    – 선생님이 준비한 영상을 보고 어떤 자랑거리인지 생각해 본다.
      ⇨ 한글, 거북선, 한복, 태권도, 김치, 첨성대, 불국사
    – 이 외에 우리나라의 전통 음식, 옷, 건물 등 다른 나라에는 없는 우리나라만의 자랑거리를 이야기해 본다.
    – 어떤 자랑거리가 있을까요?

○ 책 만들기 (활동지 활용)

–여러분이 자랑한 내용을 다른 사람에게 소개하는 글로 적어 봅시다.

–표지에는 그림으로 표현해 봅시다.

–그림도 그리고 여러 가지 색깔로 꾸며 봅시다.

–나만의 우리나라 자랑 책을 만들어 봅시다.

• 정리

○ 서로의 작품 감상하기

–나의 책을 다른 친구에게 소개한다.

–재미있거나 멋지게 소개한 친구를 칭찬해 볼까요?

–다른 친구의 책을 읽어 본다.

참고 자료

• 한글, 거북선, 한복, 태권도, 김치, 첨성대, 불국사 등 사진 또는 영상 자료 준비

지도상의 유의점

• 교사가 도화지로 책을 접어 주어 학생들이 만드는 시간이 많이 소요되지 않도록 한다.

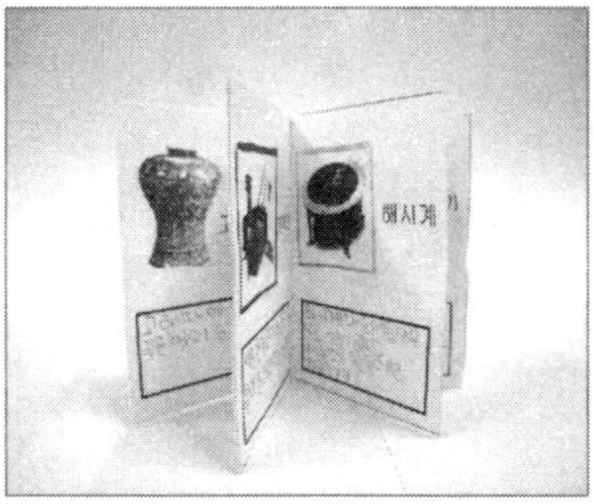

교수 · 학습 과정안

관련 학년	2학년	관련 교과	수학
활동 제목	전통 문양 규칙 만들기	본시 주제	우리나라의 자랑거리 소중히 하기

교수 · 학습 목표

• 일정한 규칙을 만들고, 만든 규칙의 숫자를 셀 수 있다.

교수 · 학습 자료

• '전통 문양 규칙 만들기' 활동지, 가위, 풀

교수 · 학습 과정

• 학습 동기 유발

○ 화장실 타일, 벽지 무늬 관찰하기

–어떤 무늬가 있나요?

–어떻게 연결되고 있나요?

–어떤 무늬가 마음에 드나요?

• 학습 문제 확인

–오늘 우리가 배울 내용은 무엇일까요?

• 학습 활동 (활동지 활용)

○ 전통 문양 관찰하기(네 가지 전통 문양 관찰)

–전통 문양을 본 적이 있나요?

–어떤 색을 사용하고 있나요?

–어떻게 이어지고 있나요?

• 규칙 만들기(학생들에게 세 가지 전통 문양을 5개씩 나누어 준다.)

–선생님이 이야기하는 숫자대로 전통 문양을 사용하고 규칙을 만들어 본다.

⇨ 두 가지 전통 문양 3개를 이용하여 나만의 규칙을 만든다.

⇨ 두 가지 전통 문양 6개를 이용하여 나만의 규칙을 만든다.

⇨ 세 가지 전통 문양 9개를 이용하여 나만의 규칙을 만든다.

– 나누어 준 모든 전통 문양을 이용하여 만들고 싶은 대로 규칙(순서)을 만들어 봅시다.

⇨ 어떤 모양이 나왔나요?

⇨ 몇 개의 전통 문양을 사용하였나요?

⇨ 짝은 몇 개의 전통 문양을 이용하였나요?

• 정리

– 선생님이 만든 규칙의 전통 문양 수를 세어 봅시다.

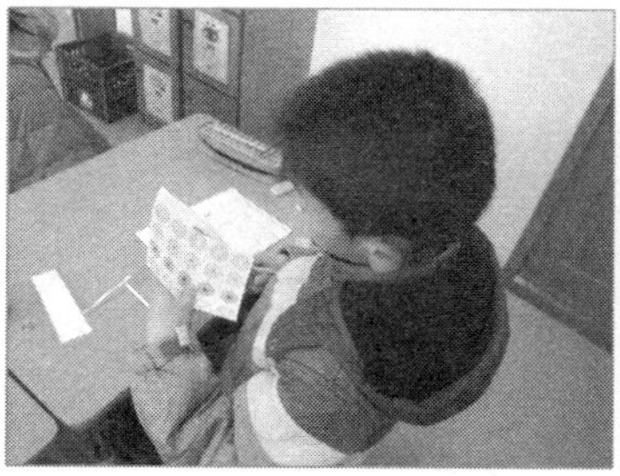

참고 자료

• 전통 문양, 단청, 화장실 타일, 벽지(일정한 모양이 규칙적으로 있는)

지도상의 유의점

• 학생 수준을 고려하여 전통 문양이 너무 복잡하거나 세밀한 그림은 선택하지 않는다.

전통문양 규칙 만들기

2월 4일 수 요일	2 학년 1 반 이름:박소현

★ 전통문양을 오려 붙여 규칙을 만들어보세요.

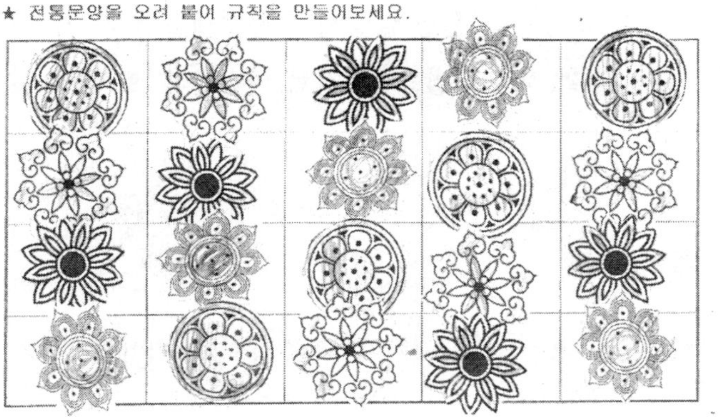

3. '슬기로운 생활'의 통합적 운영

1) 수업설계를 위한 기본원칙 이해하기

'슬기로운 생활'의 통합적 운영에 앞서 수업설계를 위한 기본원칙 및 유의사항을 수업 계획, 교수방법 설정, 자료 선정, 평가로 나누어 제시하면 다음과 같다.

(1) 수업 계획

1	학습 목표는 '슬기로운 생활'과의 교과 성격을 반영하여 교육과정에 제시된 목표와 일관성을 유지할 수 있도록 설정한다.
2	계절, 학교 및 지역적 특수성, 다른 교과와의 연계성 등을 고려하여 교육과정을 재구성한다.
3	일상생활을 중심으로 기초 탐구 기능을 기르고, 창의적으로 사고할 수 있도록 계획한다.
4	개별 학습, 소집단 학습, 전체 학습 등 학습 활동 조직을 다양하게 하고 학습자가 자기주도적으로 학습할 수 있도록 계획한다.
5	학습 효과를 높이기 위해 주변의 자연 환경과 사회 환경을 다양하게 활용할 수 있도록 계획한다.
6	지도 내용에 따라 필요한 시간을 연속하여 운영할 수 있고, 타 교과와의 연계성을 고려하여 통합적으로 운영한다.

(2) 교수방법 설정

1	자료의 수집 · 관찰 · 분류 등의 활동을 통해 기초 탐구 능력을 기르도록 지도한다.
2	관찰, 견학, 기르기, 만들기, 놀이 등의 다양한 활동을 통해 구체적이며 직접적인 경험 중심의 학습이 되도록 지도한다.

3	학생의 지적 호기심과 학습 동기를 유발할 수 있도록 다양한 질문을 하고 창의적인 사고를 촉진하기 위해 학생들의 반응을 수용하는 분위기를 조성한다.
4	소집단 활동을 통해 의사소통 능력, 의사 결정 능력, 민주적인 생활 습관을 길러 주도록 지도한다.
5	사회 현상과 자연 현상의 이해와 더불어 생명 존중, 타인에 대한 배려 등 정의적 요소에 대하여 지도한다.
6	탐구 과정 및 결과를 글, 그림 등 다양한 방법으로 표현하는 기회를 갖도록 지도한다.

(3) 자료 선정

1	다양한 교수 · 학습 자료를 이용하되, 주위의 실물 자료나 일상생활에서 일어나는 사례를 많이 활용한다.
2	학습이나 생활에 쓰이는 도구의 사용 방법을 익혀 바르고 안전하게 사용하도록 지도한다.
3	교육과정에 제시된 활동 내용과 자료는 학교의 실정, 지역사회의 특수성, 시대의 변화에 맞도록 재구성할 수 있다.

(4) 평가

① 평가 계획

1	교수 · 학습 계획을 기초로 하여 학기 초에 평가 계획을 수립한다.
2	평가는 개개인의 활동을 중심으로 하되 평가 영역, 평가 시기, 평가 방법, 결과 처리 방법 등의 내용을 포함하여 다른 학습자들과 함께하는 학습 활동과정에서의 능력과 태도도 평가한다.
3	관찰법, 체크 리스트, 포트폴리오 등 다양한 평가 방법을 활용하고 교사 위주의 평가에서 벗어나 자기 평가, 동료 평가 등이 이루어지도록 계획한다.

② 평가 목표와 내용 설정

1	자신과 사회 현상, 자연 현상 간의 관계 이해와 슬기롭게 사고하고 행동할 수 있는 능력과 태도의 성취 정도를 평가한다.
2	평가의 내용은 다음의 요소들이 포괄적이고 균형 있게 포함되도록 한다. • 나와 다른 사람과의 관계를 이해하고 서로 어울려 살아갈 수 있는 능력과 태도 • 초보적인 탐구 활동을 통해 자신과 주위 현상의 관계를 이해하고 일상생활에서 부딪히는 문제를 스스로 해결하는 능력 • 생물의 성장을 살펴보고 생명을 존중하고 사랑하는 마음 • 주위 현상에 대하여 호기심을 가지고 꾸준히 학습하려는 태도와 습관

③ 평가 방법 설정

1	성취 기준의 도달 여부를 판정할 수 있도록 평가 계획에 따라 다양한 평가 도구와 방법을 개발한다.
2	학습의 결과와 함께 학습과정도 평가한다.
3	학생들의 흥미와 호기심을 유발하고 창의적인 사고를 기를 수 있도록 평가한다.

④ 평가 결과 활용

1	학습 지도 계획을 수립하고 지도 방법을 개선하는 데 평가 결과를 활용한다.
2	학생을 이해하고 지도하는 데 학생 개인별 성취 결과를 활용한다.
3	평가 결과를 가정과 공유함으로써 학교와 가정이 연계하여 학생을 지도하는 데 활용한다.

2) '슬기로운 생활' 통합적으로 운영하기 실제−1학년

(1) 주제망 구성하기

'슬기로운 생활' 1학년 교과에는 여섯 가지 주제가 구성되어 있으며, 그중 하나가 '나의 몸'이다. '나의 몸' 대주제를 중심으로 활동 주제와 내용을 주제망으로 구성하면 다음과 같다.

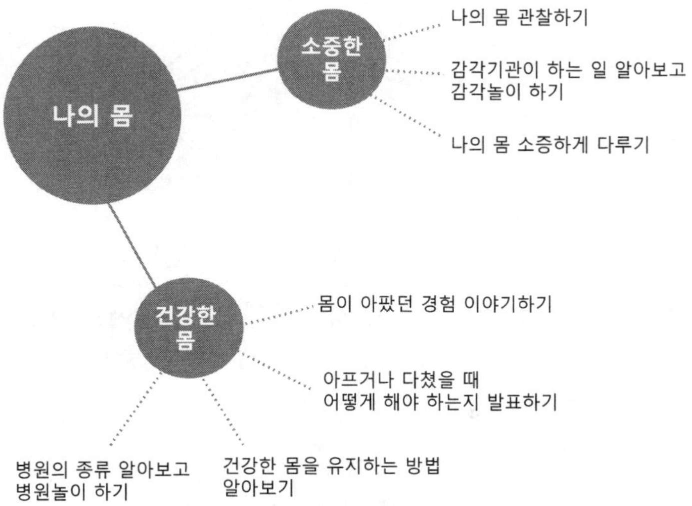

[주제망 구성하기의 예−'나의 몸']

(2) 다른 통합교과와 연계하여 주제망 구성하기

'나의 몸' 주제와 연계할 수 있는 내용들을 다른 통합교과를 중심으로 분석하여 주제망을 구성하면 다음과 같다.

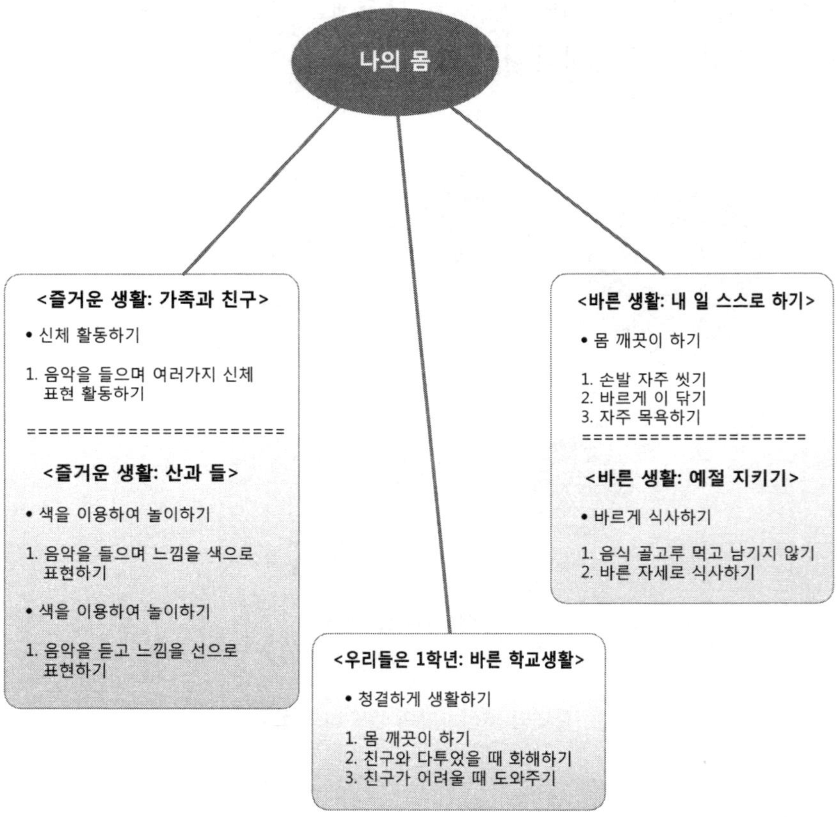

[통합교과와 연계하여 주제망 구성하기 예－'나의 몸']

(3) 통합적으로 활동 구성하기

여기에 제시한 것은 '여러 가지 운동하기'라는 활동을 진행할 때 교육과정 재구성을 통해 통합적 운영을 어떻게 할 수 있는지에 대한 예시로, 여기에 통합적으로 구성한 활동들은 교과서에 제시되어 있는 활동이 아니다. 교사는 '여러 가지 운동하기' 활동을 본 활동으로, '건강노래 율동 만들기' '바르게 이 닦기' '동화 보기' '이에 좋은 음식 나쁜 음식 분류하기' 등을 교육과정 재구성을 통해 교과 간에 통합적으로 진행함으로써 '건강한 몸'이라는 활동 주제를 보다 효과적으로 전개해 나갈 수 있다.

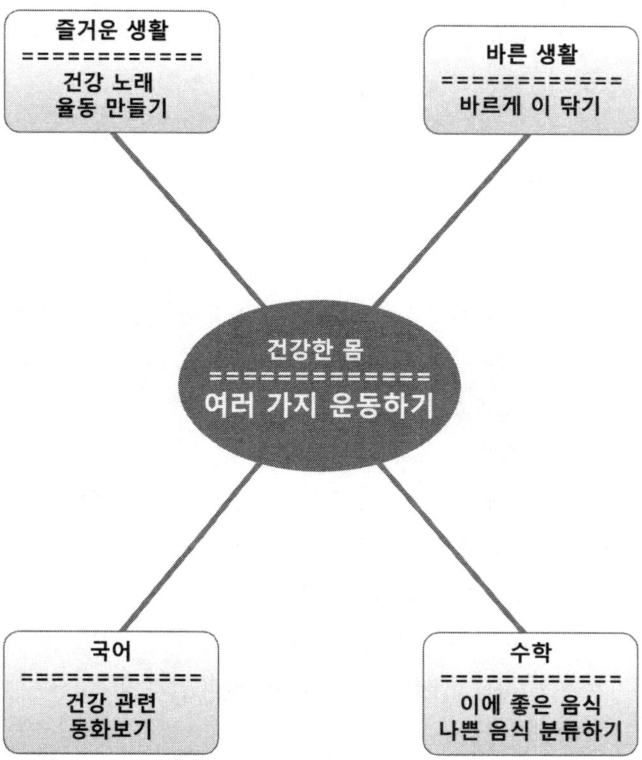

[통합적으로 활동 구성하기 예–'여러 가지 운동하기']

교수 · 학습 과정안

관련 학년	1학년	관련 교과	슬기로운 생활
활동 제목	여러 가지 운동하기	본시 주제	건강한 몸

교수 · 학습 목표

- 운동을 해야 하는 까닭을 말할 수 있다.

교수 · 학습 자료

- 교사: 긴 줄 등 여럿이 할 수 있는 운동 기구
- 학생: 훌라후프 등 혼자 할 수 있는 운동 기구

교수 · 학습 과정

- 학습 동기 유발
  - ○ 좋아하는 운동 말하기
    - –여러 가지 운동 중에서 자신이 좋아하는 운동과 그 이유를 말한다.
      - ⇨ 줄넘기, 축구, 피구, 태권도, 검도, 놀이기구 오르기, 술래잡기, 달리기, 훌라후프, 수영 등
  - ○ 운동의 종류 말하기
    - –잡지나 신문에서 사람들이 운동하는 모습이나 유명한 운동선수의 사진을 보고 어떤 운동인지 알아맞힌다.
    - –그 밖에 알고 있는 운동의 종류를 말해 본다.
      - ⇨ 축구, 농구, 야구, 태권도, 수영, 줄넘기, 피구, 검도, 놀이기구 오르기, 술래잡기, 달리기 훌라후프, 빨리 걷기 등
- 학습 문제 확인
  - –오늘 우리가 배울 내용은 무엇일까요?
- 학습 활동
  - ○ 혼자 할 수 있는 운동과 여럿이 할 수 있는 운동 찾아보기

－교과서 그림(pp. 54～55)을 보고 혼자 할 수 있는 운동과 여럿이 할 수 있는 운동을 분류하여 표시한다.

－교과서 그림(pp. 54～55)에서 찾은 혼자 할 수 있는 운동을 발표한다.

⇨ 줄넘기, 훌라후프, 철봉 매달리기, 정글짐 오르내리기, 구름사다리 건너기, 멀리뛰기

－교과서 그림에서 찾은 여럿이 할 수 있는 운동을 발표한다.

⇨ 축구, 사방치기, 긴 줄넘기, 피구(배구), 고무줄놀이

－그 밖에 혼자 할 수 있는 운동을 발표한다.

⇨ 인라인 스케이트 타기, 달리기, 빨리 걷기, 수영, 체조, 태권도, 놀이기구 오르내리기 등

－그 밖에 여럿이 할 수 있는 운동을 발표한다.

⇨ 축구, 피구, 야구, 짝 체조, 술래잡기, 민속놀이(비석치기) 등

－잡지나 신문에서 사람들이 운동하는 모습이나 유명한 운동선수의 사진을 활용하여 그 밖의 운동의 종류를 무리지어 본다.

○ 운동을 선택하여 직접 해 보기

－혼자 할 수 있는 운동 중에서 한 가지를 선택하여 해 본다.

⇨ 운동장에서 멀리뛰기를 했다면 그것을 '재어보기' 활동으로 실행한다.

－여럿이 할 수 있는 운동 중에서 한 가지를 선택하여 해 본다.

－혼자 할 수 있는 운동과 여럿이 할 수 있는 운동은 언제 어디서 하는 것이 좋을지 무리지어 발표한다.

○ 운동을 열심히 하면 좋은 점 알아보기

－운동 전후의 차이점을 발표한다.

⇨ 운동 후에 땀이 많이 난다, 숨이 차다, 재미가 있다, 몸이 튼튼해졌다 등

－운동과 우리 몸과의 관계를 알아보고 발표한다.

⇨ 키 크는 데 도움이 된다, 비만을 예방할 수 있다, 힘이 세어진다, 재빨리 움직일 수 있다, 병에 걸리지 않는다, 오래 해도 숨이 차거나 힘들지 않다 등

–운동과 우리 생활과의 관계를 알아보고 발표한다.

⇨ 지각, 조퇴, 결석이 거의 없다, 운동을 하면서 친구와 친해질 수 있다, 밥맛이 좋아져 몸이 더 튼튼해진다, 규칙적인 생활을 하는 데 도움이 된다, 스트레스나 신경질이 적어진다, 활달하고 적극적인 성격이 된다 등

○ 운동을 하지 않았을 때의 좋지 않은 점 알아보기

–몸이 약해져서 조퇴를 자주 한다.

–밥맛이 없다.

–병에 잘 걸린다.

• 정리

○ 운동을 열심히 하려는 마음 갖기

–운동을 꾸준히 하는 것과 그렇지 않은 것의 차이점을 생각해 본다.

⇨ 운동을 꾸준히 해야 몸이 튼튼해진다, 건강하려면 운동을 꾸준히 해야 한다 등

–꾸준히 할 수 있는 운동을 계획하여 발표한다.

⇨ 매일 줄넘기하기, 수영장 다니기, 훌라후프 돌리기, 방과 후에 친구들과 축구(야구)하기 등

참고 자료

• 어린이 연령에 맞는 운동 프로그램(건강길라잡이 http://www.hp.go.kr –보건복지가족부)

지도상의 유의점

• 건강을 유지하는 방법 중의 하나로 운동의 중요성을 알고, 운동을 직접 선택하여 해 봄으로써 운동의 좋은 점을 깨닫도록 한다.

• 운동 종목은 자유롭게 선택하도록 하며, 꾸준한 실천의지를 가질 수 있도록 지도하는 데 중점을 둔다.

교수 · 학습 과정안

관련 학년	1학년	관련 교과	즐거운 생활
활동 제목	건강 노래 율동 만들기	본시 주제	건강한 몸

교수 · 학습 목표

- 음식을 골고루 먹으면 좋은 점을 알 수 있다.
- 음식을 골고루 먹는 노래를 개사하여 부르며 즐겁게 신체 표현을 할 수 있다.

교수 · 학습 자료

- 개사한 노래 자료

교수 · 학습 과정

- 학습 동기 유발
  - ○ 노래 부르기
    - '햇볕은 쨍쨍' 노래를 듣고 따라 불러 봅시다.
    - 신체 표현을 하며 노래를 불러 봅시다.
- 학습 문제 확인
  - 오늘 우리가 배울 내용은 무엇일까요?
- 학습 활동
  - ○ 노래 부르기
    - 음식을 골고루 먹기 노래를 불러 준다(음은 '내 동생 곱슬머리'를 붙인다).

제목: (　　) 밥 먹자.

밥과 반찬을 먹으면	내 동생 곱슬머리
으라차차 힘이 솟아요.	개구쟁이 내 동생
멸치를 먹으면	이름은 하나인데
쑥쑥 키가 커요.	별명은 서너 개
김을 먹으면 머리가 좋아져	엄마가 부를 때는 꿀돼지
당근을 먹으면 눈이 좋아져	아빠가 부를 때는 두꺼비
시금치를 먹으면 힘이 세져	누나가 부를 때는 왕자님
이야이야이야이야	이야이야이야이야
자리에 앉아서	어떤 게 진짜인지
맛있게 먹어요 먹어.	몰라몰라 몰라

※ (　　) 안에는 자신의 이름을 넣어 본다.

○ 율동 만들기

－노래에 알맞은 신체 표현을 만들어 본다.

－이 가사에는 어떤 신체 표현을 하면 좋을까요?

－알맞은 신체 표현을 생각해 본다.

－신체 표현을 잘한 학생 또는 희망하는 학생을 발표시킨다.

• 정리

－음식을 골고루 먹으면 좋은 점을 이야기해 본다.

지도상의 유의점

• 신체 활동 시 개인뿐만 아니라 짝 또는 여럿이 할 수 있도록 한다.

교수 · 학습 과정안

관련 학년	1학년	관련 교과	바른 생활
활동 제목	바르게 이 닦기	본시 주제	건강한 몸

교수 · 학습 목표

- 칫솔질의 올바른 사용 방법을 알 수 있다.
- 칫솔질의 올바른 방법을 익힐 수 있다.
- 이를 깨끗하게 하는 방법을 알고 실천하려는 마음을 갖는다.

교수 · 학습 자료

- '이 닦기 순서대로 붙이기' 활동지

교수 · 학습 과정

- 학습 동기 유발하기
  - ○ 노래 부르기
    - –이 닦기 노래를 부른다.

> 아침을 먹고 나면 이를 닦아요 치카치카치카치카
> 점심을 먹고 나면 이를 닦아요 치카치카치카치카
> 저녁을 먹고 나면 이를 닦아요 치카치카치카치카
> 윗니 치카치카 아랫니 치카치카 어금니 치카치카 돌려서 치카치카
> 참 깨끗해요 이 닦고 나니

- 학습 문제 확인
  - –오늘 우리가 배울 내용은 무엇일까요?
- 학습 활동
  - ○ 이야기 나누기
    - –충치가 생기는 원인을 알아본다.

–충치를 예방하는 방법을 알아본다.

○ 칫솔질 방법 알기

–칫솔질의 올바른 방법을 익힌다.

⇨ 아래, 위로 닦는다. 앞니, 옆니, 어금니를 골고루 닦는다.

–치약, 칫솔의 바른 사용법을 알아볼까요?

–어떻게 사용해야 하나요?

–바르게 이 닦는 순서 활동지를 해결해 봅시다. (활동지 활용)

• 정리

–바른 방법으로 이 닦기를 실습해 본다.

참고 자료

• 바르게 이 닦는 순서

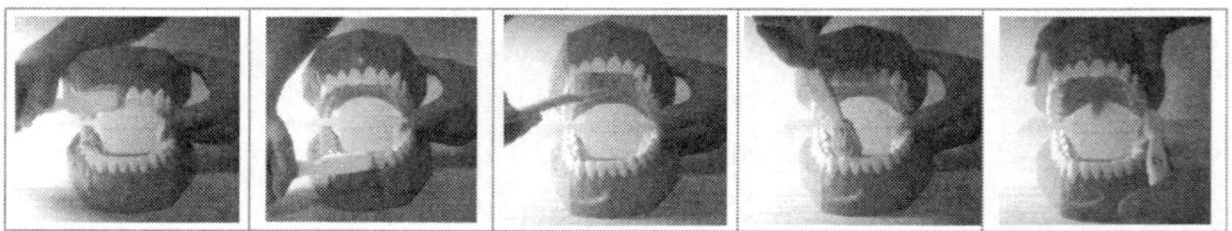

1. 위쪽 앞니	2. 아래쪽 앞니	3. 위쪽 안쪽니	4. 아랫쪽 안쪽니	5. 위아래 어금니

교수 · 학습 과정안

관련 학년	1학년	관련 교과	국어
활동 제목	건강 관련 동화 보기	본시 주제	건강한 몸

교수 · 학습 목표

- 청결한 몸에 관한 동화를 읽고 몸을 청결하게 해야 하는 까닭을 말할 수 있다.

교수 · 학습 자료

- 동화 자료, 막대 인형(토끼, 돼지, 고양이, 기린)

교수 · 학습 과정

• 학습 동기 유발

○ 노래 부르기

–'착한아이 예쁜 아이' 노래를 부른다.

–신체 표현을 하며 노래를 부른다.

> 햇님은 일어나서 세수를 하여 예뻐지고
> 달님은 자기 전에 목욕하여 예뻐지지.
> 우리들도 세수하여 햇님처럼 예뻐지고
> 우리들도 목욕하여 달님처럼 예뻐지지.

• 학습 문제 확인

–오늘 우리가 배울 내용은 무엇일까요?

• 학습 활동

○'아기 돼지 소풍날' 동화 자료 읽기

※ 등장인물의 막대 인형을 제작하여 인형극으로 보여 준다.

–몸을 깨끗이 하고 옷차림을 단정히 해야 하는 까닭은 무엇일까요?

–손발 씻기에 대하여 말해 봅시다.

⇨ 손발 씻기를 해야 하는 까닭: 손은 많이 사용하는 신체 부분이므로 항상 더러운 것이 묻기 쉽고, 음식물 등을 먹을 때 우리 몸속으로 묻어 들어오기 때문이다.

⇨ 발은 신발 속에 들어 있어서 땀이나 지저분한 물질 때문에 냄새가 나기 쉽다.

–손발을 씻어야 하는 때를 이야기해 볼까요?

○ 인형극 하기

–모둠별로 인형극을 해 봅시다.

–역할을 정해 볼까요?

• 정리

–모둠별로 발표한다.

참고 자료

아기 돼지의 소풍날

토끼, 돼지, 고양이, 기린 등이 다니는 동물학교의 봄소풍 날입니다. 엄마가 싸 주시는 점심 도시락과 맛있는 간식을 가지고 갑니다.

토끼는 헌 옷이지만 엄마가 깨끗이 빨고 해어진 것을 곱게 꿰매 주신 옷을 입고 갑니다.

돼지는 아주 비싸고 좋은 옷을 입고 갑니다.

토끼, 돼지, 고양이, 기린이 버스를 탔습니다.

그런데 이상한 일이 생겼습니다.

돼지 가까이 있던 동물들이 얼굴을 찌푸리고 코를 막고는 모두 토끼가 있는 곳으로 왔습니다. 돼지는 이상했습니다.

왜 비싸고 좋은 옷을 입은 나를 피해서 싸고 꿰맨 옷을 입은 토끼에게 갈까 하고요.

그것은 돼지가 입은 옷은 비싸긴 했지만 너무 오랫동안 빨지 않았고, 돼지가 목욕을 하지 않아 몸에서 나쁜 냄새가 났기 때문입니다.

지도상의 유의점

- 생활 경험과 관련지어 바른 습관이 형성될 수 있도록 한다.

교수 · 학습 과정안

관련 학년	1학년	관련 교과	수학
활동 제목	이에 좋은 음식 나쁜 음식 분류하기	본시 주제	건강한 몸

교수 · 학습 목표

- 이를 청결하게 해야 하는 까닭을 말할 수 있다.
- 이에 좋은 음식과 나쁜 음식을 분류하고 개수를 세어볼 수 있다.

교수 · 학습 자료

- '이에 좋은 음식, 나쁜 음식' 활동지, 이 닦기 실천표

교수 · 학습 과정

- 학습 동기 유발
  - ○ 노래 부르기
    - –이 닦기 노래를 부른다.

이를 닦자 깨끗이	이를 닦자 깨끗이	누런 이는 성난 이
아침 일찍 일어나	자기 전에 한 번 더	하얀 이는 웃는 이
이도 깨끗 맘도 깨끗	이도 튼튼 몸도 튼튼	입도 빵긋 꽃도 빵긋
너도 깨끗 나도 깨끗	너도 튼튼 나도 튼튼	너도 빵긋 나도 빵긋

※ 앞부분을 교사가 불러주고, 반복되는 부분(깨끗, 튼튼, 빵긋)을 학생들이 부르게 하면 재미있게 부를 수 있다.

- 학습 문제 확인
  - –오늘 우리가 배울 내용은 무엇일까요?
- 학습 활동
  - ○ 음식 분류하기
    - –음식물을 먹은 후에 이를 닦아야 하는 이유를 말해 봅시다.
    - –이를 상하게 하는 음식에는 어떤 것이 있나요?
    - –이를 튼튼하게 하는 음식에는 어떤 것이 있나요?
  - ○ 게임하기 (활동지 활용)
    - –2인 1조로 입모양 학습지를 나누어 주고, 여러 가지 그림을 뒤집어 놓고 순서대로 그림을 뽑은 후 학습지에 붙이는 게임을 한다.
    - –그림을 분류해 본다.
    - –정답을 확인해 본다.
- 정리
  - –매일 이를 닦을 수 있도록 이 닦기 실천표를 작성한다.

지도상의 유의점

- 분류하고 수를 정확히 세었는지 확인해 본다.
- 음식물을 먹은 다음에 항상 이를 닦아야 한다는 점을 강조한다.

이에 좋은 음식, 나쁜 음식	
4 월 30 일 수 요일	1 학년 1 반 이름: 장은하

★ 이에 좋은 음식과 나쁜 음식을 나누어 바구니 안에 붙여보세요

3) '슬기로운 생활' 통합적으로 운영하기 실제—2학년

(1) 주제망 구성하기

'슬기로운 생활' 2학년 교과에는 여섯 가지 주제가 구성되어 있으며, 그중 하나가 '우리 마을'이다.

'우리 마을' 대주제를 중심으로 활동 주제와 내용을 주제망으로 구성하면 다음과 같다.

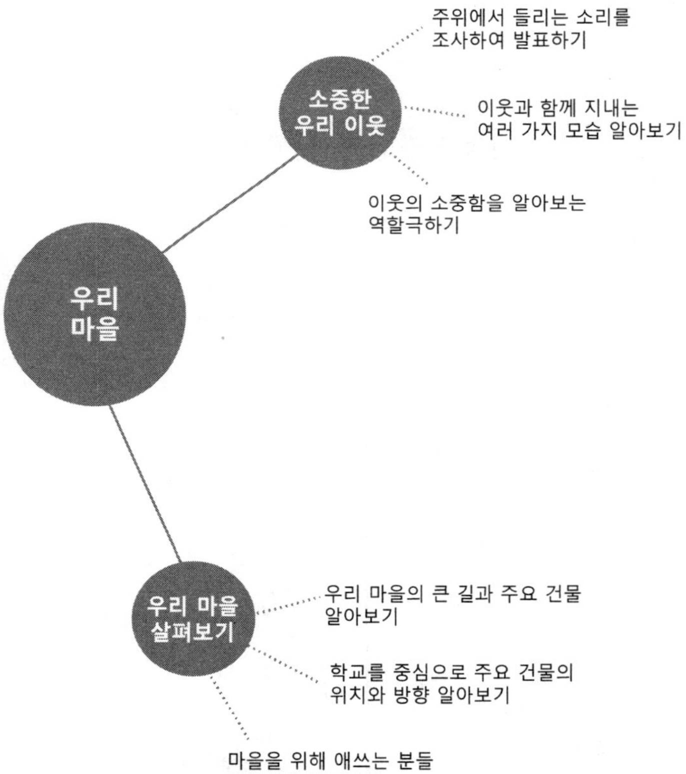

[주제망 구성하기의 예—'우리 마을']

(2) 다른 통합교과와 연계하여 주제망 구성하기

'우리 마을' 주제와 연계할 수 있는 내용들을 다른 통합교과를 중심으로 분석하여 주제망을 구성하면 다음과 같다.

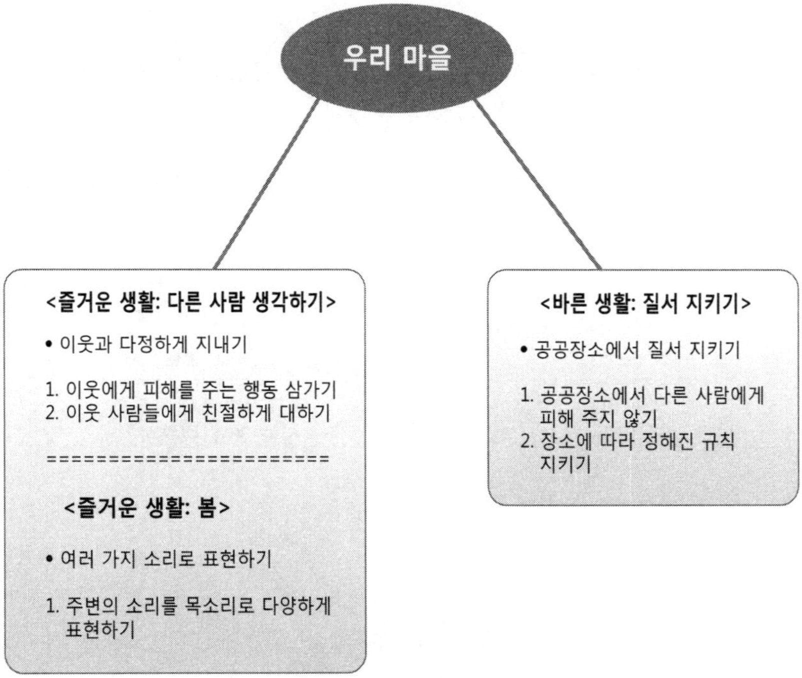

[통합교과와 연계하여 주제망 구성하기 예—'우리 마을']

(3) 통합적으로 활동 구성하기

여기에 제시한 것은 '우리 마을 조사하기'라는 활동을 진행할 때 교육과정 재구성을 통해 통합적 운영을 어떻게 할 수 있는지에 대한 예시로, 여기에 통합적으로 구성한 활동들은 교과서에 제시되어 있는 활동이 아니다. 교사는 '우리 마을 조사하기' 활동을 본 활동으로, '우리 마을 꾸미기' '공공기관에서 근무하시는 분 인터뷰하기' '공공기관 책 만들기' '마을 건물 종류 조사하기' 등을 교육과정 재구성을 통해교과 간에 통합적으로 진행함으로써 '우리 마을 살펴보기'라는 활동 주제를 보다 효과적으로 전개해 나갈 수 있다.

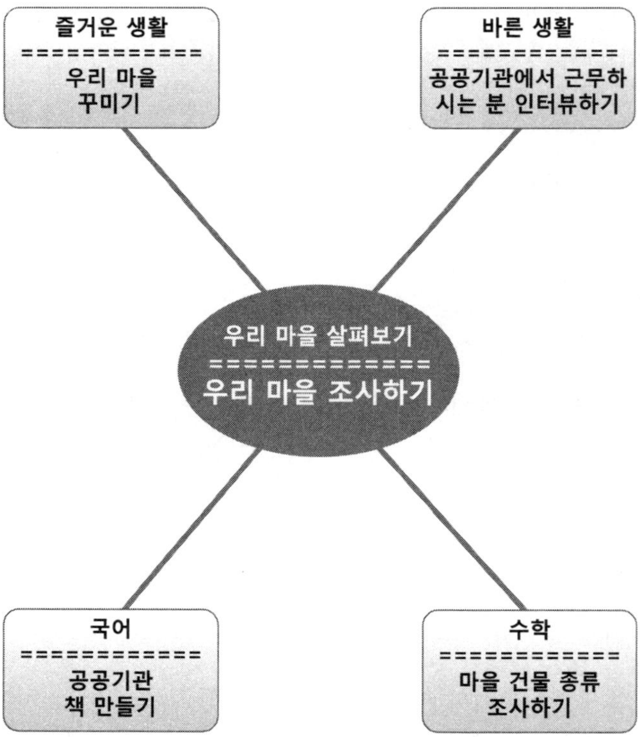

[통합적으로 활동 구성하기 예-'우리 마을 조사하기']

교수 · 학습 과정안

관련 학년	2학년	관련 교과	슬기로운 생활
활동 제목	우리 마을 조사하기	본시 주제	우리 마을 살펴보기

교수 · 학습 목표

• 우리 마을의 모습을 조사하기 위한 계획을 세운다.

교수 · 학습 자료

• 교사: 실물 화상기, 학교를 중심으로 큰길이 그려진 도화지
• 학생: 브레인스토밍 용지(8절지 혹은 A4 용지)

교수 · 학습 과정

• 학습 동기 유발
  ○ '동네 한 바퀴' 노래 부르기

> 동네 한바퀴
>
> 다 같이 돌자 동네 한 바퀴
> 아침 일찍 일어나 동네 한 바퀴
> 우리보고 나팔꽃 인사합니다.
> 우리도 인사하며 동네 한 바퀴
> 바둑이도 같이 돌자 동네 한 바퀴

• 학습 문제 확인
  – 오늘 우리가 배울 내용은 무엇일까요?
• 학습 활동
  ○ 마을을 오가면서 본 것 이야기하기
    – 등하굣길, 심부름 가는 길 등 다양한 상황에서 본 마을 모습과 큰길 등을 떠올려 본다.

- 산, 강, 논, 밭 등을 떠올려 본다.
- 제과점, 약국, 세탁소, 분식집, 피자집, 통닭집, 문방구 등 가게를 생각해 본다.
- 동사무소, 보건소, 경찰서, 소방서, 상공회의소, 노인정, 병원, 우체국 등 공공건물에는 어떤 것이 있을까?
- 화랑로, 세종로, 들안길, 태평로 등 큰길 이름이 무엇이지?
- 새싹길, 바른길 등 작은 길 이름은 생각나니?

○ 우리 마을에 대한 브레인스토밍하기
- 모둠별로 본 것에 대한 이야기를 나눈다.
  ⇨ 자주 가는 건물에 대해 말해 보자.
  ⇨ 공공건물, 병원, 공원 등 가 본 경험을 이야기해 보자.
- 마을에서 본 것을 중심으로 말 잇기 놀이를 한다.
  ⇨ 마을에서 본 것을 중심으로 짝과 함께 또는 모둠별로 말 잇기 놀이를 해 보자.

○ 학교 중심으로 건물의 위치 알기
- 학교를 중심으로 위치에 따라 분류한다.
  ⇨ 도화지의 중앙에 학교를 그리고 왼쪽, 오른쪽, 위쪽, 아래쪽을 모둠별로 써 준 후 그 쪽 방향에서 본 건물들의 이름을 자유롭게 적어보자.
  ⇨ 모둠별로 창의적으로 다양하게 적은 도화지를 칠판에 게시하여 서로 비교해 보자.
  ⇨ 한눈에 알아보기 위해 지도의 필요성을 언급하고 우리 학교 주변의 마을 조사를 할 필요가 있음을 알게 한다.
- 학습 정리를 하고 조사 학습 계획을 세운다.
  ⇨ 개관에서는 우리 마을의 모습을 막연하게는 알고 있었지만 평소에 무심히 지나쳐 자세히 보지 못하였으므로 다시 살펴볼 필요가 있음을 느끼게 하는 것으로, 학습한 것을 정리하고 조사 학습 계획을 세운다.

○ 우리 마을 조사할 계획 세우기
- 우리 마을을 살펴보기 위해 필요한 것을 찾는다.

⇨ 마을 지도, 구역 지도, 계획서 등

– 모둠별로 우리 마을에서 살펴볼 곳을 정한다.

⇨ 학교를 중심으로 어디까지 조사할지 알아본다.

⇨ 마을의 범주를 어디까지 설정할지 확인한다.

– 마을을 위해 애쓰시는 분들을 알아본다.

⇨ 우리 마을을 위해 애쓰시는 분들 떠올리기

⇨ 경찰, 환경미화원, 자원봉사자, 녹색 어머니 등을 떠올려 보기

○ 이 단원의 학습을 위해 해결해야 할 과제 살펴보기

– 개인적으로 해결해야 할 과제를 알아본다(학교를 오고 가는 길에 본 마을 모습 조사하기 등).

– 모둠별로 해결해야 할 과제를 알아본다(학교 주변이나 마을을 모둠별로 함께 돌아보고 조사해야 할 것 등).

• 정리

– 우리 마을 조사를 위한 개인별 과제를 확인한다.

참고 자료

• 교육넷 http://www.edunet4u.net

– 학생들이 자기 주도적으로 학습할 수 있는 우리 마을 학습 자료를 제시한다.

• 말잇기 놀이

• 우리 마을에서 본 것들로 손뼉을 치며 말 잇기 놀이를 한다. 우리 마을과 관련된 노래를 부르며, 학급 학생 수가 많을 때는 모둠별로 하고 적을 때는 학습 전원이 함께 한다.

• 먼저 마을에 관련된 말 잇기 주세를 정한다. 그다음 한 사람씩 돌아가며 박자에 맞춰 한 가지씩 관련된 것을 이야기한다.

– 우리 마을 건물 이야기 하나, 둘, 셋, 넷(모두 함께 이야기한다.)

– 경찰서, 보건소, 병원, 놀이터…….(각자 한 명씩 이어서 이야기한다.)

– 우리 마을 고마운 분 이야기 하나, 둘, 셋, 넷(모두 함께 이야기한다.)

– 환경미화원 아저씨, 경비원 아저씨, 우체부 아저씨, 부녀회 아주머니…….(각자 한 명씩 이어서 이야기한다.)

• 브레인스토밍 방법

• 개인 브레인스토밍 –학교에 오고 갈 때 우리 마을에서 본 것을 종이에 쓴다. • 모둠별 브레인스토밍 –끝말잇기처럼 모둠원이 돌아가며 생각나는 것을 말하고 학교를 중심으로 기록한다. • 학급 전체 브레인스토밍 –학생들이 떠오르는 단어를 말하고 교사는 칠판에 기록한다. –학생들이 떠오르는 단어를 발표하고 칠판에 직접 적을 수 있게 한다.

지도상의 유의점

• 평소 길에서 본 마을의 모습이라도 그 위치나 방향이 잘 떠오르지 않는 경우가 많으므로 마을 살펴보기 계획의 필요성을 느끼도록 유도한다.

* 본 활동은 2007년 개정 초등학교 교사용지도서에 제시된 활동을 재구성한 것임.

교수 · 학습 과정안

관련 학년	2학년	관련 교과	즐거운 생활
활동 제목	우리 마을 꾸미기	본시 주제	우리 마을 살펴보기

교수 · 학습 목표

• 다양한 재료를 사용하여 우리 마을을 꾸밀 수 있다.

• 우리 마을에 있는 주요 건물을 안다.

교수 · 학습 자료

• 재활용품, 색종이, 풀, 가위, 크레파스, 색연필, '집에 가는 길' 활동지

교수 · 학습 과정

• 학습 동기 유발
  ○ 미니어처 작품 감상하기
    – 여러분은 이런 작품을 본 적이 있나요?
    – 왜 이렇게 건물을 작게 만들었을까요? 어디에 이용될까요?
    – 어떻게 만들었을까요?

• 학습 문제 확인
  – 오늘 우리가 배울 내용은 무엇일까요?

• 학습 활동
  ○ 밑그림 그리기, 구상하기
    – 먼저 작품을 만들기 전에 어떤 건물과 길을 표현할지 정해 봅시다.
    – 우리 마을에서 가장 큰 건물은 무엇인가요?
    – 주요 건물은 무엇이 있나요?(관공서 중심으로 발표)
    – 다른 사람들이 모두 알 만한 길은 어떤 것들이 있나요?
  ○ 우리 마을 꾸미기 (활동지 활용)
    – 이제 주요 건물과 큰 길을 정했으니 모둠별로 우리 마을을 꾸며 봅시다.
    – 주요 건물을 어떻게 표현하면 좋을까요? 몇 개나 만들까요?
    – 길은 어떻게 표현할까요?(그림으로 그릴 수 있음)
    – 다른 사람들이 우리 마을을 쉽게 알아볼 수 있도록 만들어 봅시다.

• 정리
  ○ 서로의 작품 감상하기
    – 모둠별로 꾸민 우리 마을을 친구들에게 소개한다.
    – 재미있는 표현에 대하여 이야기 나눈다.

참고 자료

• 영화를 만들 때 사용하는 작은 건물, 분양사무실의 작은 건물 등 미니어처 작품

지도상의 유의점

• 모둠별로 작품을 나누어 만들 수 있다(학교를 중심으로 동서남북으로 구

분하여 밑그림을 그려 나누어 주면 더 용이하다).

• 다양한 재료와 표현을 장려한다.

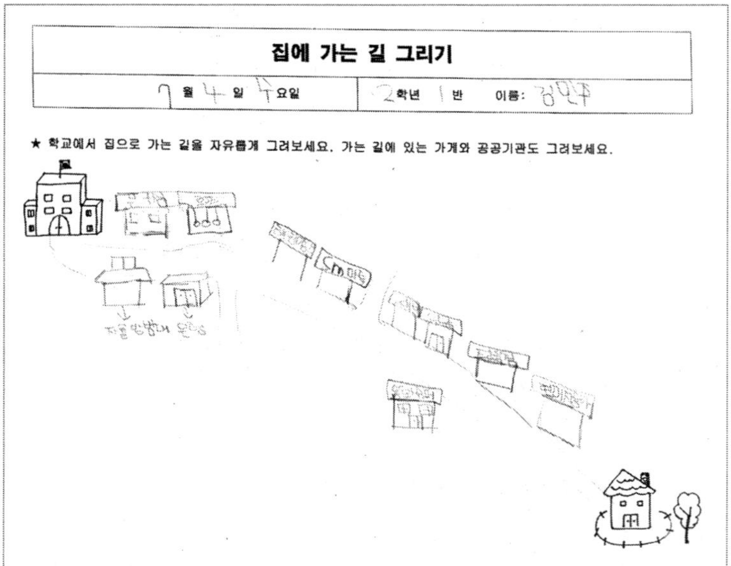
집에 가는 길 그리기

월 일 요일 | 학년 반 이름:

★ 학교에서 집으로 가는 길을 자유롭게 그려보세요. 가는 길에 있는 가게와 공공기관도 그려보세요.

교수 · 학습 과정안

관련 학년	2학년	관련 교과	바른 생활
활동 제목	공공기관에서 근무하시는 분 인터뷰하기	본시 주제	우리 마을 살펴보기

교수 · 학습 목표

• 공공기관에서 근무하는 분들을 인터뷰할 수 있다.

교수 · 학습 자료

• 공공기관 마크, 머리띠, 마이크, '인터뷰 놀이' 활동지

교수 · 학습 과정

• 학습 동기 유발

○ 인터뷰 자료 보기

- 우리 마을 주변의 공공기관은 어떤 것들이 있나요?
- 공공기관에서 일하시는 분들은 누가 있나요?
- 어떤 일을 하시나요?

• 학습 문제 확인

- 오늘 우리가 배울 내용은 무엇일까요?

• 학습 활동

○ 공공기관에서 근무하시는 분들이 하는 일 알아보기

- 공공기관에서 근무하시는 분들은 어떤 일을 하나요?
- 경찰서, 은행, 소방서, 동사무소, 지하철, 우체국, 전화국 등
- 그 분들에게 궁금한 점을 적는다.
- 모둠별로 궁금한 점을 조사하여 꼭 물어보고 싶은 것을 정한다.

○ 인터뷰하기(공공기관에서 근무하시는 분이 하는 일을 자료로 준비해서 보여 준다.)

- 역할을 정한다.
- 공공기관에서 근무하시는 분을 방문해서 인터뷰를 한다. (활동지 활용)
- 사진도 찍고 인터뷰 내용을 기록한다.

• 정리

○ 인터뷰 내용 발표하기

- 궁금한 점을 모두 물어보았나요?
- 모둠별로 인터뷰한 내용을 발표한다.
- 전에는 몰랐었지만 오늘 새로 알게 된 내용은 무엇인가요?
- 인터뷰를 잘한 친구를 칭찬한다.

참고 자료

- 인터뷰 영상 자료, 역할극에서 사용할 인터뷰 답변 자료

지도상의 유의점

- 학생끼리의 인터뷰 답변이 충분하지 못할 경우 선생님이 대신할 수 있다.
- 미리 인터뷰하는 영상을 숙제로 제시할 수 있다.

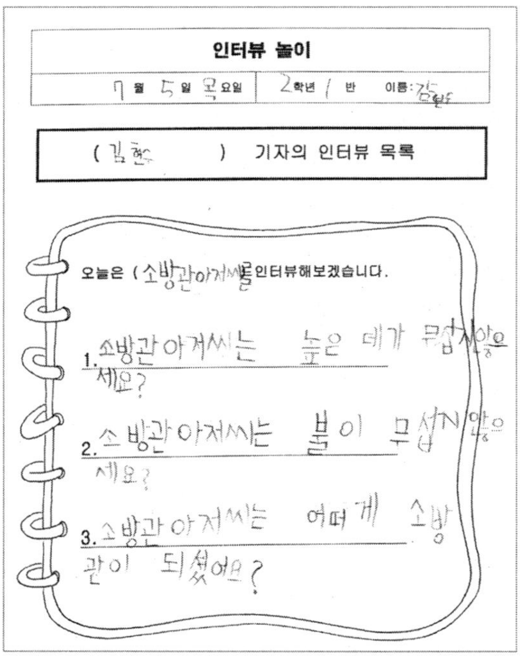

인터뷰 놀이

7 월 5 일 목 요일 | 2 학년 1 반 이름:

( ) 기자의 인터뷰 목록

오늘은 (소방관아저씨를 인터뷰해보겠습니다.

1. 소방관아저씨는 높은 데가 무섭지 않으세요?
2. 소방관아저씨는 불이 무섭지 않으세요?
3. 소방관아저씨는 어떻게 소방관이 되셨어요?

교수 · 학습 과정안

관련 학년	2학년	관련 교과	국어
활동 제목	공공기관 책 만들기	본시 주제	우리 마을 살펴보기

교수 · 학습 목표

• 공공기관을 소개하는 글을 쓸 수 있다.

교수 · 학습 자료

• 영상 자료, 공공기관 마크 스티커, '공공기관 책 만들기' 활동지, 종이, 사인펜, 크레파스, 색연필

교수 · 학습 과정

• 학습 동기 유발
  ○ 공공기관 방문했던 경험 이야기하기
    – 우리 마을 주변의 공공기관은 어떤 것들이 있나요?
    – 여러분은 어떤 공공기관을 방문해 보았나요? 언제 방문해 보았죠?
    – 그곳에서 무슨 일이 있었나요?
• 학습 문제 확인
  – 오늘 우리가 배울 내용은 무엇일까요?
• 학습 활동
  ○ 공공기관에서 하는 일 알아보기
    – 공공기관에서는 어떤 일을 하나요?
    – 마을에 있는 공공기관이 하는 일을 이야기해 본다.
      ⇨ 경찰서, 은행, 소방서, 동사무소, 지하철, 우체국, 전화국 등
  ○ 책 만들기 (활동지 활용)
    – 활동지에 소개하고 싶은 공공기관에 대해 글로 써 본다.
    – 먼저 어떤 내용을 알려 줄지 정한다.

- 공공기관의 위치는 어디인가요?
- 공공기관에서 하는 일은 무엇인가요?
- 공공기관의 마크는 무엇인가요? 마크를 그려 보세요.
- 공공기관이 우리에게 왜 필요한지 적어 본다.

• 정리

○ 서로의 작품 감상하기

- 다른 친구에게 나의 책을 소개해 봅시다.
- 어떤 부분이 재미있게 표현되었나요?
- 친구의 작품을 칭찬한다.

참고 자료

• 다양한 공공기관이 하는 일 영상 · 사진 자료, 공공기관 마크

지도상의 유의점

• 공공기관의 마크를 미리 준비한다.

• 다양한 표현을 장려한다.

교수 · 학습 과정안

관련 학년	2학년	관련 교과	수학
활동 제목	마을 건물 종류 조사하기	본시 주제	우리 마을 살펴보기

교수 · 학습 목표

• 우리 마을의 건물을 종류별로 구분하여 셀 수 있다.

교수 · 학습 자료

• 즐거운 생활 시간에 만든 우리 마을 작품, 마을 사진, 건물 모형

교수 · 학습 과정

• 학습 동기 유발

○ 모둠 작품 감상하기

－즐거운 생활 시간에 우리들이 만든 작품을 감상해 볼까요?

－여러분이 만든 작품에 있는 건물이 모두 같은가요?

－우리 마을에 건물은 얼마나 있을까요?

－횡단보도는 모두 몇 개가 있을까요?

• 학습 문제 확인

－오늘 우리가 배울 내용은 무엇일까요?

• 학습 활동

○ 건물 수 세기

－슈퍼마켓은 모두 몇 개인가요?

－공공기관은 모두 몇 개인가요?

－아파트는 모두 몇 개인가요?

－신호등은 모두 몇 개인가요?

○ 층수 조사하기

－우리 학교는 몇 층인가요?

－가장 높은 건물은 무엇인가요? 몇 층까지 있나요?

–1층짜리 건물은 몇 개인가요?

–4층짜리 건물은 모두 몇 개인가요?

• 정리

○ 더 나아가기

–활동지를 풀어 본다. (활동지 활용)

–2층짜리 건물 3개는 1층짜리 건물 몇 개와 같나요?

–3층짜리 건물 3개는 1층짜리 건물 몇 개와 같나요?

지도상의 유의점

• 같은 크기의 건물 모형을 준비하여 더 나아가기에 활용한다(이때, 1층짜리 건물 2개와 2층짜리 건물 1개의 크기가 같도록 한다).

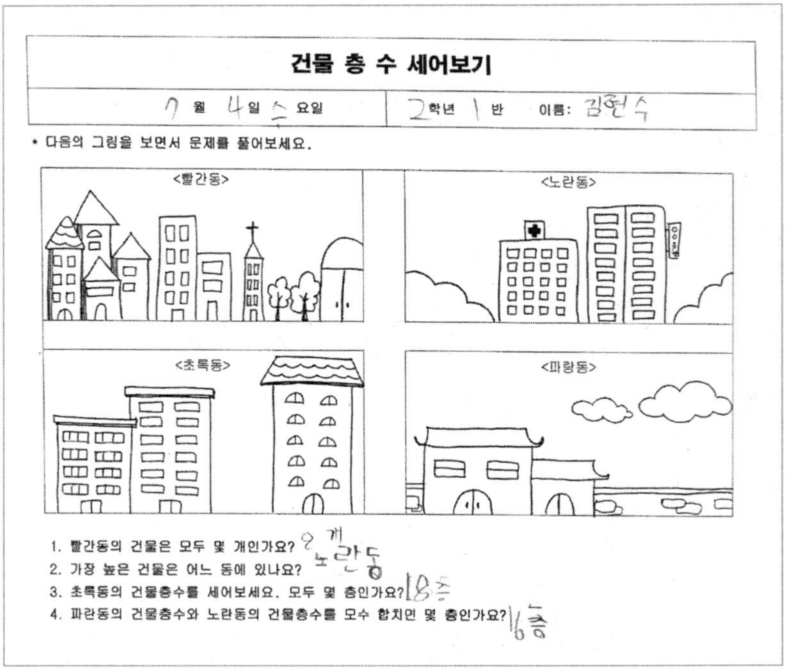

건물 층 수 세어보기

7 월 4 일 스 요일 | 2 학년 1 반 이름: 김현수

* 다음의 그림을 보면서 문제를 풀어보세요.

1. 빨간동의 건물은 모두 몇 개인가요? 9 개
2. 가장 높은 건물은 어느 동에 있나요? 노란동
3. 초록동의 건물층수를 세어보세요. 모두 몇 층인가요? 18층
4. 파란동의 건물층수와 노란동의 건물층수를 모수 합치면 몇 층인가요? 16층

4. '즐거운 생활'의 통합적 운영

1) 수업설계를 위한 기본원칙 이해하기

'즐거운 생활' 교과의 통합적 운영에 앞서 수업설계를 위한 기본원칙 및 유의사항을 수업 계획, 교수방법 설정, 자료 선정, 평가로 나누어 제시하면 다음과 같다.

(1) 수업 계획

1	학습 목표는 '즐거운 생활'과의 교과 성격을 반영하여 교육과정에 제시된 목표와 일관성을 유지할 수 있도록 설정한다.
2	주변의 생활 문화와 관련된 다양한 놀이와 창의적인 표현 및 감상 활동을 학생들의 발달 수준에 적합하도록 계획한다.
3	학생의 특성 및 발달 정도, 지역사회의 특수성 등을 고려하여 교육과정에 제시된 목표 달성에 적합한 교수 · 학습 계획을 수립한다.
4	학습 내용, 계절, 행사, 타 교과와의 연계성 등을 고려하여 교육과정을 적절히 재구성한다.

(2) 교수방법 설정

1	학생들의 발달 수준을 고려하여 생활과 관련된 즐거운 놀이 및 활동 중심의 학습이 되도록 운영한다.
2	교육과정의 기본 정신을 벗어나지 않는 범위 내에서 교수 · 학습 방법과 관련하여 교사는 다음과 같은 항목에 대해 융통성을 갖도록 한다. • 교수 · 학습 내용 및 순서의 재구성 • 다양한 교수 · 학습 지도 방법의 적용 • 수업 시간의 탄력적 운영
3	짝 활동, 소집단 활동 등과 같이 서로 돕고 협동하는 상호작용의 기회를 자주 제공한다.

4	학생 개개인 모두에게 학습과 발표의 기회를 고르게 주어 적극적이고 자기주도적인 학습이 되도록 지도한다.
5	단원을 구성할 때 선정된 학습 내용을 가장 효율적으로 학습할 수 있도록 하되, 내용 특성에 따라 무리하게 통합되지 않도록 한다.
6	교수 · 학습의 효과를 높이는 데 필요한 실물 자료, 예화 자료나 멀티미디어 자료 등을 적절히 활용하여 지도한다.
7	교수 · 학습 과정에서 발달 수준에 적합한 질문과 긍정적인 피드백을 제공하여 학생들의 흥미와 관심을 지속시킨다.

(3) 자료 선정

1	교수 · 학습 내용을 함축하면서 학생들의 관심과 흥미를 유발하고 상상력과 창의력을 기를 수 있는 자료를 활용한다.
2	교수 · 학습 자료는 학생들의 경험 세계와 관련된 생활 문화 자료를 중심으로 선정하되, 학생들의 발달 단계와 수준에 적합하게 제시한다.
3	활동을 수행하며 각 활동을 이해하는 데 필요한 삽화, 사진, 만화, 멀티미디어 등의 자료를 다양하고 풍부하게 제시한다.

(4) 평가

① 평가 계획

1	평가가 교수 · 학습 활동과정에서 자연스럽게 이루어지도록 계획한다.
2	학생들의 발달 특성을 고려하여 다양한 평가 방법을 사용할 수 있도록 계획한다.

② 평가 목표와 내용 설정

1	'즐거운 생활'과의 평가는 건강한 몸과 마음을 기르며, 창의적인 표현 능력과 감상 능력, 심미적인 태도를 함양하는 데 목표를 두고 통합적인 활동으로 평가한다.
2	평가의 내용은 결과로 나타난 최종 산출물만이 아니라 모든 경험이나 과정을 대상으로 평가한다.

③ 평가 방법 설정

1	평가는 결과보다는 학습 활동과정에서 나타나는 학생들의 흥미, 태도, 적극성, 창의성 등이 충분히 반영되어야 한다.
2	교육과정, 교수 · 학습 활동, 평가 간의 일관성을 유지하는 방향으로 평가를 실시한다.
3	관찰 평가를 포함한 다양한 평가 방법을 활용하여 학생의 성장과 변화를 종합적으로 기술한다.

④ 평가 결과 활용

1	평가의 결과는 학생 개개인의 이해 수준 파악, 수업 내용 및 방법의 선정, 학생의 학습 동기 유발, 프로그램의 효과 측정, 학부모와의 의사소통 등에 활용한다.
2	학생 개개인의 강점을 살리고 약점을 극복하기 위한 교육 활동의 기초 자료로 활용한다.

2) '즐거운 생활' 통합적으로 운영하기 실제 – 1학년

(1) 주제망 구성하기

'즐거운 생활' 1학년 교과에는 네 가지 주제가 구성되어 있으며 그중 하나가 '가족과 친구'다. '가족과 친구' 대주제를 중심으로 활동 주제와 내용을 주제망으로 구성하면 다음과 같다.

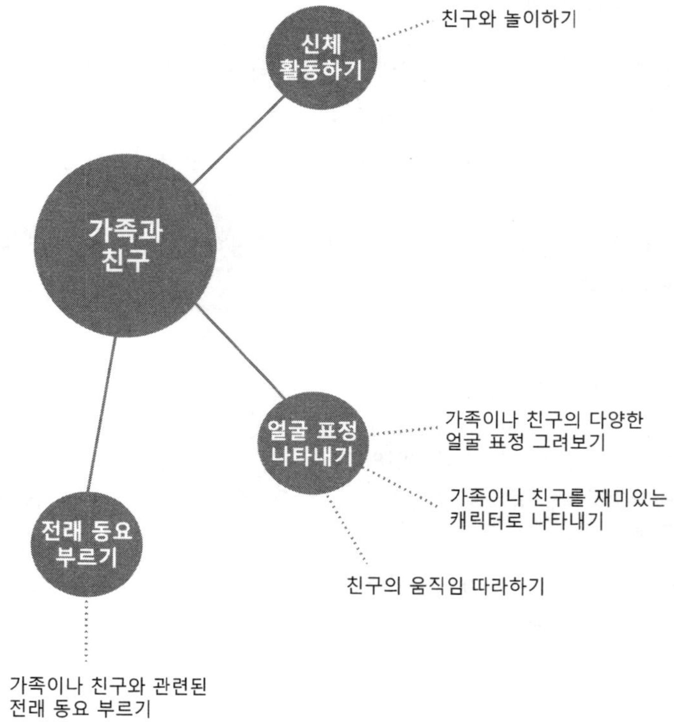

[주제망 구성하기의 예 – '가족과 친구']

(2) 통합교과와 연계하여 주제망 구성

'가족과 친구' 주제와 연계할 수 있는 내용들을 다른 통합교과를 중심으로 분석하여 주제망을 구성하면 다음과 같다.

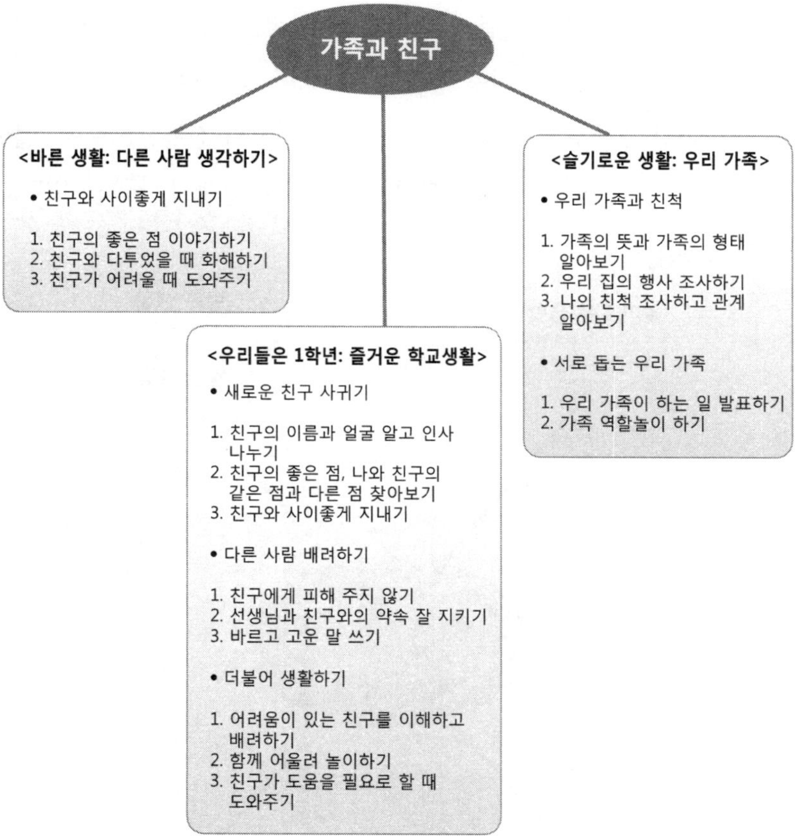

[통합교과와 연계하여 주제망 구성하기 예 – '가족과 친구']

(3) 통합적으로 활동 구성하기

여기에 제시하는 것은 '얼굴 표정 만들기'라는 활동을 진행할 때 교육과정 재구성을 통해 통합적 운영을 어떻게 할 수 있는지에 대한 예시로, 여기에 통합적으로 구성한 활동들은 교과서에 제시되어 있는 활동이 아니다. 교사는 '얼굴 표정 만들기' 활동을 본 활동으로, '누구일까요?' '상황에 맞는 얼굴 표정' '내 친구 얼굴 동시 짓기' '다양한 얼굴 표정 게임' 등을 교육과정 재구성을 통해 교과 간에 통합적으로 진행함으로써 '얼굴 표정 나타내기'라는 활동 주제를 보다 효과적으로 전개해 나갈 수 있다.

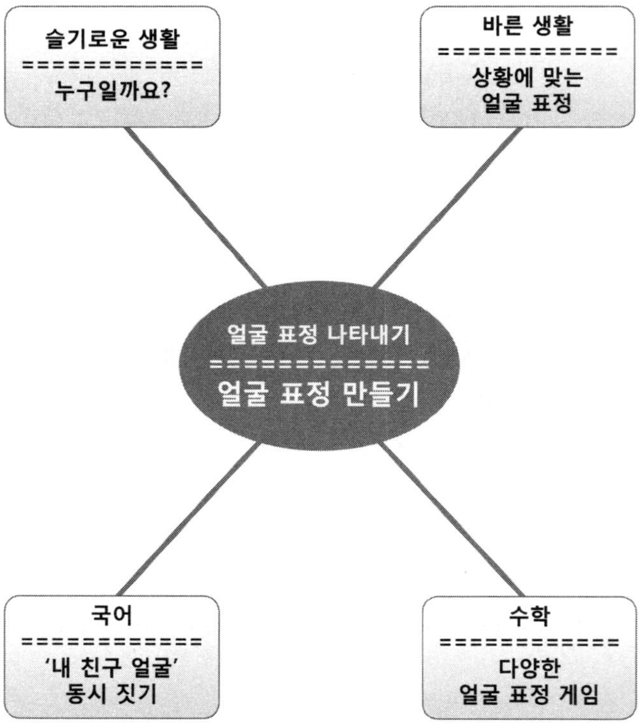

[통합적으로 활동 구성하기 예–'얼굴 표정 만들기']

교수 · 학습 과정안

관련 학년	1학년	관련 교과	즐거운 생활
활동 제목	얼굴 표정 만들기	본시 주제	얼굴 표정 나타내기

교수 · 학습 목표

- 얼굴 표정을 여러 가지 방법으로 나타낼 수 있다.

교수 · 학습 자료

- 교사: 큰 거울, 다양한 얼굴 표정 사진이나 잡지 등
- 학생: 가족 사진, 손거울, 그림 용구, 고무찰흙, 일회용 접시(폐 CD), 가위, 풀, 도화지(스케치북) 등

교수 · 학습 과정

- 학습 동기 유발
  - ○ 친구 얼굴 표정 따라하기
    - –옆에 있는 친구의 얼굴 표정을 따라 해 본다.
    - –한 학생이 여러 가지 표정을 짓고 나머지 학생들이 따라하는 활동을 해 본다.
- 학습 문제 확인
  - –오늘 우리가 배울 내용은 무엇일까요?
- 학습 활동
  - ○ 참고 작품 감상하기
    - –인물의 표정이 잘 드러난 참고 작품을 감상하고 표현 방법 및 느낌을 이야기한다.
  - ○ 구상하기
    - –가족의 얼굴 표정을 살펴본다.
      - ⇨ 가지고 온 사진을 보며 어떤 표정을 짓고 있는지 살펴보기

⇨ 가족들의 얼굴 특징이 어떤지 주의 깊게 살펴보기

－다양한 방법으로 얼굴 표정의 특징을 살펴본다.

⇨ 큰 거울, 손거울 등을 사용하여 학생들이 돌아가며 자신이나 친구의 다양한 얼굴 표정의 특징을 자세히 관찰한다.

⇨ 실물 화상기를 통해 웃는 표정, 우는 표정 등의 다양한 얼굴 표정이 담긴 사진을 보여 주고 얼굴 표정의 특징을 살펴본다.

⇨ 인물의 표정을 살펴볼 때, 얼굴을 이루는 요소인 눈, 코, 입 등을 부분적으로 관찰하여, 표정의 변화와 함께 이들 요소가 어떻게 변화하는지를 알 수 있도록 관찰의 관점을 교사가 미리 학생들에게 제시한다.

(예 웃을 때－눈은 작아지고 입은 옆으로 벌어지며, 이가 보이기도 한다.

놀랐을 때－눈썹은 올라가고 눈은 동그랗게 커지며, 입은 다물면서 작아진다.)

－표현하고 싶은 주제를 정한다.

⇨ 웃는 표정, 우는 표정, 화난 표정, 놀란 표정, 장난스러운 표정, 삐친 표정 등

－표현 방법 및 재료를 살펴본다.

⇨ 표정을 나타내기에 적당한 재료의 특징과 방법을 생각한다.

⇨ 교사는 표현의 다양성에 비례하는 재료의 다양성에 대해서도 안내하고 재료의 특징을 살릴 수 있는 표현 기법에 대해서도 안내한다.

(예 채색 표현 기법의 재료: 크레파스, 색연필, 색 사인펜, 물감 등

종이 재료의 표현 기법: 종이로 찢어 붙이기, 오려 붙이기 등)

－눈, 코, 입의 특징을 살려 밑그림을 그린다.

⇨ 얼굴 표정의 특징을 살펴보고 난 후 간단하게 얼굴 표정을 그려 보는 활동으로, 손거울을 보면서 자신의 다양한 얼굴 표정의 특징을 살려 그려 보기도 하고, 사진이나 그림을 보면서 얼굴 표정을 따라 그릴 수도 있다.

－구상한 작품 내용(주제와 내용)을 발표한다.

○얼굴 표정 그리기

〈선택 1〉 자기 얼굴 그리기

－손거울로 본 자신의 다양한 얼굴 표정을 여러 가지 재료(크레파스, 색연필, 색 사인펜 등)를 사용하여 특징과 느낌이 잘 드러나게 표현한다.

〈선택 2〉 가족이나 친구 얼굴 그리기

－가족이나 친구의 다양한 얼굴 표정이 담긴 사진을 보면서 얼굴 표정의 특징과 느낌이 잘 드러나게 표현한다.

－사진을 준비하지 못한 학생들은 주변의 친구나 가족의 얼굴을 떠올리며 그리도록 한다.

○얼굴 표정 꾸미기

－고무찰흙으로 일회용 접시(폐 CD) 위에 꾸며 본다.

⇨ 얼굴 모양 전체를 먼저 꾸민다.

⇨ 눈, 코, 입 등의 특징을 살려 꾸민다.

－여러 가지 종이(색종이, 광고지나 잡지)로 꾸며 본다.

⇨ 재미있는 얼굴 표정이 담긴 광고지나 잡지의 그림을 스크랩하여 그 특징을 발표한다.

⇨ 사진이나 그림을 도화지에 붙인 후 사진 주위를 목적에 맞게 꾸민다.

• 정리

○감상하기

－친구의 작품을 보면서 얼굴 표정의 특징을 잘 살려 표현한 부분을 찾아 발표한다.

－자신이 그린 그림을 다른 친구들의 작품과 비교하면서 재미있게 나타낸 부분을 찾아보게 한다.

○재료와 용구 잘 정돈하고 다시 쓸 수 있는 것들 모아두기

참고 자료

• 1학년을 위한 다양한 표현 재료

- 종이의 재료
  - 흰 도화지 외에도 구할 수 있는 다양한 재료를 활용한다.
- 종이의 크기와 모양
  - 일반화된 직사각형의 도화지 외에 16절, 2절 등 제재, 표현 재료, 시간, 흥미 등 창의적 표현을 위한 다양한 크기의 종이를 사용한다.
  - 사용 가능한 종이 모양으로는 직사각형, 원형, 정사각형, 타원형, 삼각형, 사다리꼴, 평행사변형, 마름모 등이 있다.
  - 자연 속에서 쉽게 발견할 수 있는 새롭고 다양한 재료를 사용해 보도록 한다.

지도상의 유의점

- 얼굴 표정을 그릴 때 있는 그대로 그리는 것이 아니라 특징을 강조하여 재미있게 나타내도록 지도한다.

* 본 활동은 2007년 개정 초등학교 교사용지도서에 제시된 활동을 재구성한 것임.

교수 · 학습 과정안

관련 학년	1학년	관련 교과	바른 생활
활동 제목	상황에 맞는 얼굴 표정	본시 주제	얼굴 표정 나타내기

교수 · 학습 목표

- 친구를 대할 때 상황에 맞는 표정을 자연스럽게 지을 수 있다.
- 상황에 맞는 다양한 표정이 있음을 알 수 있다.

교수 · 학습 자료

- '상황에 따른 얼굴 표정 그리기' 활동지

교수 · 학습 과정

• 학습 동기 유발

–'어떤 표정이 좋을까' 노래를 부른다.

> 이럴 때 이럴 때 어떤 표정이 좋을까 × 2
> (신나게 가다가 척척척척 다른 사람 발을 밟았을 때)
> 이럴 때 이럴 때 어떤 표정이 좋을까 (짠)

※ 짠을 하며 표정을 지어 본다.

※ ( ) 안의 상황을 여러 가지로 바꾸어 본다.

예 신나게 가다가 안녕하세요 교장선생님께 인사할 때

• 학습 문제 확인

–오늘 우리가 배울 내용은 무엇일까요?

• 학습 활동

○ 이야기 나누기

–아침에 친구와 처음 만났을 때는 어떤 얼굴 표정을 지어야 할까요?

–친구가 내 물건을 빼앗으면 어떤 얼굴 표정을 지어야 할까요?

○ 상황에 적절한 얼굴 표정 표현하기 (활동지 활용)

–여러 가지 상황이 그려져 있는 활동지를 나누어 준다.

⇨ 친구와 싸우는 상황, 친구와 사이좋게 놀고 있는 상황, 웃어른께 인사드리는 상황

–여러 가지 상황의 그림 옆에 얼굴 표정을 그려넣는다.

–친구들의 활동지를 바꾸어 비교한다.

–상황에 맞는 표정은 어떤 것인가요?

–다함께 얼굴로 표현해 볼까요?

• 정리

–친구들과 밝은 표정으로 생활하였나요?

–내 기분대로 행동하였나요?

–오늘 하루 고운 마음으로 친구들과 어울렸나요?

지도상의 유의점

- 똑같은 상황이라도 상대방의 기분을 헤아려 행동하도록 지도한다.
- 친구의 즐거운 표정을 볼 때 어떤 기분이 드는지, 친구가 화난 표정을 지을 때 어떤 기분이 드는지 입장을 바꾸어 생각해 보는 시간을 갖는다.

교수 · 학습 과정안

관련 학년	1학년	관련 교과	슬기로운 생활
활동 제목	누구일까요?	본시 주제	얼굴 표정 나타내기

교수 · 학습 목표

- 짝게임을 통해 언어적인 추리력을 기를 수 있다.
- 추측게임을 통해 얼굴 표정에 관심을 가질 수 있다.
- 게임에 제시되는 다양한 얼굴 표정을 빠른 시간 내에 찾을 수 있다.

교수 · 학습 자료

- '누구일까요' 게임 자료(두 묶음)

교수 · 학습 과정

- 학습 동기 유발
  - '얼굴 찌푸리지 말아요' 노래와 율동을 한다.
  - 얼굴 표정을 지어 가며 다시 노래를 불러 볼까요?
- 학습 문제 확인
  - 오늘 우리가 배울 내용은 무엇일까요?
- 학습 활동 (활동지 활용)
  - ◦ 2인 1조로 나누고 게임의 규칙을 설명해 준다.
  - ◦ 게임하기
    - 추측게임을 해 본다.

〈누구일까요?〉

- 남녀의 머리 모양 및 얼굴 표정(우는 표정, 웃는 표정, 화난 표정, 슬픈 표정, 무표정 등)이 다른 카드를 두 묶음 준비한다.
- 2명이 각각 한 묶음씩 가진다.

• 1명이 카드를 선택하면 다른 1명이 질문을 한다.

예 머리 모양은 어떤가요? 남자인가요? 울고 있나요?

• 열고개를 하여 1명이 들고 있는 카드를 맞춘다.

• 순서를 번갈아가며 문제를 내고 질문을 적게 해서 맞춘 쪽이 승리한다.

– 짝을 바꾸어 해 볼까요?

• 정리

– 다양한 표정의 특징을 이야기해 본다.

지도상의 유의점

• 짝 활동을 하기 전에 교사와 전체 간에 게임을 해 봄으로써 게임의 규칙을 확실하게 알 수 있도록 한다.

• 게임 활동 시 규칙을 지키며 할 수 있도록 지도한다.

교수 · 학습 과정안

관련 학년	1학년	관련 교과	국어
활동 제목	'내 친구 얼굴' 동시 짓기	본시 주제	얼굴 표정 나타내기

교수 · 학습 목표

• 얼굴 표정의 특징을 찾아 동시를 지을 수 있다.

• 다양한 얼굴 표정이 있음을 알 수 있다.

교수 · 학습 자료

•'내 친구 얼굴 동시 짓기' 활동지, 여러 가지 얼굴 표정의 그림

교수 · 학습 과정

• 학습 동기 유발
  – 여러 가지 얼굴 표정의 그림을 보여 주고 어떤 표정인지 이야기해 본다.
• 학습 문제 확인
  – 오늘 우리가 배울 내용은 무엇일까요?
• 학습 활동
  ○ 내 친구 얼굴 동시 짓기 (활동지 활용)
    – 옆에 앉은 친구의 얼굴 표정을 관찰하고 특징을 말한다.
    – 친구들과 서로 바라보며 웃는 표정, 우는 표정, 찡그린 표정, 화내는 표정, 슬픈 표정을 지어 보고 어떤 느낌인지 이야기를 나눈다.
    – 친구 얼굴을 본 느낌을 살려 '친구 얼굴'이라는 동시의 빈칸을 채워 본다.

> 친구 얼굴
>
> ________________ 얼굴 좋아요
> ________________ 얼굴 사랑스러워
> ________________ 얼굴 무서워요
> ________________ 얼굴 슬퍼 보여요
> ________________ 얼굴 가장 좋아요

  ○ '친구 얼굴'을 노래로 발표하기
    ※ 발표할 때는 발표자가 빈칸을 노래하고 모두 함께 후렴구를 노래한다.
    – 웃으면 어떤 점이 좋을까요?
    – 웃는 얼굴을 보면 기분이 어떤가요?

• 정리

–다양한 표정을 지어 본다.

–어떤 얼굴이 가장 보기 좋은가요? 우리들의 얼굴을 항상 웃는 얼굴로 만든다.

지도상의 유의점

• 학생 스스로 완성한 동시에 대하여 성취감을 맛보도록 하며, 다양한 표정을 짓는 친구의 표정을 보면서 친밀감을 느끼도록 지도한다.

• 친구들이 발표할 때 다른 행동을 하지 않도록 주의를 환기시킨다.

『내 친구 얼굴』 동시 짓기	
5 월 3 일 화 요일	2 학년 1 반 이름: 윤혜지

★ 내 친구 얼굴 동시 짓기도 하고 친구 얼굴을 그림으로 그려보세요.

내 친구 얼굴

지윤이 웃는 얼굴은 예뻐요.

승엽이 화내는 얼굴은 무서워요.

재연이 웃는 얼굴은 멋있어요.

은하가 놀때 얼굴은 귀여워요.

우리반 얼굴이 최고!

교수 · 학습 과정안

관련 학년	1학년	관련 교과	수학
활동 제목	다양한 얼굴 표정 게임	본시 주제	얼굴 표정 나타내기

교수 · 학습 목표

- 보드게임을 통해 수 개념을 알 수 있다.
- 다양한 얼굴 표정이 있음을 알 수 있다.
- 놀이의 규칙을 지키며 게임을 할 수 있다.

교수 · 학습 자료

- 얼굴 표정 보드게임판, 말, 주사위

교수 · 학습 과정

- 학습 동기 유발
  - 여러 가지 표정을 짓고 있는 사람의 그림을 상자 안에 두고 다섯 고개를 하여 사람의 표정을 맞추어 본다.
- 학습 문제 확인
  - 오늘 우리가 배울 내용은 무엇일까요?
- 학습 활동 (활동지 활용)
  - ○ 4인 1조로 나누고 게임 규칙 설명하기
    - 놀이의 규칙을 지킬 수 있도록 친구들과 서로 약속하는 '꼭꼭 약속해' 노래를 부른다.
    - 조별로 보드게임을 하며 수 개념을 익히고 다양한 얼굴 표정에 대하여 이야기를 나눈다.

○ 보드게임

〈다양한 얼굴 표정 게임〉

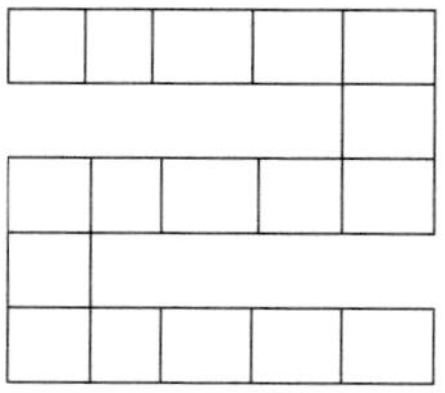

- 각자의 말을 시작점에 둔다.
- 번갈아 가며 주사위를 던져 말을 앞으로 전진시킨다.
- 중간에 얼굴 표정 칸을 여러 개 만들고 그 칸에 말이 도착하면 걸린 사람이 표정을 짓는다.
- 도착점에 가장 먼저 간 사람이 승리한다.

−표정을 잘 지을 때까지 해 본다.

−짝을 바꾸어서 해 볼까요?

−친구가 얼굴 표정을 잘 표현했나요?

• 정리

−모두 함께 얼굴 표정을 지어 볼까요?

−우리 반에서 얼굴 표정이 재미있는 친구는 누구인가요?

−다른 친구에게 여러 가지 표정을 보여 줄 수 있는 친구? 나와서 보여 주세요.

지도상의 유의점

- 놀이 방법을 충분히 익힌 후 게임에 임하게 함으로써 놀이의 경험을 풍부히 한다.
- 게임 활동 시 규칙을 지키며 할 수 있도록 지도한다.

3) '즐거운 생활' 통합적으로 운영하기 실제–2학년

(1) 주제망 구성하기

'즐거운 생활' 2학년 교과에는 네 가지 주제가 구성되어 있으며, 그중 하나가 '겨울'이다. '겨울' 대주제를 중심으로 활동 주제와 내용을 주제망으로 구성하면 다음과 같다.

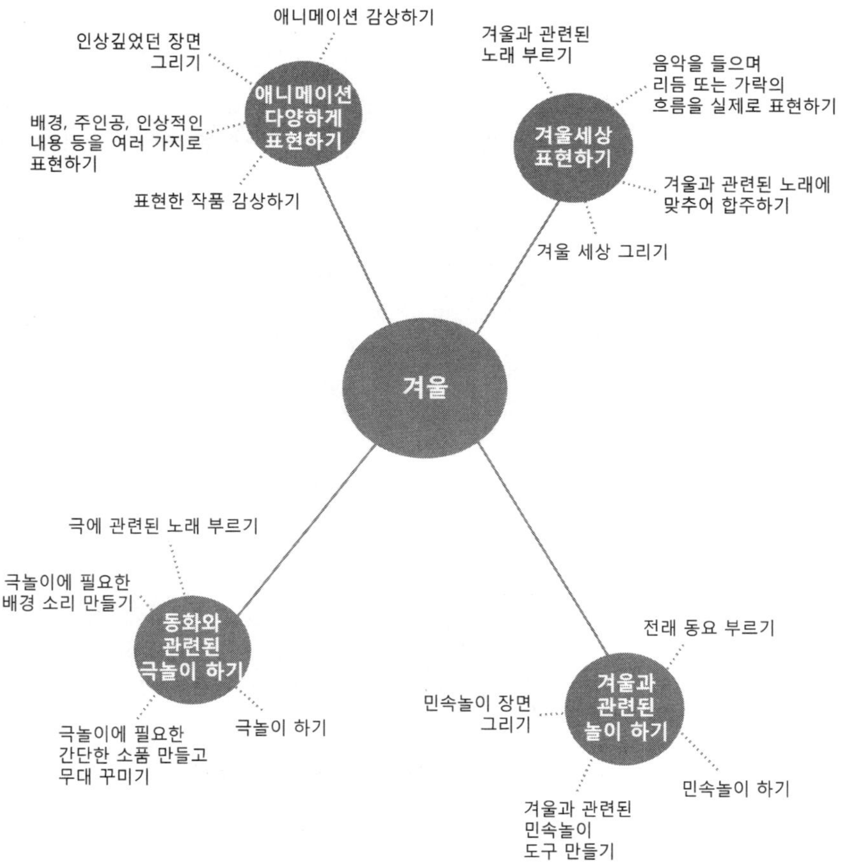

[주제망 구성하기 예–'겨울']

(2) 다른 통합교과와 연계하여 주제망 구성하기

'겨울' 주제와 연계할 수 있는 내용들을 다른 통합교과를 중심으로 분석하여 주제망을 구성하면 다음과 같다.

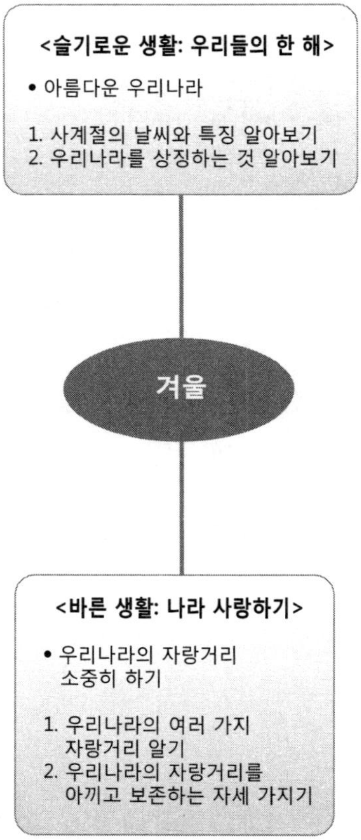

[통합교과와 연계하여 주제망 구성하기 예－'겨울']

(3) 통합적으로 활동 구성하기

여기에 제시한 것은 '연 만들기' 활동을 진행할 때 교육과정 재구성을 통해 통합적 운영을 어떻게 할 수 있는지에 대한 예시로, 여기에 통합적으로 구성하는 활동들은 교과서에 제시되어 있는 활동이 아니다.

교사는 '연 만들기' 활동을 본 활동으로, '오늘의 날씨 예보하기' '겨울철 안전규칙 지키기' '민속놀이 책 만들기' '내가 좋아하는 민속놀이 그래프' 등을 교육과정 재구성을 통해 교과 간에 통합적으로 진행함으로써 '겨울과 관련된 놀이하기'라는 활동 주제를 보다 효과적으로 전개해 나갈 수 있다.

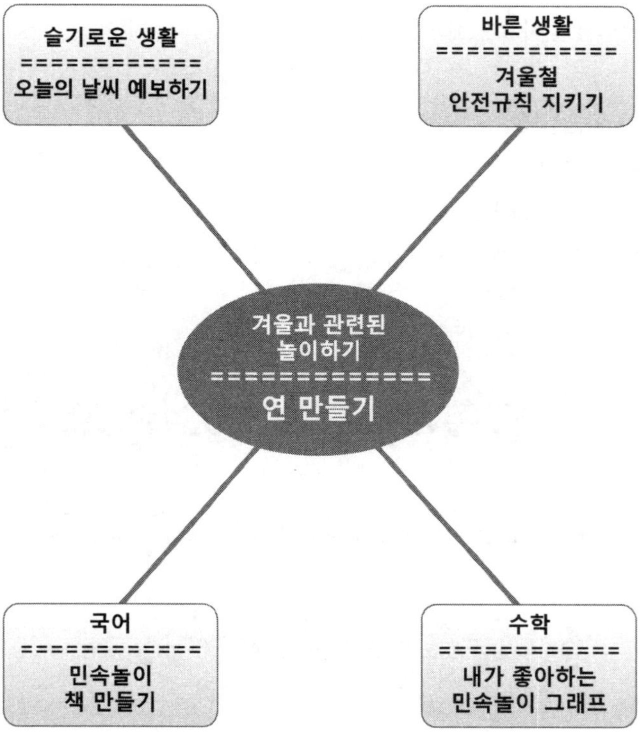

[통합적으로 활동 구성하기 예–'연 만들기']

교수 · 학습 과정안

관련 학년	2학년	관련 교과	즐거운 생활
활동 제목	연 만들기	본시 주제	겨울과 관련된 놀이하기

교수 · 학습 목표

• 우리나라의 민속놀이인 연의 종류 및 제작 방법, 연 날리는 방법 등을 안다.

교수 · 학습 자료

• 연필, 풀(목공용 본드), 창호지, 대나무, 조각 종이, 리빠, 사인펜, 실패, '연' 관련 사진 자료

교수 · 학습 과정

• 학습 동기 유발

○'비자나무' 노래 부르기

－노래를 부른 후 연날리기 경험에 대해 이야기 나눈다.

• 학습 문제 확인

－오늘 우리가 배울 내용은 무엇일까요?

• 학습 활동

○ 연의 유래 및 이름 알기

– 연을 처음 만들게 된 계기를 이야기해 본다.

– 연의 종류에는 어떤 것들이 있을까요?

○ 연 만들기

– 대나무 (머리 살) 속대에 풀칠을 골고루 한다.

– 머리선 위에 머리 살을 놓고 손으로 꼭 눌러서 붙인다.

– 장살(대각선) 2개를 똑같이 잡고 풀칠을 한다.

– 대각선 위에 똑바로 놓고 아래쪽만 손으로 꼭 눌러 붙인다.

– 뒤집어서 조각 종이를 대고 가운데서 바깥으로 문질러준다.

– 머리 살과 중살이 맞붙는 부분에 본드를 바르고 바짝 밀착시켜 붙인다.

– 머리 덮는 전체 부분에 풀칠을 해서 붙인다.

○ 연날리기

– 완성된 연으로 운동장에서 연날리기를 한다.

• 정리

○ 연 만들기 경험 이야기하기

– 연의 종류와 만든 방법에 대해 이야기 나눈다.

– 연을 만들면서 가장 어려웠던 점은 무엇인지, 왜 어려웠는지 이야기 한다.

○ 연날리기 경험 이야기하기

– 연을 날려본 느낌에 대해 이야기한다.

참고 자료

• 연의 기원

한국의 연은 기록에 의하면 『삼국사기』 김유신의 전쟁에서 활용했다고 나온다. 김유신은 성 안으로 별동별이 떨어져 패망의 징조라는 소문을 바꾸기 위해서 연에 불을 달아서 하늘로 올려 보냈다고 한다. 연이 처음에는 군사적 목적으로 사용되다가 점차 연날리기를 놀이로 삼게 되었다. 그 후 민속과 결합되어 조선시대에 들어와 연을 날리는 시기가 섣달부터 정월 보름 사이로 고정되었다. 이는 한국의 농경생활과 밀접한 관련이 있는 것으로 보인다. 농경기에 연날리기를 하면 농사에 지장을 줄 것으로 보고, 농한기인 음력 12월부터 연을 날리기 시작했다고 전해진다. 즉, 정월 보름날 액막이의 민속과 관련시켜 연을 날려 보냄으로써 연날리기를 끝내고, 다시 농사 준비를 시작하였다. 그러나 현대에 와서는 강변 등 넓은 공간과 알맞은 바람(초속 3~5m)만 있으면 연중 어느 때라도 연을 날리는 새로운 풍속도가 그려지고 있다.

연 만드는 법 출처: 한국민속연협회(http://www.ekitekorea.com/kite/sub02.asp) 참조

지도상의 유의점

- 연 만들기는 정확하게 균형이 맞아야 하므로 연 만드는 방법을 사전에 올바로 숙지하여 학생들에게 지도한다.
- 재료 준비의 어려움이 있다면 문구점에서 재료를 구매한다.

* 본 활동은 2007년 개정 초등교육과정에 제시된 주제를 중심으로 구성한 것임.

교수 · 학습 과정안

관련 학년	2학년	관련 교과	슬기로운 생활
활동 제목	오늘의 날씨 예보하기	본시 주제	겨울과 관련된 놀이하기

교수 · 학습 목표

- 겨울철 날씨를 소개할 수 있다.

교수 · 학습 자료

- 영상 자료, 날씨판(온도, 구름, 해, 바람, 눈), '오늘의 날씨 예보하기' 활동지, 마이크

교수 · 학습 과정

- 학습 동기 유발
  - ○ 오늘의 날씨 알아보기
    - 오늘 날씨는 어떤가요?
    - 날씨를 미리 알면 어떤 점이 좋은가요?
    - 여러분은 오늘의 날씨를 어떻게 알았나요?
- 학습 문제 확인
  - 오늘 우리가 배울 내용은 무엇일까요?
- 학습 활동
  - ○ 뉴스의 날씨 영상 보기
    - 날씨를 소개하는 기상캐스터의 영상을 함께 볼까요?
    - 어떤 내용을 이야기하였나요?
    - 비나 눈이 온다고 하였나요?
    - 온도는 어떻다고 하였나요?
    - 다시 한 번 영상을 보면서 어떤 내용을 말하고 있는지 들어봅시다.
  - ○ 오늘의 날씨 소개하기 (활동지 활용)
    - 선생님이 준비한 자료를 보고 직접 오늘의 날씨를 소개해 본다.
    - 3명 정도 발표한다.
    - 모둠별로 친구들과 오늘의 날씨를 소개하는 활동을 해 본다.
    - 온도와 날씨를 바꿔가며 모두 한 번씩 해 본다.
    - 누가 가장 잘했나요?
    - 모둠별 대표를 뽑는다.
    - 모둠 대표가 기상캐스터가 되어 오늘의 날씨를 소개한다.
- 정리
  - 날씨를 소개할 때는 어떤 내용을 이야기해야 하나요?
  - 모둠에서 날씨 소개를 잘한 친구를 칭찬한다.
  - 학급에서 날씨 소개를 잘한 친구를 칭찬한다.
  - 친구의 작품을 칭찬한다.

참고 자료

- 뉴스, 신문, 인터넷의 날씨 자료

지도상의 유의점

• 다양한 상황을 준비한다.

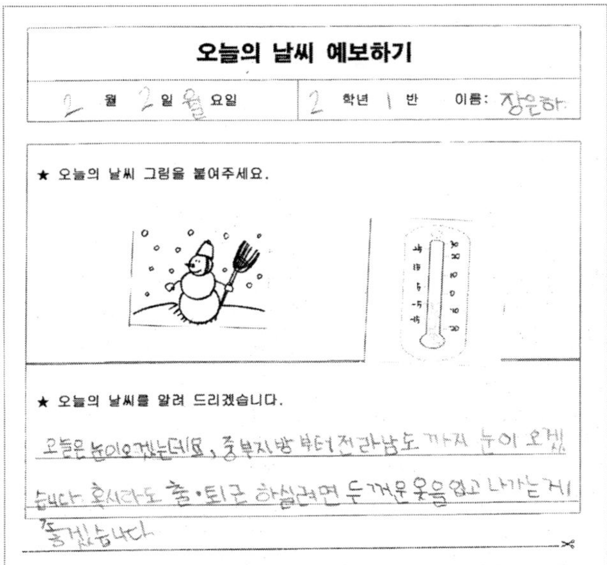
오늘의 날씨 예보하기

2 월 2 일 월 요일 | 2 학년 1 반 이름: 장은하

★ 오늘의 날씨 그림을 붙여주세요.

★ 오늘의 날씨를 알려 드리겠습니다.

오늘은 눈이오겠는데요, 중부지방 부터 전라남도 까지 눈이 오겠습니다 혹시라도 출·퇴근 하실려면 두꺼운 옷을입고 나가는게 좋겠습니다

교수 · 학습 과정안

관련 학년	2학년	관련 교과	바른 생활
활동 제목	겨울철 안전규칙 지키기	본시 주제	겨울과 관련된 놀이하기

교수 · 학습 목표

• 겨울철 안전규칙을 알고 지킬 수 있다.

교수 · 학습 자료

• 게임판, 말, 주사위

교수・학습 과정

• 학습 동기 유발

  ○ 겨울에 위험한 점 알기

    – 여름과 겨울은 어떤 다른 점이 있을까요?

    – 겨울에는 어떤 위험한 점이 있을까요?

• 학습 문제 확인

  – 오늘 우리가 배울 내용은 무엇일까요?

• 학습 활동

  ○ 겨울철 안전규칙 알아보기(상황과 장소에 따른 안전규칙을 알아본다.)

    – 얼음이 언 저수지에서의 위험한 점을 알아보고 알맞은 행동을 이야기한다.

    – 운동장에서의 위험한 점을 알아보고 알맞은 행동을 이야기한다.

    – 눈싸움을 할 때의 위험한 점을 알아보고 알맞은 행동을 이야기한다.

    – 빙판길에서의 위험한 점을 알아보고 알맞은 행동을 이야기한다.

    – 등산객의 위험한 행동을 알아보고 알맞은 행동을 이야기한다.

    – 겨울철 민속놀이를 할 때의 위험한 점을 알아보고 알맞은 행동을 이야기한다.

  ○ 게임하기 (게임판 활용)

    – 주사위를 던져 나오는 숫자만큼 말을 움직이고 그 그림 칸에 알맞은 안전규칙을 이야기한다.

    – 안전규칙을 알맞게 이야기하면 앞으로 가고 알맞게 이야기하지 못하면 제 자리에 머무른다.

    – 친구와 함께 게임을 해 본다.

• 정리

  – 게임에서 나온 상황을 다시 한 번 확인해 본다.

참고 자료

• 위험 상황 사진 자료

지도상의 유의점

- 승부에 너무 집착하지 않도록 한다.
- 개인별, 모둠별 게임도 해 본다.

교수 · 학습 과정안

관련 학년	2학년	관련 교과	국어
활동 제목	민속놀이 책 만들기	본시 주제	겨울과 관련된 놀이하기

교수 · 학습 목표

- 민속놀이와 관련된 글을 쓸 수 있다.

교수 · 학습 자료

- 영상 자료, '민속놀이 책 만들기' 활동지, 종이, 사인펜, 크레파스, 색연필

교수 · 학습 과정

- 학습 동기 유발
  - ○ 겨울에 즐겨하는 민속놀이 알아보기
    - −우리의 조상들이 즐겨하던 민속놀이를 알아본다.
    - −겨울에 즐겨하던 민속놀이는 무엇이 있을까요?
    - −어떻게 하는 놀이인가요?
    - −몇 명이서 할 수 있나요?
- 학습 문제 확인
  - −오늘 우리가 배울 내용은 무엇일까요?
- 학습 활동
  - ○ 내가 좋아하는 겨울철 민속놀이 소개하기

– 각자 민속놀이를 했던 경험을 이야기해 본다.
– 누구와 민속놀이를 했었나요?
– 언제 했었나요?
– 어떤 준비물이 필요한가요?

○ 책 만들기 (활동지 활용)

– 각자 소개했던 민속놀이를 다른 친구에게 알려 주기 위해 글로 써 본다.
– 먼저 어떤 내용을 알려 줄지 정한다.
– 민속놀이의 준비물과 할 수 있는 사람 수, 장소를 쓴다.
– 민속놀이를 하는 그림도 그린다.
– 민속놀이의 방법도 쓴다.
– 민속놀이를 했을 때의 느낌도 적어 둔다.

• 정리

○ 서로의 작품 감상하기

– 다른 친구에게 나의 책을 소개한다.
– 어떤 부분이 재미있게 표현되었나요?
– 전에는 몰랐었지만 오늘 새로 알게 된 민속놀이는 무엇인가요?
– 친구의 작품을 칭찬한다.

참고 자료

• 제기차기, 연날리기, 팽이 돌리기, 썰매타기, 공기놀이 등 사진 또는 영상 자료 준비

지도상의 유의점

• 도입에서 민속놀이 영상과 사진을 준비하여 학생들의 이야기가 확산되도록 한다.

교수 · 학습 과정안

관련 학년	2학년	관련 교과	수학
활동 제목	내가 좋아하는 민속놀이 그래프	본시 주제	겨울과 관련된 놀이하기

교수 · 학습 목표

• 우리 반 친구들이 좋아하는 민속놀이의 종류를 그래프로 그릴 수 있다.

교수 · 학습 자료

• '내가 좋아하는 민속놀이 그래프' 활동지, 색연필

교수 · 학습 과정

• 학습 동기 유발

  ○ 민속놀이 조사하기

    – 우리 반 친구들이 좋아하는 민속놀이를 조사한다.

-가장 좋아하는 민속놀이는 무엇인가요?
-나와 같은 민속놀이를 좋아하는 친구들은 몇 명이나 있을까요?
-학급 친구들이 좋아하는 민속놀이를 한눈에 알아볼 수 있는 방법은 무엇일까요?

• 학습 문제 확인
-오늘 우리가 배울 내용은 무엇일까요?

• 학습 활동 (활동지 활용)

◦ 민속놀이 수로 표현하기
-먼저 모둠에서 좋아하는 민속놀이를 조사한다.
-각 모둠에서 좋아하는 민속놀이를 칠판에 적는다(전체 모둠 조사).
-어떤 민속놀이가 가장 많은가요? 몇 명이나 좋아하나요?
-그 다음은 어떤 민속놀이인가요? (가장 적은 민속놀이까지 알아본다.)

◦ 민속놀이 그래프로 표현하기
-숫자 외에 다른 표현은 없을까요? (그림, 원, 막대 그래프를 보여 준다.)
-우리는 이 중에서 막대 그래프로 표현해 봅시다(활동지를 나누어 준다).
-활동지의 아래쪽에는 민속놀이의 종류를 적고 옆쪽에는 사람 수를 적는다.
-칠판에 조사된 민속놀이를 보고 활동지에 그래프로 그린다.

• 정리
-민속놀이마다 어떤 차이가 있나요?
-숫자로 표현한 것과 막대 그래프로 표현한 것에는 어떤 차이점이 있나요?

참고 자료

- 그림, 원, 막대 그래프

지도상의 유의점

- 민속놀이가 다섯 가지 이상 나오지 않도록 한다.
- 기타의 개념을 아직 이해하지 못하므로 기타를 사용하지 않는다(기타가 여러 가지 소수를 모아서 많아진다는 것을 이해하는 데 어려워함).

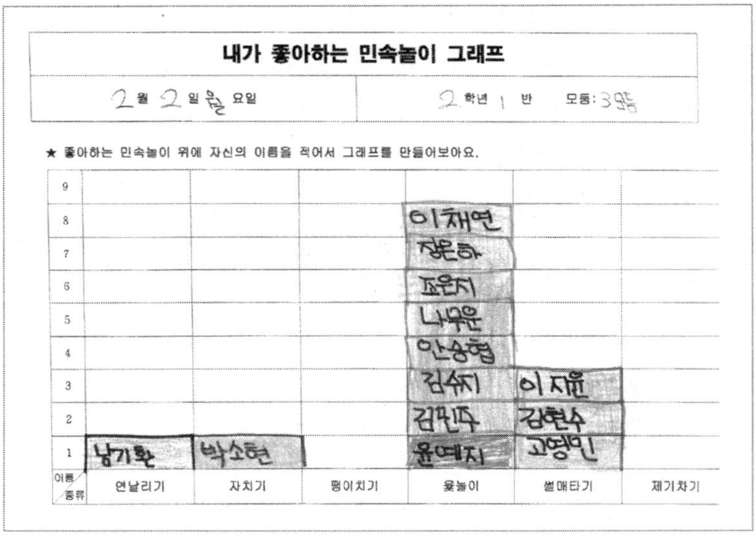

내가 좋아하는 민속놀이 그래프

2월 2일 월요일 | 2학년 1반 모둠: 3모둠

★ 좋아하는 민속놀이 위에 자신의 이름을 적어서 그래프를 만들어보아요.

9						
8				이채연		
7				정은하		
6				표은지		
5				나우은		
4				안승협		
3				김수지	이지윤	
2				김민주	김현수	
1	남기환	박소현		윤예지	고영민	
이름/종류	연날리기	자치기	팽이치기	윷놀이	썰매타기	제기차기

부 록

번호	활동명	해당학년	해당교과
1	교통안전 표지판 만들기	1학년	우리들은 1학년
2	안전한 길로 다녀요		
3	정거장에 줄 서 있는 사람 수 세기		
4	환경보호 스티커 만들기	1학년	바른 생활
5	아픈 지구에게 편지 쓰기		
6	쓰레기 분리수거하기		
7	해시계 만들기	2학년	
8	단청 꾸미기		
9	우리나라 자랑거리 책 만들기		
10	전통문양 규칙 만들기		
11	바르게 이 닦기	1학년	슬기로운 생활
12	이에 좋은 음식 나쁜 음식 분류하기		
13	우리 마을 꾸미기	2학년	
14	공공기관에서 근무하시는 분 인터뷰하기		
15	공공기관 책 만들기		
16	마을 건물 종류 조사하기		
17	상황에 맞는 얼굴 표정	1학년	즐거운 생활
18	누구일까요?		
19	'내 친구 얼굴' 동시 짓기		
20	다양한 얼굴 표정 게임		
21	오늘의 날씨 예보하기	2학년	
22	겨울철 안전규칙 지키기		
23	민속놀이 책 만들기		
24	내가 좋아하는 민속놀이 그래프		

1. 교통안전 표지판 만들기

교통표지판 만들기	
월 일 요일	학년 반 이름:

★ 아래의 교통표지판을 알맞은 곳에 붙여주세요.

어린이 보호 구역입니다	천천히 가야 합니다	자전거만 다닐 수 있는 길입니다
버스 전용 도로 입니다	위험하므로 보행자나 차가 다녀서는 안됩니다	이곳으로 건너면 위험합니다

✂

2. 안전한 길로 다녀요

안전한 길로 다녀요	
월 일 요일	학년 반 이름:

★출발선에서 교통안전 표지판을 보고 안전한 길로 도착 지점을 찾아가 보세요.

출발

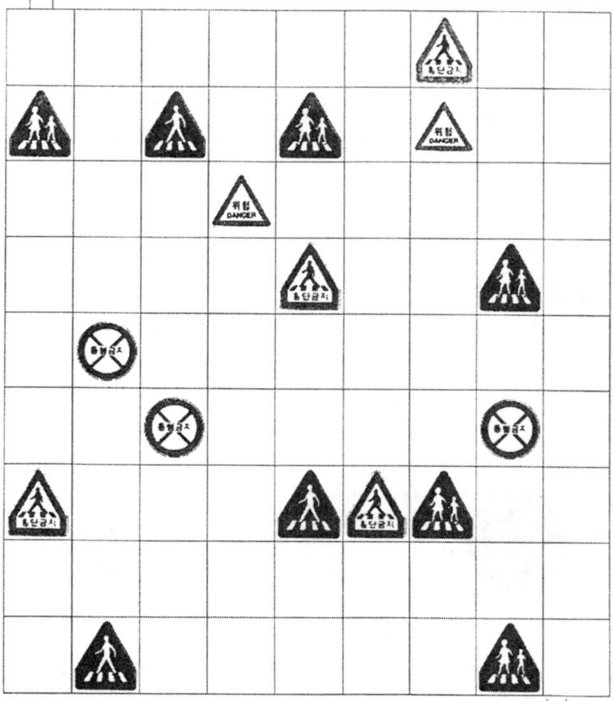

도착

3. 정거장에 줄 서 있는 사람 수 세기

버스 정류장의 사람 세어보기	
월 일 요일	학년 반 이름:

★ 버스정거장에 줄 서 있는 사람 수를 세어보세요.

1번 정류장

1번 버스 정류장에는 몇 명의 사람들이 기다리고 있나요?

2번 정류장

2번 버스 정류장에는 몇 명의 사람들이 기다리고 있나요?

3번 정류장

3번 버스 정류장에는 몇 명의 사람들이 기다리고 있나요?

4. 환경보호 스티커 만들기

환경보존 마크 만들기	
200 년 월 일 요일	학년 반 이름:

★ 아래의 표에 자신이 생각하는 환경보존 마크를 만들어보고 뜻을 글로 적어보세요.

환경보존 마크	뜻

5. 아픈 지구에게 편지 쓰기

아픈 지구에게 편지 쓰기	
월 일 요일	학년 반 이름:

______ 에게

______

______

______

______

______

______ 보냄

6. 쓰레기 분리수거하기

쓰레기 분리수거하기	
월 일 요일	학년 반 이름:

★아래의 물건들을 분리수거 하여 쓰레기차에 버려주세요.

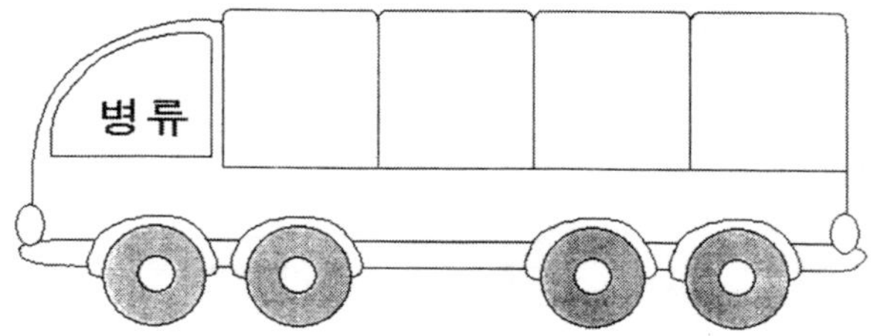

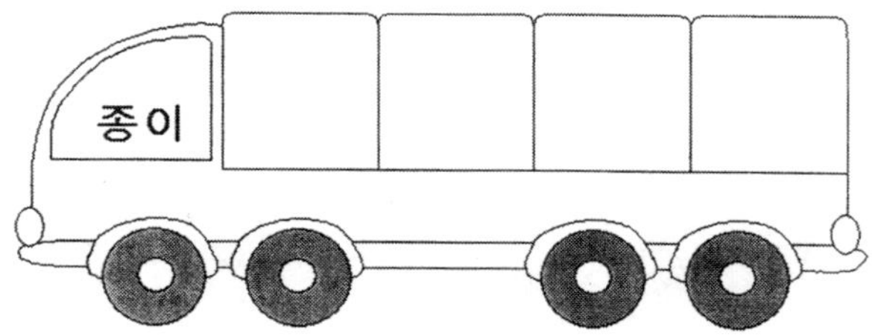

7. 해시계 만들기

해 시계 관찰하기	
200 년 월 일 요일	학년 반 이름:

★ 해시계를 만들어 그림자를 관찰한 뒤 시각을 적어보세요.

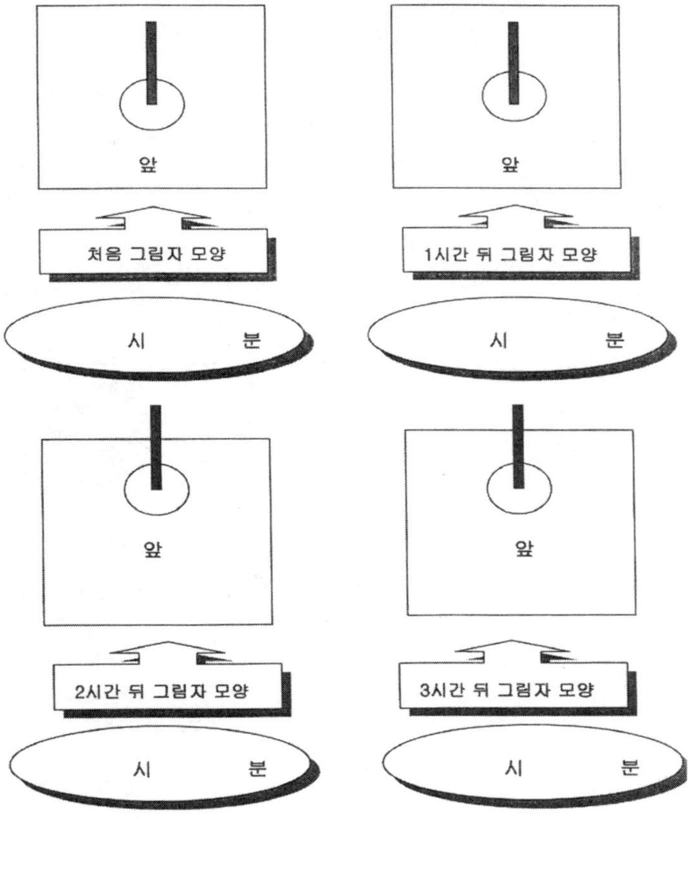

8. 단청 꾸미기

단청 꾸미기	
월 일 요일	학년 반 이름:

★ 단청 무늬를 오려 붙이고 한옥의 단청을 꾸며보세요

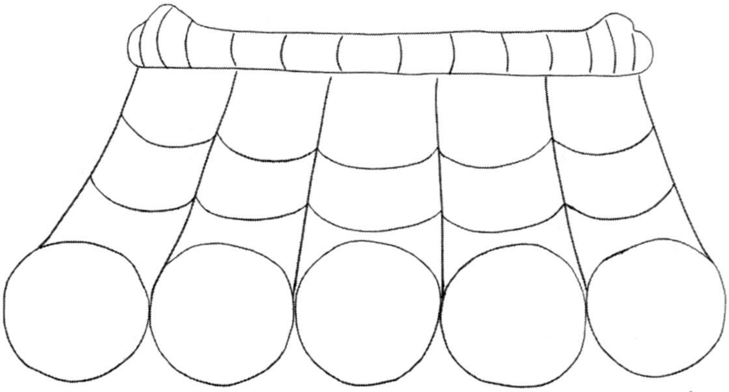

9. 우리나라 자랑거리 책 만들기

우리나라 자랑거리 책 만들기	
월 일 요일	학년 반 이름:

우리나라 자랑 책만들기

학년 반
이름:__________

우리나라 자랑거리 책 만들기 그림 자료

고려청자	훈민정음

거북선	해시계

첨성대	측우기

10. 전통문양 규칙 만들기

전통문양 규칙 만들기	
월 일 요일	학년 반 이름:

★ 전통문양을 오려 붙여 규칙을 만들어보세요.

11. 바르게 이 닦기

이 닦기 순서대로 붙이기	
월 일 요일	학년 반 이름:

★ 이 닦는 그림을 순서대로 오려붙이고 내용을 적어보세요.

12. 이에 좋은 음식 나쁜 음식 분류하기

이에 좋은 음식, 나쁜 음식	
월　　일　　요일	학년　　반　　이름:

★ 이에 좋은 음식과 나쁜 음식을 나누어 바구니 안에 붙여보세요

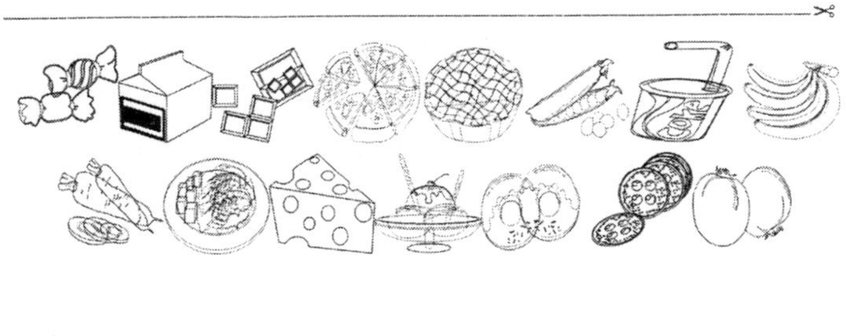

13. 우리 마을 꾸미기

집에 가는 길 그리기	
월　　일　　요일	학년　　반　　이름:

★ 학교에서 집으로 가는 길을 자유롭게 그려보세요. 가는 길에 있는 가게와 공공기관도 그려보세요.

14. 공공기관에서 근무하시는 분 인터뷰하기

인터뷰 놀이	
월 일 요일	학년 반 이름:

( ) 기자의 인터뷰 목록

오늘은 ( ) 인터뷰해보겠습니다.

1. ____________________

2. ____________________

3. ____________________

15. 공공기관 책 만들기

공공기관 책 만들기	
월 일 요일	학년 반 이름:

공공기관

책만들기

학년 반

이름:__________

공공기관 책 만들기 그림 자료

	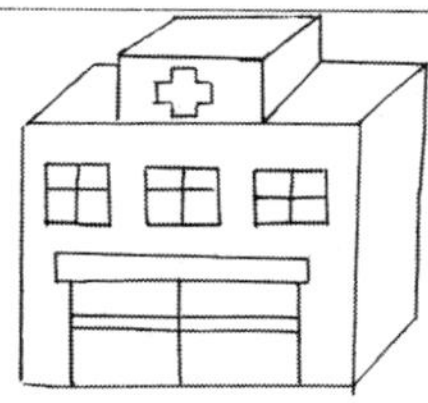
우체국	병원
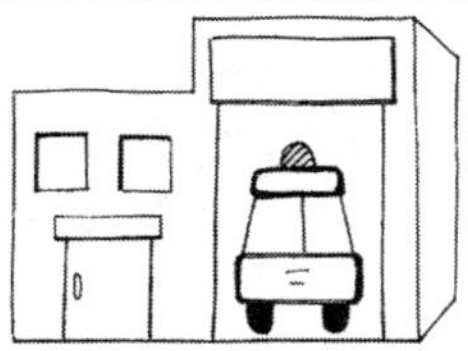	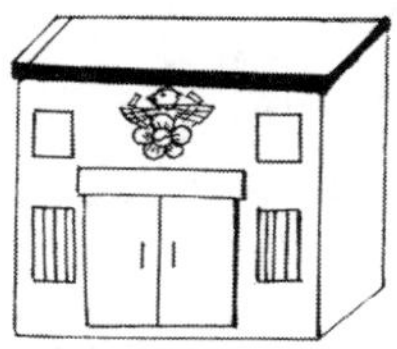
소방서	경찰서
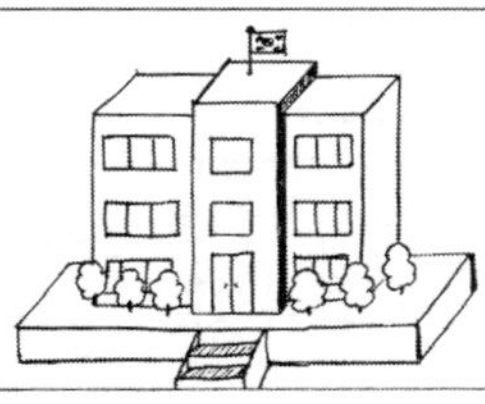	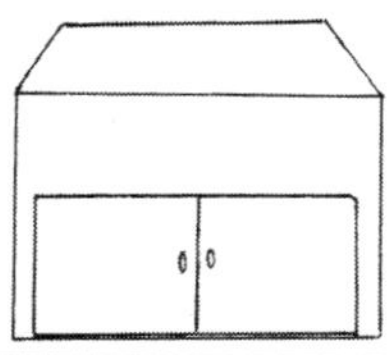
학교	은행

16. 마을 건물 종류 조사하기

건물 층 수 세어보기	
월 일 요일	학년 반 이름:

* 다음의 그림을 보면서 문제를 풀어보세요.

1. 빨간동의 건물은 모두 몇 개인가요?
2. 가장 높은 건물은 어느 동에 있나요?
3. 초록동의 건물층수를 세어보세요. 모두 몇 층인가요?
4. 파란동의 건물층수와 노란동의 건물층수를 모수 합치면 몇 층인가요?

17. 상황에 맞는 얼굴 표정

상황에 따른 얼굴표정	
월 일 요일	학년 반 이름:

★그림을 보고 그림을 본 느낌을 얼굴표정으로 동그라미 안에 그려 넣으세요.

18. 누구일까요?

누구일까요?	
월 일 요일	학년 반 이름:

19. '내 친구 얼굴' 동시 짓기

『내 친구 얼굴』 동시 짓기	
월 일 요일	학년 반 이름:

★ 내 친구 얼굴 동시 짓기도 하고 친구 얼굴을 그림으로 그려보세요.

내 친구 얼굴

________________ 얼굴은 예뻐요.

________________ 얼굴은 무서워요.

________________ 얼굴은 멋있어요.

________________ 얼굴은 귀여워요.

________________ 얼굴이 최고!

20. 다양한 얼굴 표정 게임

얼굴 표정 게임	
200 년 월 일 요일	학년 반 이름:

★ 친구들과 짝을 지어 얼굴 표정 게임을 해보세요.

준비물	주사위 1개, 테이프, 말 2개
게임방법	① 아래의 주사위를 만든다. ② 말을 각자 나누어 갖고 순서를 정한다. ③ "웃는 얼굴 앞으로 2칸 , 찡그린 얼굴 앞으로 1칸, 우는 얼굴 뒤로 1칸, 화난 얼굴 뒤로 2칸" 등 말이 움직일 수 있는 규칙을 스스로 정한다. ④ 주사위를 던져 나온 수만큼 움직인다. ⑤ 먼저 도착하는 친구가 이긴다.

★ 주사위 본

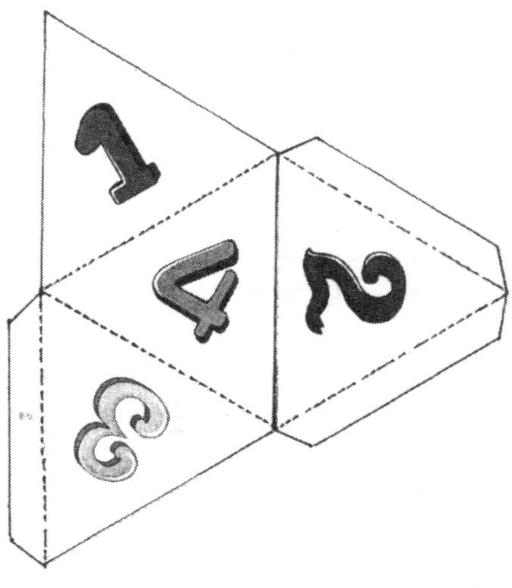

★ 게임판

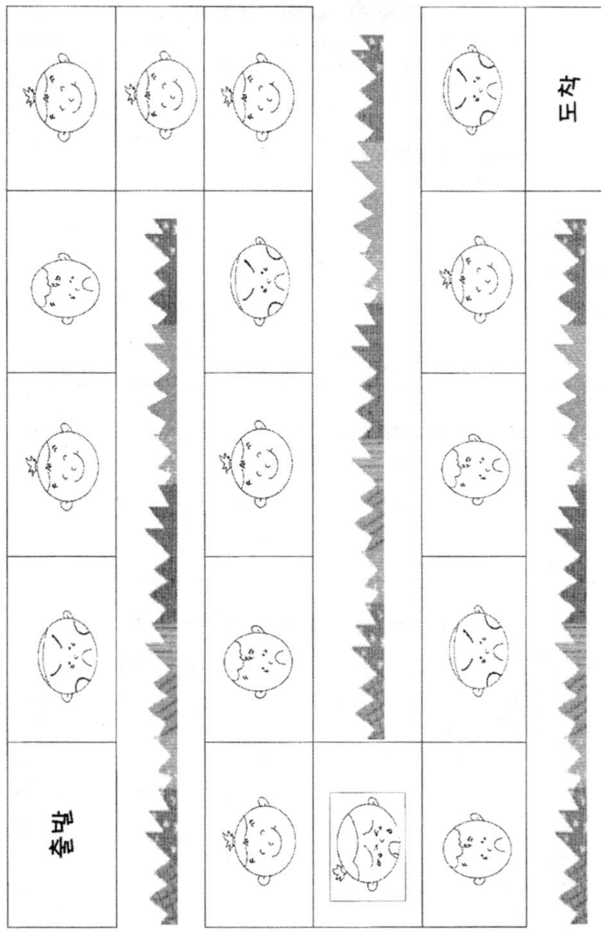

21. 오늘의 날씨 예보하기

오늘의 날씨 예보하기	
월 일 요일	학년 반 이름:

★ 오늘의 날씨 그림을 붙여주세요.
★ 오늘의 날씨를 알려 드리겠습니다.

22. 겨울철 안전규칙 지키기

겨울철 안전 놀이 게임	
월 일 요일	학년 반 이름:

★ 친구들과 짝을 지어 겨울철 안전 놀이 게임을 해보세요.

준비물	돌림판 1개, 게임판 1개, 말 2개
게임방법	1 아래의 돌림판을 만든다. 2 말을 각자 나누어 갖고 순서를 정한다. 3 상황그림판에서 "안전한 놀이는 앞으로 2칸, 위험한 장난이나 놀이는 뒤로 1칸 등 말이 움직일 수 있는 규칙을 스스로 정한다. 4 돌림판을 돌려 나온 수만큼 움직인다. 5 먼저 도착하는 친구가 이긴다.

★ 주사위 본

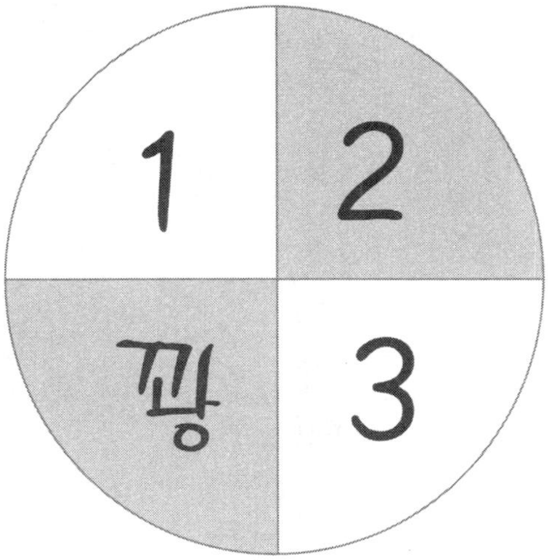

출발
주머니에 손을 넣고 다니지 않아요.
옷을 너무 두껍게 입지 않아요.
차에서 내릴 때 장갑이나 목도리, 옷이 문에 끼이지 않도록 조심해요
눈길 빙판길이 있으면 조심히 다녀요
몸이 꽁꽁 얼었을 때 손과 발 등을 바로 불에 쬐지 말고 충분히 비빈다.
얼음이 있는 강이나 연못에 함부로 들어가지 않아요.
도착

23. 민속놀이 책 만들기

민속놀이 책 만들기	
월 일 요일	학년 반 이름:

민속놀이

책만들기

학년 반

이름:___________

민속놀이 책 만들기 그림 자료

연날리기	제기차기

자치기	윷놀이

썰매타기	팽이치기

24. 내가 좋아하는 민속놀이 그래프

내가 좋아하는 민속놀이 그래프	
월 일 요일	학년 반 이름:

★ 좋아하는 민속놀이 위에 자신의 이름을 적어서 그래프를 만들어 보아요.

9						
8						
7						
6						
5						
4						
3						
2						
1						
이름/종류	연날리기	자치기	팽이치기	윷놀이	썰매타기	제기차기

강현석, 이경섭, 최병옥(1994). 교과통합의 연구. 파주: 교육과학사.

곽병선, 진권장, 사성주(1981). 통합교과용 도서의 효율적인 지도를 위한 워크숍. 서울: 한국교육개발원.

교육과학기술부(2009). 초등학교 교사용 지도서. 서울: 두산.

교육인적자원부(2003). 초등학교 교육과정. 서울: 대한교과서주식회사.

교육인적자원부(2003). 초등학교 교육과정 해설서. 서울: 대한교과서주식회사.

김대현(1993). 학교에서의 통합교육과정 개발. 한국교육, 20, 89-104.

김대현(1997). 교과의 통합적 운영. 서울: 문음사.

김민환(2007). 초등학교 교과 교육과정의 통합 방식 연구-총론 개발을 위한 시사점 탐색. 학습자 중심 교과 교육연구, 7(1), 63-88.

김승호(1998). 통합교과의 이론적 근거. 교육과정 연구, 16(1), 349-374.

김재복(1980). 초등학교 저학년 교과용 도서통합의 정당성과 통합방안에 관한 고찰. 한국교육, 7(1), 97-107.

김재복(1983). 교육과정 통합의 접근방법에 관한 고찰. 인천교대 논문집, 17, 297-315.

김재복(1985). 교육과정의 통합적 접근. 파주: 교육과학사.

김재복(1990). 초등학교 교육과정에서 교과통합의 가능성. 통합교과 및 특별활동 연구.

김재복(1993). 교육과정의 통합적 접근. 파주: 교육과학사.

김재복(2000). 통합교육과정. 파주: 교육과학사.

민용성(2005). 통합교육과정의 구성 방식에 관한 일고(一考). 학습자중심교과교육연구, 5(2), 61-80.

박찬옥(1994). 초등학교 1학년 교육의 통합적 수업운영 방안. 한국교육문제연구소 논문집, 9, 213-227.

우시정(2007). 통합교육과정의 발전과 동향에 관한 연구. 경성대학교 교육대학원

석사학위 청구논문.
유광찬(1997). 통합교과 운영. 파주: 교육과학사.
유한구, 김승호(1998). 초등학교 통합교과 교육론. 파주: 교육과학사.
이영덕(1983). 통합교육과정의 개념. 통합교육과정의 이론과 실제. 파주: 교육과학사, 15-56.
이영만, 홍영기(2006). 초등통합교육과정. 서울: 학지사.
최경숙, 박영아(2005). 아동발달. 서울: 창지사.
한명희(1983). 교육철학. 서울: 배영사.

Drake, S. M., & Burns, R. C. (2004). *Meeting standards through integrated curriculum.* Alexandria, VA: ASCD.
Fogarty, R. (1991). Ten ways to integrate curriculum. *Educational Leadership, 49*(2), 61-65.
Frazee, B. M., & Rudnitski, R. A. (1995). *Integrated teaching methods: Theory, classroom applications, and field-based connection.* Albany, NY: Demar Publishers.
Gestwicki, C. (2007). *Developmentally appropriate practice: Curriculum and Development in Early Education* (3rd ed.). Cengage Learning.
Ingram, J. B. (1979). *Curriculum integration and lifelong education.* New York: Pergamon Press Inc. 배진수, 이영만 공역(1995). 교육과정 통합과 평생교육. 서울: 학지사.
Jacobs, H. H. (1989). *Interdisciplinary curriculum: Design and implementation.* Alexandria. VA: ASCD.
Kohlberg, L. (1976). Moral stages and moralization: The cognitive development approach, In T. Lickona (Ed.), *Moral Development and behavior: Theory, research and social issues.* New York: Holt, Rinehart & Winston.
Lapp, D., & Flood, J. (1994). Integrating the curriculum: First steps. *The Reading Teacher, 47*(5), 416-419.
Meinbach, A., Rothlein, L., & Fredericks, A. (1995). *The complete guide to thematic units: Creating the integrated curriculum.* Norwood, Mass: Christopher-Gordon.

Piaget, J. (1965). *The moral judgement of the child.* New York: Free Press.

Wolfinger, D. M., & Stockard, J. W. Jr. (1997). *Elementary methods: An integrated curriculum.* Allyn & Bacon., a Pearson Education Inc. 강현석, 박영무, 조영남, 허영식, 이종원 공역(2003). 통합교육과정의 이론과 실제. 파주: 양서원.

Wortham, S. C. (1996). *The Integrated classroom: The assessment curriculum.* NY: Longman.

인명

내용

| 저자 소개 |

■ 이경민

중앙대학교 대학원 유아교육학과 유아교육전공(문학박사)
현 경인교육대학교 유아교육과 교수

〈주요 저서〉
통합교과 수업컨설팅 연구(공저, 경인교육대학교, 2007)
통합교과 수업컨설팅 프로그램 개발(공저, 교육논총, 2008)

■ 최일선

이화여자대학교 대학원 유아교육학과 유아교육전공(문학박사)
현 경인교육대학교 유아교육과 교수

〈주요 저서〉
통합중심의 유아교과교육론(공저, 교육아카데미, 2005)
통합교과 수업컨설팅 프로그램 개발(공저, 교육논총, 2008)

경인교육대학교 특성화사업단
T-멘토링 총서 1

통합교육과정의 효과적 운영

2010년 1월 7일 1판 1쇄 인쇄
2010년 1월 12일 1판 1쇄 발행

지은이 • 이경민 · 최일선
펴낸이 • 김진환
펴낸곳 • (주) 학지사
121-837 서울특별시 마포구 서교동 352-29 마인드월드빌딩 5층
대표전화 • 02)330-5114 팩스 • 02)324-2345
등록번호 • 제313-2006-000265호

홈페이지 • http://www.hakjisa.co.kr
커뮤니티 • http://cafe.naver.com/hakjisa

ISBN 978-89-6330-116-7 94370
978-89-6330-100-6 (set)

정가 14,000원